财务会计类专业精品课程规划教材

财政金融基础

（第三版）

主编　郑在柏

苏州大学出版社
Soochow University Press

图书在版编目(CIP)数据

财政金融基础/郑在柏主编. — 3版. —苏州：苏州大学出版社,2023.8(2024.6重印)
ISBN 978-7-5672-4243-2

Ⅰ.①财… Ⅱ.①郑… Ⅲ.①财政金融-职业教育-教材 Ⅳ.①F8

中国国家版本馆CIP数据核字(2023)第000332号

财政金融基础(第三版)
郑在柏　主编
责任编辑　王　亮

苏州大学出版社出版发行
(地址：苏州市十梓街1号　邮编：215006)
苏州市越洋印刷有限公司印装
(地址：苏州市吴中区南官渡路20号　邮编：215104)

开本 787 mm×1 092 mm　1/16　印张 13.5　字数 338千
2023年8月第3版　2024年6月第3次印刷
ISBN 978-7-5672-4243-2　定价：52.00元

图书若有印装错误，本社负责调换
苏州大学出版社营销部　电话：0512-67481020
苏州大学出版社网址　http://www.sudapress.com
苏州大学出版社邮箱　sdcbs@suda.edu.cn

第三版前言

根据《江苏联合职业技术学院教材建设与管理实施办法》文件精神和学院会计专业建设指导委员会2022年对五年制高职会计类专业院本教材建设工作会议的具体要求,在对《财政与金融基础认知》第二版教材的使用情况充分调研的基础上,对本教材的政治性、先进性、科学性、特色性、实用性进行再次论证和研讨,并于2022年年底对教材进行再次修订。本次修订的重点主要在以下几个方面:

1. 突出课程思政融合。着力推进习近平新时代中国特色社会主义思想进课程教材,充分融入课程思政要求,根据"财政金融基础"课程教学目标,通过近100个案例资料引导和知识链接扩展等形式,将我国近年来财政、税收、金融发展实践成果以及法规、政策建设成果融入教材各学习单元的教学内容中,与专业知识、专业技能的学习进度有机融合,突出培养学生树立正确的新时代中国特色社会主义财政、税收、金融价值观,引导学生尊重和维护财经法律权威,知法、懂法、用法、识大局、尊法治、修美德;增强学生对财经政策的敏感度和将来从事财经职业岗位所必备的财税、金融基本职业素养;提升学生运用马克思主义哲学观、方法论认知和分析社会经济发展中财政、税收、金融、贸易等财经实践成果的专业能力;帮助学生养成自觉践行社会主义财经价值观的行为习惯。

2. 增强教材的先进性。充分体现财经职业教育类型特色,及时融入财政、税收、金融信息化发展规范要求和我国财政、税收、金融法规制度建设等内容。依据最新修订的预算法、税法、税收优惠政策、金融法规,充实、调整了教材内容,力求教材内容与我国财税、金融实践发展相适应。依据财税金融信息化发展情况,新增税收智能化、互联网金融以及财经信息化规范管理内容。

3. 提升教材的实用性。以拓宽学生财经视野、提升学生对财经信息的敏感度为重点,在遵循五年制高职学制特点和学生身心发展规律的基础上,通过案例资料分析引导、重点提示、知识链接等形式,让学生链接财政部、国家税务总局、学习强国、中国人民银行等主要网站,搜索实时财税和金融的新政策、新实践、新事件、新成果，锻炼学生主动学习的能力，扩展教材边界。凸显一体化培养理念，注重知识紧密衔接、技能贯通培养，体现五年制高职财经类专业的课程建设实践成果，在教材内容编排上，与后续即将学习的专业课程、财经行业标准和制度规范相连接，重视启发学生自主学习思维和培养学生运用专业知识观察社会经济发展的能力。

本次修订由江苏联合职业技术学院徐州财经分院郑在柏教授完成，学院会计专业指导委员会对本教材的修订提出了很好的意见和建议。本次修订也得到了苏州大学出版社相关同志的指导和支持，在此一并感谢。

恳切地欢迎使用本教材的学校、老师和学生提出宝贵意见，以使本教材更加系统、科学、先进、完善、实用。

主编电子邮箱：zhengzaibai719@126.com。

主　编

2023 年 6 月

前言

本教材是为适应职业教育会计类专业人才培养特色创新、专业课程改革和课程精品化建设需要,依照"财政与金融基础认知"课程标准,由江苏联合职业技术学院财务会计专业协作委员会组织开发编写的"职业院校会计类专业精品课程规划教材"之一。本教材编写的理念是,力求以服务发展为宗旨,以促进就业为导向,以提升学生综合素质为核心,按照立德树人的要求,遵循财经职业教育规律和学生身心发展规律,实现提升财经职业技能和培养职业精神的高度融合。本教材编写的课程学习目标定位是让学生能正确认知中国财政、税收、金融的基本理论和基本知识,初步具备观察和分析国家财政、金融、经济实践活动和现象的专业能力,形成良好的财经职业素养和正确的财经职业价值观,为从事会计、纳税、出纳等工作奠定专业基础,促进学生财经职业生涯的可持续发展。本教材编写的主要思路是坚持以学生为主体,通过理论与实践相结合,培育学生观察和分析社会财经现象的基本能力,使学生达到本课程教学的基本要求;按照"重点突出、降低起点、重构基础、反映前沿"的要求,确定课程内容;按照课程内容的内在逻辑关系,形成知识体系和能力训练体系两条主线,体现认知和能力训练的教学内容与要求;以体现时代性、立体性和动态性为要求,运用案例教学、互联网搜索,适当扩展教学时空,运用启发式、探究式、讨论式、参与式教学案例和重要提示,充分激发学生的学习兴趣和积极性。

本教材的基本特色主要有:

一是以案例为主线贯穿知识与实践的相互融合。全书共有近百个典型案例,每个重要知识点都有一个案例做引导,案例选择均以我国财政金融领域的实践活动为基础。通过案例引导学生掌握基本知识,培育其观察和分析财经实践活动现象的专业能力,力图实现课程教学运作"学中做、做中学"的多样性。

二是学习时空拓展和课程信息资源碎片化。利用互联网等信息化平台,培育学生学习的主动性和拓展能力。大部分案例中均设置网上搜索的分析课题,促进学生课后持续自主学习、开卷学习、拓展学习,力图培育学生学习的主动性,引导学生进行学习时空的拓展。

三是教材文本格式立体化、情景化。教材文本由"基本知识""知识链接(扩展知识)""重要提示""案例""案例分析""即学即思"等板块组成,案例体现有实践资料、故事、图片、图表、漫画等多种形式,对于关键、难懂的知识点,进行图表化概括,力图使教材具有立体性、动态性和可读性,便于增强学生自学的趣味。

四是在教材内容上进行功能化改造,形成了知识体系和能力训练体系两条主线。知识体系在保持专业知识系统性的基础上,以认知为原则,降低基本知识的数量和难度,降低掌握要求,适当扩大了解的知识含量,体现知识的时代性,将最新、前沿的财政金融实践活动、改革动向融入教材中,根据学生的认知水平调整了教学知识结构,降低基础、反映前沿、突出运用。能力训练体系是通过案例体系、案例分析、网上搜索等,重点训练学生阅读财经新闻、财政政策信息资料、重大财经案例的职业视角以及专业分析和观察能力,力图实现提升职业技能和培养职业精神的高度融合。

本教材由江苏联合职业技术学院徐州财经分院郑在柏教授主编,南京商业学校鲍亚伟高级讲师、江苏财会职业学院白桦副教授参与本书编写思路研讨。徐州财经分院黄兆兰副教授、吕雪锋副教授、蒋荣成副教授、蒋伟副教授等提供了相关资料。本教材在充分体现职业教育会计类专业"财政与金融基础认知"课程标准的基础上,对基本知识点进行了梳理、整合,教材中的案例、统计图表、实践资料等均是网络中的公开材料,除注明来源外,其余均通过百度搜索取得并做适当整理。在教材编写过程中,得到了江苏联合职业技术学院领导和徐州财经分院领导的大力支持,也得到了江苏省职业教育郑在柏名师工作室全体成员、学院财务会计专业协作委员会指导委员会教学工作组各位专家、苏州大学出版社薛华强同志等的热情帮助,在此一并表示感谢。

由于编写水平有限,教材的错漏之处在所难免,敬请专家、读者批评指正。

编 者
2016 年 2 月

CONTENTS

目录

单元一　公共财政	001
认知1　社会公共需要与政府职能	001
认知2　公共财政本质	008
认知3　公共财政与经济关系	010
认知4　公共财政职能	012

单元二　公共财政收入	019
认知1　财政收入的种类	020
认知2　财政收入规模	024

单元三　公共财政支出	028
认知1　公共财政支出类别	029
认知2　公共财政支出规模	033
认知3　财政购买性支出	039
认知4　财政转移性支出	043

单元四　政府预算	050
认知1　政府预算基础	050
认知2　中国政府预算体系	056
认知3　政府预算程序	064

单元五　国家税收	069
认知1　税收基础	070

认知 2　税制构成要素　　075
　　认知 3　中国现行税收体系　　082
　　认知 4　国际税收　　102

单元六　金融活动　　108

　　认知 1　金融与金融活动　　109
　　认知 2　货币与货币制度　　112
　　认知 3　信用与信用形式　　119
　　认知 4　利息与利息率　　126
　　认知 5　金融机构与职能　　132

单元七　货币流通　　140

　　认知 1　货币流通形式　　141
　　认知 2　货币供应量　　145
　　认知 3　货币需求量　　148
　　认知 4　通货膨胀　　150

单元八　金融市场　　156

　　认知 1　金融市场要素　　157
　　认知 2　货币市场　　162
　　认知 3　资本市场　　166
　　认知 4　外汇市场与黄金市场　　177

单元九　国际收支　　180

　　认知 1　国际收支概要　　181
　　认知 2　外汇与汇率　　187

单元十　财政政策与货币政策　　192

　　认知 1　财政政策　　193
　　认知 2　货币政策　　197
　　认知 3　财政政策与货币政策的协调　　203

单元一

公 共 财 政

 学习目标

认知公共财政的含义与政府职能的一般特征;把握社会公共需要的概念、范围;理解中国特色社会主义公共财政的人民性;能运用公共财政的基本知识观察社会经济现象,养成中国特色社会主义公共财政的价值观。

 关键问题

1. 公共财政是什么?与政府及经济分别有何关系?
2. 公共财政的一般特征是什么?
3. 公共财政的职能有哪些?

认知 1 社会公共需要与政府职能

 案例 1

疫情要防住,经济要稳住,发展要安全

2022 年 5 月 24 日国务院印发《扎实稳住经济的一揽子政策措施》,高效统筹疫情防控和经济社会发展,最大程度保护人民生命安全和身体健康,最大限度减少疫情对经济社会发展的影响,统筹发展和安全。这一揽子政策措施包括 6 个方面 33 项:财政政策有"进一步加大增值税留抵退税政策力度""扩大实施社保费缓缴政策"等 7 项;货币金融政策有"鼓励对中小微企业和个体工商户、货车司机贷款及受疫情影响的个人住房与消费贷款等实施延期还本付息"等 5 项;稳投资促消费等政策 6 项;保粮食能源安全政策 5 项;保产业链供应链稳定政策 7 项;保基本民生政策 3 项。

(资料来源:中华人民共和国中央人民政府网站,https://www.gov.cn/zhengce/content/2022-05/31/content_5693159.htm。)

案例分析
1. 请上网查阅国务院《关于印发扎实稳住经济一揽子政策措施的通知》(国发〔2022〕12号)文件中33项政策措施的具体内容。
2. 文件精神你能读明白吗？本课程的学习目标,就是让同学们能够准确理解这些内容所涉及的专业知识和政策目标。
3. 同学们经历了从2020年初开始的新冠疫情防控,体会到人需要在一个安全的社会环境下才能健康成长,请问安全的社会环境能靠一个人、一个家庭、一个单位的作为实现吗？

案例1分析解答

人类社会一切经济活动的最终目标是满足人类的需要,人类的需要分为私人需要和社会公共需要两个部分。

 知识链接

私人需要与私人物品

私人需要主要包括两大类：一是人口和劳动力再生产的需要,其主体是个人或个人组成的生活单位,即家庭;客体主要是吃、穿、住、用等生活资料。二是物质资料再生产的需要,其主体是生产单位,在现代社会习惯上称为企业(厂商);客体是各种生产资料。

满足私人需要的物品叫作私人物品,它们能被分割开并被分别地提供给不同的个人和单位,不给他人带来外部的收益和成本。私人物品是由市场供给用来满足私人主体需要的商品和服务。

一、社会公共需要

所谓社会公共需要,是指向社会提供安全、秩序、公民基本权利和经济发展的社会条件等方面的需要。

在现代市场经济条件下,社会公共需要的范围很广,其大致可分为以下几个方面：

(1) 国家行使其政治职能,保障社会政治经济秩序稳定及正常运转的需要,如行政、国防、公检司法、外交等。这些都属于纯粹的社会公共需要。

(2) 国家行使其社会职能,保障社会经济发展及提高人们生活质量和福利水平的一些公益性、基础性条件的需要,如文化教育、医疗卫生、社会保障、生态环境保护、公共基础设施、基础产业、支柱产业和高风险产业等。这些有的属于纯粹的公共需要,更多的属于介于公共需要和私人需要之间的准社会公共需要。

重要提示

社会公共需要的基本特征：

1. 社会公共需要是社会公众在生产、生活和工作中的共同需要,是就整个社会而言的,具有不可分割性。

2. 社会公共需要是每一个社会成员可以无差别共同享用的需要,一个社会成员享用并不排斥其他社会成员享用。

3. 社会成员在满足公共需要时也要付出代价(如交税或付费),但其规则不是等价交换,付出与所得是不对称的。

4. 满足社会公共需要的物质手段主要来自社会产品的剩余部分。

5. 社会公共需要的提供者是政府。

社会公共需要具有一般性,又具有历史性。社会公共需要的一般性,一是指社会公共需要在任何社会发展阶段和任何社会形态下都是存在的;二是指有些需要项目,如国防、行政管理等,在任何社会的任何发展阶段和任何社会形态下都属于公共需要的范畴。社会公共需要的历史性是指社会公共需要的内容不是一成不变的,而是逐步发展变化的。社会生产力或经济发展的不同阶段上,社会公共需要的具体内容及结构有所不同;社会生产关系发展的不同阶段上,社会公共需要的认定及内容也存在差异。

即学即思 1. 在人们的下列需要中,属于社会公共需要的有哪些?
(1) 生活需要的住房、汽车、服装。
(2) 安全的社会环境。
(3) 能抵御敌对国家的侵入。
(4) 优美的生态环境。
(5) 上个好的大学。
2. 请你列举人们有哪些需要属于社会公共需要。

二、公共物品

公共物品是用来满足社会公共需要的商品和服务。其主要特征是,每个人消费这种物品不会导致其他人对该物品消费的减少。

案例2

江苏省徐州市区177个公园全部免费开放

近年来,徐州市委、市政府大力实施了"天更蓝、地更绿、水更清、城更靓、路更畅"五大行动计划,加大了城市绿化和基础设施建设、管理与维护(修)力度,再现了"一城青山半城湖"的城市风貌特色。人均公园绿地面积达到16.31平方米,市区5 000平方米以上的公园177个,全部免费开放,真正做到了还绿于民;5 000平方米以上公园绿地500米服务半径覆盖率达到90.8%,真正实现了生态文明成果人人共享。徐州市近几年创建全国生态园林城市成绩显著,在国家统计局徐州城调队为民办实事市民满意度调查中名列前茅。

(资料来源:江苏省人民政府网站,http://www.jiangsu.gov.cn/art/2015/9/25/art_33718_2448201.html。)

案例分析 1. 从人们的需要视角看，徐州市区公园全部免费开放说明了什么？
2. 生态文明建设水平的提升体现了人们的需要有何变化？

案例2分析解答

重要提示

区分公共物品和私人物品的基本标准是排他性与非排他性、竞争性与非竞争性。公共物品的基本特征是具有非排他性与非竞争性；私人物品的基本特征是具有排他性和竞争性。

非排他性是从公共物品的供给角度来讲的，即为该物品的供给出资的人在享受该物品带来的利益时，无法排除其他人从中受益。具体地说，就是无法将拒绝为之付款的人排除在受益范围之外。不可排除的原因，或是技术上不可能，或是排除的成本高昂到不可接受。公共物品的非排他性意味着存在"搭便车"现象。

非竞争性是指任何一个消费者对公共物品的消费都不影响其他消费者的消费或同时从中受益。严格说来，非竞争性包含两方面的含义：一是消费者的增加不引起生产成本的增加；二是消费者的增加不会影响其他消费者的消费数量和消费质量。

三、政府的职能

重要提示

政府是满足社会公共需要的组织者，正是由于社会公共需要的存在，从而形成了政府的职能。社会公共需要由政府通过财政提供公共物品来满足。

知识链接

新时代中国社会主义市场经济体制下政府与市场的关系

社会主义市场经济体制是中国特色社会主义的重大理论和实践创新，是社会主义基本经济制度的重要组成部分。正确处理政府和市场关系需要坚持以下原则：坚持社会主义市场经济改革方向，更加尊重市场经济一般规律，最大限度减少政府对市场资源的直接配置和对微观经济活动的直接干预，充分发挥市场在资源配置中的决定性作用，更好发挥政府作用，有效弥补市场失灵。

（节选自《中共中央 国务院关于新时代加快完善社会主义市场经济体制的意见》，2020年5月11日，有改动）

即学即思 1. 请进入中国政府网，阅读全文。
2. 市场在资源配置中的决定性作用，主要是满足"私人需要"的。

政府职能即公共行政职能,是指政府管理的范围,亦指政府所介入和干预社会的程度。从现代社会和各国政府行政实践来看,政府的基本职能可以分为政治职能、经济职能、文化职能和社会职能。

(一)政府的政治职能

政府的政治职能是指政府在国家和社会中所起的政治作用。政府的政治职能包括政治统治职能、保卫国家主权的职能和民主职能。

1. 政府的政治统治职能

政府的政治统治职能是政府的最基本职能。毫无疑问,政府是阶级社会的必然产物,政府存在的首要目标就是维护阶级统治。政府要维护其统治就必须贯彻执行统治阶级的意志,这是天经地义的。因此,政府把加强统治的合法性作为其首要任务。在一定意义上说,政府的其他职能都是为加强政府的合法性服务的。

2. 保卫国家主权职能

保卫国家主权是政府的重要职能之一。作为主权国家必须捍卫国家的领土完整和国家主权。没有主权的国家是不能保护人民的,人民也不可能有最起码的人权。因此,政府必须重视国防建设,用科学技术建设军队,同时,积极开展外交活动。

3. 民主职能

发展和完善社会主义民主是我国政府的重要职能。一个现代化的国家必然是民主国家。发展民主,首先,要保证公民有参政议政的权利;其次,必须建立稳定的民主政治秩序。民主是有秩序的民主,没有秩序就没有民主。

案例3

我国第三艘航空母舰下水,命名"福建舰"

经中央军委批准,我国第三艘航空母舰命名为"中国人民解放军海军福建舰",舷号为"18"。福建舰是我国完全自主设计建造的首艘弹射型航空母舰,采用平直通长飞行甲板,配置电磁弹射和阻拦装置,满载排水量8万余吨。该舰下水后,将按计划开展系泊试验和航行试验。曾几何时,航母对于国人来说可望而不可即。经过几代人努力,中国此前拥有了辽宁舰、山东舰两艘航母。中国第一艘航母是辽宁舰,第二艘航母是山东舰。辽宁舰舷号为"16",2012年正式交付人民海军。2019年12月17日,我国首艘国产航母山东舰正式交付人民海军,舷号为"17"。

(资料来源:央视新闻百家号,https://baijiahao.baidu.com/s?id=1735852959904599916&wfr=spider&for=pc。)

案例分析　1. 我国建造航空母舰的目的是什么?
2. 建造航空母舰的经费支出是从哪里来的?

案例3分析解答

（二）政府的经济职能

政府的经济职能是指政府从社会经济生活宏观的角度，履行对国民经济进行全局性规划、协调、服务、监督的职能和功能。它是为了达到一定目的而采取的组织和干预社会经济活动的方法、方式、手段的总称。

中国实施"一带一路"重大倡议

2013年9月和10月，中国国家主席习近平在出访中亚和东南亚国家期间，先后提出共建"丝绸之路经济带"和"21世纪海上丝绸之路"（简称"一带一路"）的重大倡议，得到国际社会高度关注。2014年5月21日，习近平在亚信峰会上做主旨发言时指出：中国将同各国一道，加快推进"丝绸之路经济带"和"21世纪海上丝绸之路"建设，尽早启动亚洲基础设施投资银行，更加深入参与区域合作进程，推动亚洲发展和安全相互促进、相得益彰。"一带一路"倡议，对我国现代化建设和屹立于世界的领先地位具有深远的战略意义。

（资料来源：中华人民共和国国务院新闻办公室网站，http：//www.scio.gov.cn/m/xwfbh/xwbfbh/wqbh/33978/34499/xgbd34506/Document/1476358/1476358.htm。）

案例分析 1. 实施"一带一路"重大倡议的政府职能是什么？
2. 上网查一查目前"一带一路"重大倡议实施的进程。

案例4分析解答

（三）政府的文化职能

（1）意识形态职能。政府的意识形态职能是统治阶级价值观的集中体现，是立国之本。

（2）发展科学技术和教育职能。科学技术和教育是文化的重要组成部分，当今世界国与国之间的竞争，在一定意义上来讲是各国科学技术之间的竞争。发展科学技术是政府的重要职能。

（3）发展文学艺术和体育卫生职能。文学艺术和体育卫生是关系到公民的精神文明和身体健康的大事。繁荣文学艺术，大力发展体育卫生事业，可以提高国民的文化素质和身体素质。

（4）加强社会道德建设的职能。没有社会道德，就无法建立正常的社会秩序和经济秩序，也无法享受社会建设所取得的精神产品和物质产品。

（5）清除那些不仅没有社会价值而且有害的文化产品的职能。任何社会都会存在没有社会价值且有害的文化产品，政府应该清除这类文化产品。

弘扬北京冬奥精神，续写"双奥之城"荣耀

2022年北京冬奥会、冬残奥会分别于2月20日和3月13日圆满闭幕。确保北京冬奥会、冬残奥会如期安全顺利举办，确保"两个奥运"同样精彩，是中国人民向国际社会做出的

庄严承诺。七年来,在党中央坚强领导下,各有关部门、各省区市团结协作、攻坚克难,北京携手张家口作为主办城市尽锐出战、全力投入,同国际奥委会、国际残奥委会等国际体育组织紧密合作,克服新冠疫情等各种困难挑战,向世界奉献了一届简约、安全、精彩的奥运盛会,全面兑现了对国际社会的庄严承诺。北京成为全球首个"双奥之城",汇聚起实现中华民族伟大复兴的强大力量。冬奥赛事精彩纷呈,爱国情怀充分彰显,"三亿人参与冰雪运动"成为现实,冬奥遗产成果丰硕,实现成功办奥和区域发展双丰收,疫情防控精准有效,团结合作走向未来,为推动全球团结合作、共克时艰发挥了重要作用,也为动荡不安的世界带来了信心和希望,向世界发出了"一起向未来"的时代强音。

(资料来源:新京报百家号,https:∥baijiahao.baidu.com/s?id=1730536483071078815&wfr=spider&for=pc。)

案例分析
1. 请上网搜索"北京冬奥会、冬残奥会总结表彰大会隆重举行,习近平发表重要讲话"视频并观看,你认为北京冬奥精神有哪些?
2. 你认为我们政府为什么要办北京冬奥会?

案例5 分析解答

(四) 政府的社会职能

社会职能是指政府除了政治职能、经济职能和文化职能之外的社会管理职能。

具体包括:

(1) 维持社会秩序,保证人身安全和私人财产安全的职能。

(2) 确保社会公平分配的职能。市场是不可能进行公平分配的,只有政府才能进行公平分配,以弥补市场的欠缺。政府对分配悬殊的问题进行调节,以求得分配公平,保持社会稳定。

(3) 环境保护的职能。环境保护问题是一个全球性问题,关系到人类生存和可持续发展。只有政府才能弥补市场的不足和欠缺,承担起保护环境的责任。

(4) 社会保障职能。社会保障是确保公民维持稳定生活的一项重要制度。它是社会的稳定机制。社会保障是政府一项不可替代的职能。

> **重要提示**
>
> 政府要实现上述职能必须有足够的经济力量做保证,这种经济力量就是财政,即财政是为政府实现其职能提供财力的。为了维持这种公共权力,就需要公民缴纳费用——捐税。随着文明时代的向前进展,甚至捐税也不够了,国家就发行期票、借债,即发行公债。赋税是政府机器的经济基础。马克思、恩格斯的上述论断精辟地阐明了财政与政府的关系。

认知2 公共财政本质

人类社会为满足自身需要的一切经济活动又称为理财活动。社会理财主体有三类：政府、企业与家庭。以企业为主体进行的理财活动称为"财务"；以家庭为主体进行的理财活动称为"家政"；只有以政府为主体的理财活动才能称为"财政"。

我国2022年上半年财政收支企稳回升，留抵退税效应显现

2022年7月14日，财政部发布数据显示，6月份全国一般公共预算收入增长5.3%，增幅由负转正。上半年，全国一般公共预算收入105 221亿元，其中，留抵退税冲减收入18 408亿元。扣除留抵退税因素后，上半年累计增长3.3%。随着国内疫情防控形势总体向好，加快推动稳经济一揽子政策措施落地见效，6月份全国一般公共预算收入企稳回升。上半年，实施大规模留抵退税政策效应集中释放，用于项目建设的新增专项债券额度基本发行完毕。

上半年，全国一般公共预算支出128 887亿元，比上年同期增长5.9%。其中，中央一般公共预算本级支出15 630亿元，比上年同期增长5.8%；地方一般公共预算支出113 257亿元，比上年同期增长5.9%。财政收支是反映经济运行的重要指标之一，透过数据可以看出，我国经济运行正在重回正常增长轨道。

（资料来源：中华人民共和国财政部网站，http：//www.mof.gov.cn/zhengwuxinxi/caizhengxinwen/202208/t20220830_3836824.htm。）

案例分析
1. 上网查一查我国"留抵退税"是什么意思，起到了什么作用。
2. 财政收支规模受什么影响？

案例6 分析解答

所谓公共财政，是指政府为市场提供公共服务的分配活动或经济行为，是为满足社会公共需要，以政府为主体，对一部分社会产品进行的集中性分配。由此可见公共财政与政府的活动密不可分。

知识链接

财政是一个古老的经济概念，但"财政"一词在我国的使用则是近代才开始的事。中国古代称财政为"国用""国计""度支"。英文称作"Public Finance（意为公共财务）"。据考证，清朝光绪二十四年，即1898年，在戊戌变法"明定国是"诏书中有"改革财政，编制国家预算"的条文，这是我国历史上政府文献中最早使用"财政"一词。光绪二十九年（1903年），清政府还设立了"清理财政处"，各省设立各种财政官，如正、副财政监理。

一、公共财政的主体是政府

公共财政的主体是政府。因为财政分配是由政府来组织的,所以政府在财政分配中居主导地位。这使得财政分配与企业、组织、团体和个人为主体的分配相区别。这是财政区别于其他分配范畴的基本特征。

公共财政分配是在全社会范围内进行的集中性分配。政府作为整个社会的代表者,执行着整个社会的管理职能,这一特点决定了财政分配具有社会性和集中性的特点。

即学即思 登录中华人民共和国财政部官方网站,查询财政部的职能,查看近期公布的相关信息。

二、公共财政分配的对象是社会产品

财政分配的对象是社会产品,其中主要是剩余产品,它既不是社会产品的全部,也不是剩余产品的全部,只是其中的一部分。从我国实际情况来看,财政分配的对象主要包括以下几个方面:

(1) 对公司、企业的净产值征收的增值税等。

(2) 对公司、企业利润所得直接征收的企业所得税以及税后利润上缴,或是以租金、股息、红利等形式的上缴。

(3) 对个人的工资、薪金和其他收入所得直接征收的个人所得税以及劳动者的公债等。

(4) 对财产征收的各种财产税等。

(5) 对社会产品的总价值征收的消费税等。

即学即思 上网查一查,什么是社会产品,社会产品的基本特征有哪些,社会产品的价值构成是怎样的。

三、财政分配的目的是满足社会公共需要

财政分配的目的是保证满足社会公共需要。由于政府是满足社会公共需要的组织者,从而形成了政府的职能。政府要实现这些职能,必须有相应的公共物品,即通常讲的财力保证。因此,政府通过财政手段取得财力并保证其职能实现。

案例7

建设有中国特色的应对人口老龄化制度体系

我国自20世纪末进入老龄化社会以来,老年人口数量和占总人口的比重持续增长,2000年至2018年,60岁及以上老年人口从1.26亿人增加到2.49亿人,老年人口占总人口的比重从10.2%上升至17.9%。未来一段时间,老龄化程度将持续加深。

为积极应对人口老龄化,2019年11月,中共中央、国务院印发了《国家积极应对人口老

龄化中长期规划》(简称《规划》),此规划是到21世纪中叶我国积极应对人口老龄化的战略性、综合性、指导性文件。《规划》从5个方面部署了应对人口老龄化的具体工作任务:一是夯实应对人口老龄化的社会财富储备;二是改善人口老龄化背景下的劳动力有效供给;三是打造高质量的养老服务和产品供给体系;四是强化应对人口老龄化的科技创新能力;五是构建养老、孝老、敬老的社会环境。

(资料来源:中华人民共和国中央人民政府网站,https:∥www.gov.cn/zhengce/2019-11/22/content_5454389.htm。)

案例分析

1. 请上网查阅《国家积极应对人口老龄化中长期规划》。
2. 请查一查目前我国养老保障制度有哪些。
3. 你认为应该由谁来解决人口老龄化问题?

案例7分析解答

认知3　公共财政与经济关系

案例8

ABD 有限公司销售收入与纳税状况

从 ABD 有限公司获悉,2021年公司销售额达76亿元,较上年增长9亿元,同比实现两位数增长(图1-1)。同年上缴税收突破20亿元(图1-2)。相较于该公司2012年销售额9亿元、纳税1.45亿元,10年间,企业纳税额增幅远高于销售收入增幅。

图1-1　ABD公司10年销售额柱状图

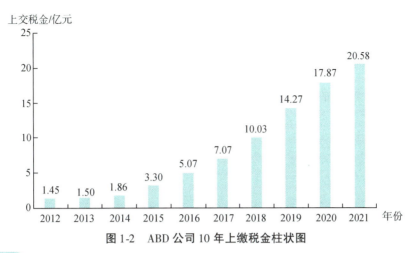

图 1-2　ABD 公司 10 年上缴税金柱状图

案例分析　1. 决定上缴税金（财政收入）规模大小的因素是什么？
　　　　　　2. 上述财政现象体现了财政与经济怎样的关系？

案例 8 分析解答

　　从上述财政现象不难得出，财政分配的对象是社会产品。社会产品规模越大，财政分配的规模越大。财政作为具有社会集中性的分配活动，与经济有着若干内在的联系。

一、经济发展的规模、速度和效益决定着财政分配的规模和增长速度

　　财政分配的主体是政府，分配的对象是社会产品，主要是剩余产品。而社会产品的数量取决于社会经济发展的规模和速度。所以，经济发展的规模和速度决定着财政分配的规模和增长速度。一般情况下，经济发展的水平越高、规模越大，经济增长的速度越快，则财政收支的增长速度相应越快，财政分配的规模也就越大。

> 社会产品好比"蛋糕"，生产是做蛋糕的，财政要分走一部分蛋糕。蛋糕做得越大、质量越好，财政取得的蛋糕也就越多、越优。

重要提示

　　经济发展的规模和速度决定财政分配的规模和增长速度，这是一般规律和总的趋势。但由于财政收入的增长不仅仅取决于社会产品的数量，还要受价格、成本、财政政策等诸多因素的影响，因而财政收入的增长往往与经济发展的规模和速度不一致。其中，经济效益是影响财政收入增长的决定性因素。

二、财政分配制约经济发展规模、速度和效益

　　在经济规模总值一定的情况下，财政通过参与社会产品的分配，可以影响国民生产总值分配中积累与消费的比例，进而影响经济发展规模。

　　财政分配还制约着经济效益和发展速度。调整财政分配结构，既可以促进经济结构的

合理化和国民经济协调发展,也可以促进社会经济保持适当的增长速度和较高的效益。

财政部出台《财政支持做好碳达峰碳中和工作的意见》

为贯彻落实党中央、国务院关于碳达峰碳中和重大战略决策,2022年5月财政部印发了《财政支持做好碳达峰碳中和工作的意见》(财资环[2022]53号)。为支持碳达峰碳中和工作,财政部采取了一系列重大举措。一是强化资金保障,2021年中央财政加强资源统筹,安排支持绿色低碳发展相关资金约3 500亿元。资金分配突出重点,强化对清洁能源推广和应用、重点行业领域低碳转型、科技创新和能力建设、碳汇能力巩固和提升等方面的保障力度,提高资金政策的精准性。二是充分发挥税收政策激励约束作用,对符合条件的新能源汽车车购税、车船税予以免征,引导绿色低碳出行;优化关税结构,降低柴油发动机过滤装置等部分环境产品关税,对资源型产品和钢铁初级产品等实施零关税或低关税等,引导推动绿色低碳发展。

(资料来源:中华人民共和国财政部网站,http://zyhj.mof.gov.cn/zcfb/202205/t20220530_3814434.htm。)

案例分析
1. 请上网查一查我国关于碳达峰碳中和重大战略决策的内容。
2. 案例中采取了哪些财政举措?这些举措将会产生哪些作用?

案例9分析解答

认知4　公共财政职能

公共财政的职能是指财政本身所固有和经常起作用的功能。在现代市场经济体制下,公共财政的职能主要可概括为三个方面:资源配置职能、收入分配职能和经济稳定与发展职能。

财政支出兜牢底线惠民生

为应对新冠疫情带来的社会经济影响,2022年中央对地方转移支付中,安排困难群众救助补助资金1 546.8亿元,比上年增加70.6亿元。上半年,初步匡算,直接用于就业方面的中央财政直达资金支出超过200亿元;用于养老、义务教育、基本医疗等基本民生方面的支出达1.17万亿元,助力兜牢兜实民生底线。

为中小微企业送帮扶添活力。财政在延续实施已出台的优惠政策基础上,进一步加大减负纾困财税力度。截至2022年6月底,新增退税减税降费及缓税缓费中,中小微企业享受优惠金额占比近70%;国家融资担保基金已完成再担保合作业务规模5 962亿元,服务各类市场主体 78 万户。上半年中央财政直达资金中相关直接惠企支出约 3 500 亿元,惠及市场主体 68 万家,合计 256 万家次。

（资料来源：中华人民共和国财政部网站,http://jsz.mof.gov.cn/zhengcefagui/202207/t20220715_3827243.htm。）

案例10 分析解答

案例分析
1. 财政支出兜牢底线惠民生体现出财政发挥了哪种职能？
2. 上网查一查近年来国家为支持中小微企业所实施的财税优惠政策。

一、财政的资源配置职能

物质资料的生产必须具备基本的生产要素,如劳动力、生产资料、技术、信息等,统称作资源。在一定的时期和范围内,社会可以利用的资源是有限的,人们为了满足自己多方面的需要,就必须在如何使用资源上做出一定的安排。这个过程,通常叫作资源配置。

即学即思
1. 请举例说明你的家庭财产是如何取得的。
2. 上网查一查,市场配置资源的方法和手段有哪些。

 重要提示

社会资源的配置方式有两种,一种是市场配置方式,另一种是政府配置方式。市场经济体制下,对社会资源的配置侧重于市场配置方式。市场对社会资源的配置是通过市场机制来实现的。市场经济是指社会资源的配置由市场起主导作用的经济,或者说,它是以市场机制为基础来配置社会资源的经济运行方式。

但是,市场的资源配置功能不是万能的,市场机制也有其本身固有的缺陷,在有些领域不能有效、公正地配置资源。

（一）市场缺陷

1. 市场不能提供社会需要的公共产品

公共产品的非排他性和非竞争性这两个特征表明人们可以不付费而受益,"免费搭车"理所当然。

2. 市场垄断

市场经济发展到一定阶段,当生产集中于一个或少数大企业,市场价格由一个或少数大企业所控制时,就会出现垄断。市场效率以完全自由竞争为前提,而垄断的出现意味着产品价格和利润水平不再取决于市场供求关系。垄断者通过垄断价格来获取超额利润,不利于竞争,不利于厂商改进技术,市场效率也因此而丧失。

3. 收入分配不公

市场经济体制下,收入是按生产要素(资本、土地、劳动力等)进行分配的。由于人们所拥有的生产要素不同、市场的不完全竞争等因素的存在,收入分配结果会出现明显的不公平。市场机制虽然是灵敏、有效率的,但它本身不能兼顾社会公平。收入分配的过分悬殊,导致社会的不安定,将会直接影响市场效率。

4. 经济波动与失衡

市场经济的固有特性使市场不可能经常保持平稳发展,于是失业、通货膨胀和经济的波动与失衡等会周期性地重复出现。

5. 信息不充分

在市场经济条件下,生产者与消费者的生产、销售、购买都属于个人行为,他们不可能完全掌握必要的信息。

重要提示

市场机制的缺陷表明,市场对社会资源的配置作用并不是万能的。在许多领域,如国防、外交、行政管理、社会保障、基础科研、义务教育等领域,市场是无能为力的。在经济领域,一些投资规模大、投资回收期长和投资回报率低的基础设施与基础工业领域,私人一般也无力投资或不愿投资,市场同样无能为力。可见,市场机制对社会资源配置所起的主导作用,绝不能理解为独占作用。在市场失灵的领域,市场让位于政府,市场配置方式让位于政府配置。

(二) 财政资源配置职能的表现

所谓财政资源配置职能,是指政府为弥补市场缺陷,通过财政收支改变资源配置,以保证社会的人力、物力、财力资源得到高效利用。政府从全社会的整体利益出发,运用财政对资源进行有计划的分配和调节。

1. 调节资源在地区之间的配置

在我国,由于历史、地理、经济和自然等方面因素的影响,地区之间经济发展很不平衡。单靠市场机制不能解决资源向落后地区流动的问题,这就需要运用财政配置手段,如税收、财政支出、财政体制、财政政策等,实现资源在地区之间的合理配置。

案例11

较大幅度增加中央对地方转移支付,支持基层做好"三保"工作

2022年,我国较大幅度增加中央对地方转移支付特别是一般性转移支付规模,向困难地区和欠发达地区倾斜。中央一般公共预算对地方转移支付安排近9.8万亿元,增加约1.5万亿元,增长18%,比往年大幅提高,地方财政支出增长达到8.9%。省级财政也要最大限度下沉财力,支持基层落实助企纾困政策和保基本民生、保工资、保运转。完善常态化财政资金直达机制,进一步扩大范围,推动资金快速精准下达和使用。

(资料来源:中华人民共和国财政部网站,http://www.mof.gov.cn/zhengwuxinxi/caizhengxinwen/202203/t20220314_3794760.htm。)

案例分析 1. 案例中由中央政府配置的资源是什么?
2. 这些资源配置的目的是什么?

案例11分析解答

2. 调节资源在产业部门之间的配置

在资源配置的过程中,政府通过税收、财政投资、财政补贴、贴息等财政手段,调节社会投资的流向,更多地将投资引向国民经济发展中的基础产业,如能源、交通、原材料等薄弱环节,促进这些产业部门的发展,同时也起到抑制某些产业部门发展的作用,从总体上保证国民经济各部门和各行业之间的协调发展,形成合理的产业结构和产品结构。

案例12

小型微利企业可以延续享受的税费优惠政策

对小型微利企业年应纳税所得额不超过100万元的部分,减按12.5%计入应纳税所得额,按20%的税率缴纳企业所得税。

对小型微利企业年应纳税所得额超过100万元但不超过300万元的部分,减按25%计入应纳税所得额,按20%的税率缴纳企业所得税。

由省、自治区、直辖市人民政府根据本地区实际情况,以及宏观调控需要确定,对小型微利企业可以在50%的税额幅度内减征资源税、城市维护建设税、房产税、城镇土地使用税、印花税(不含证券交易印花税)、耕地占用税和教育费附加、地方教育附加。

小型微利企业已依法享受资源税、城市维护建设税、房产税、城镇土地使用税、印花税、耕地占用税、教育费附加、地方教育附加其他优惠政策的,可叠加享受此项优惠政策。

以上政策执行期限为2023年1月1日至2024年12月31日。

(资料来源:国家税务总局网站,http://www.chinatax.gov.cn/chinatax/n362/c5185878/content.html。)

案例12 分析解答

案例分析 1. 国家为什么对小型微利企业进行税收优惠?

2. 国家通过对小型微利企业进行税收优惠想达到什么目的?

3. 登录国家税务总局网站查一查小型微利企业的判定标准是什么。

3. 调节全社会资源在政府各部门和非政府部门(企业和个人)之间的配置

政府通过提高或降低财政收入占国民收入的比重,实现资源在政府部门和非政府部门之间的配置。

4. 在政府活动领域分配资源

公共财政在政府活动领域分配资源主要表现为政府部门所支配使用的资源在各项财政支出之间进行合理配置。优化的财政支出结构可以使各项财政支出满足社会经济协调稳定发展的需要,可以节约使用财政资金,提高财政资金的使用效益。为此,就必须合理安排财政支出结构,例如,要正确处理好购买性支出和转移性支出的比例、生产性支出和非生产性支出的比例等,以优化财政支出结构。

二、财政的收入分配职能

收入分配职能是指财政通过调节国家、企业(集体)和个人之间的分配,实现收入的公平分配目标。所谓公平分配，包括经济公平和社会公平两个层次。经济公平是市场经济的内在要求，要求要素的投入和要素的收入相称，它是在平等竞争的环境下由等价交换来实现的；社会公平是指将收入差距维持在现阶段社会各阶层居民所能接受的合理范围内。

效率与公平

人类社会经济活动的最终目标是满足人们的需要。如何更好地满足社会成员的需要问题包括两个层次的含义：(1) 如何更好地利用现有的稀缺资源生产出尽可能多的社会财富，经济学上将它称为"效率"；(2) 这些社会财富如何在社会成员之间恰当地进行分配，经济学上将它称为"公平"。效率与公平都跟更好地满足人们的需要有关。社会物质财富十分丰富，但若只为少数人所享有，不能说已满足了全体社会成员的需要；反之，全体社会成员完全平均地享有社会财富，但物质财富总量很少，这种社会成员需要的满足也是低层次的。可见，不论是人类的经济活动，还是政府的经济行为，归根结底是如何更好地协调效率与公平的关系。协调效率与公平的关系问题，其实质就是为了更好地满足社会成员的需要。

（一）收入分配职能的主要内容

1. 调节企业利润水平

调节企业利润水平，是指通过征税剔除或减少客观因素对企业利润水平的影响，使企业利润水平能够真实反映企业的生产经营管理水平和主观努力状况，为企业创造公平竞争的外部环境。

2. 调节地区收入水平

调节地区收入水平主要是指通过调节，增加欠发达地区的财力，促进欠发达地区经济的发展，并在一定程度上抑制发达地区经济的增长，实现地区间的同步发展。

3. 调节居民个人收入水平

调节居民个人收入水平主要是指既要合理拉开收入差距，又要防止贫富悬殊，逐步实现共同富裕。

江苏省调整全省最低工资标准

2021年7月25日，江苏省人力资源社会保障厅发布《关于调整全省最低工资标准的通知》（苏人社发〔2021〕72号），从2021年8月1日起调整全省最低工资标准。现就有关事项通知如下。

月最低工资标准：一类地区2 280元；二类地区2 070元；三类地区1 840元。非全日制用工小时最低工资标准：一类地区22元；二类地区20元；三类地区18元。

企业支付给顶岗实习学生的实习报酬和勤工助学学生的劳动报酬按照小时计酬，并不得低于当地非全日制用工小时最低工资标准。

（资料来源：江苏省人力资源和社会保障厅网站，http：//jshrss.jiangsu.gov.cn/art/2021/7/28/art_77279_9953183.html。）

案例分析 1. 为什么要规定最低工资标准？

2. 上网查一查你的学校所在地区的最低工资标准是多少。

案例13 分析解答

（二）财政实现收入分配职能的机制和手段

1. 划清市场分配与财政分配的界限和范围

财政既不搞越俎代庖，又要恪尽职守。如应由市场形成的企业职工工资、企业利润、租金收入、财产收入、股息收入等，财政的职能是通过再分配进行调节；而医疗保健、社会福利、社会保障等，则应由财政集中分配，实行社会化。

2. 规范工资制度

凡应纳入工资范围的收入都应纳入工资总额，取消各种明补和暗补，增加工资的透明度；实现个人消费品的商品化，取消变相的实物工资；适当提高工资水平，建立以工资收入为主、工资外收入为辅的收入制度。

3. 加强税收调节

通过间接税调节各类商品的相对价格，从而调节各经济主体的要素分配；通过企业所得税调节公司的利润水平；通过个人所得税调节个人的劳动收入和非劳动收入，使之维持在一个合理的差距范围内；通过资源税调节由于资源条件和地理条件而形成的级差收入；通过遗产税、赠与税调节个人收入分布；等等。

4. 转移性支出

转移性支出，如社会保障支出、救济支出、补贴等，使每个社会成员得以维持起码的生活水平和福利水平。

即学即思 1. 查一查我国的现行社会保障制度。

2. 你现在能享受哪些社会保障？

三、财政的经济稳定与发展职能

财政的经济稳定与发展职能是指财政所具有的通过财政政策的选择和调整，实现充分就业、物价稳定、经济适度增长和国际收支平衡等政策目标的功能。这里的经济稳定包含经济增长，是指保持经济的持续、稳定、协调发展。财政的经济稳定与发展职能主要表现为以下两个方面。

（一）通过财政预算政策进行调节

通过选择不同的财政预算政策，调节社会总供给与社会总需求，使之达到平衡。当经济处于繁荣时期，社会总需求大于社会总供给时，可通过实行国家预算"收大于支"的结余政策，减少支出或增加税收，以减少总需求，紧缩投资，抑制通货膨胀，进行调节；反之，在经济萧条时期，则实行"支大于收"的赤字政策，增加支出或减少税收，以增加总需求，扩大投资，增加就业，进行调节；在社会供求总量平衡时，则实行中性预算政策与之相配合。

（二）通过制度性安排，发挥财政"内在稳定器"的作用

第一，在收入方面，实行累进税制，逆经济周期而动，即当经济过热、出现通货膨胀时，企业、居民收入增加，税率也相应提高，税收增幅大于国民收入增幅，从而抑制经济过热；反之，在经济萧条时，企业和居民收入下降，生产率相应降低，则税收降幅超过国民收入降幅，以刺激经济复苏和发展。第二，在财政支出方面，主要体现在社会保障、补贴、救济和福利支出等转移性支出等安排上，其效应正好同税收相配合。当经济高涨时，失业人数减少，转移性支出下降，以抑制经济过热；反之，在经济萧条时，失业人数增加，转移性支出上升，以达到刺激经济复苏和发展的目的。

扫码看视频1

单元二

公共财政收入

掌握我国财政收入的形式和分类；了解我国财政收入合理规模确定标准；理解我国财政收入的基本特征；树立中国新时代社会主义财政收入价值观，并能运用财政收入的基本知识和价值观理念观察我国财政收入实践现象和正确分析案例资料数据信息。

 关键问题

1. 我国财政收入有哪些形式？其中主要的形式是什么？
2. 我国是如何确定财政收入合理规模的？
3. 国债收入的特征是什么？
4. 如何分析所给案例资料的财政信息和财政收入政策？

 案例14

2022年上半年我国财政收入结构（图2-1）

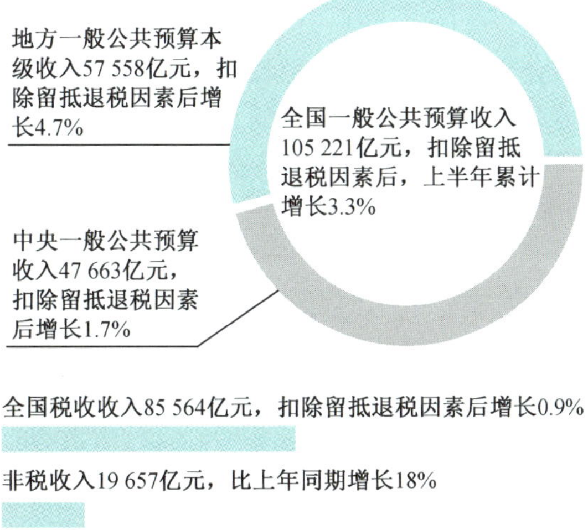

地方一般公共预算本级收入57 558亿元，扣除留抵退税因素后增长4.7%

全国一般公共预算收入105 221亿元，扣除留抵退税因素后，上半年累计增长3.3%

中央一般公共预算收入47 663亿元，扣除留抵退税因素后增长1.7%

全国税收收入85 564亿元，扣除留抵退税因素后增长0.9%

非税收入19 657亿元，比上年同期增长18%

图2-1　2022年上半年我国财政收入结构

（资料来源：中华人民共和国财政部网站，http://gks.mof.gov.cn/tongjishuju/202207/t20220714_3827010.htm。）

案例分析 请你分析图2-1,回答下列问题:

1. 2022年上半年我国财政收入是多少?
2. 我国财政收入的构成主要有哪些?

案例14分析解答

政府在行使其财政职能时,大量的财政资金是从哪里来的?在这些来源里,哪方面占的比重最大?政府财政的资金可以以什么样的方式取得?如何取得才更符合经济规律?政府财政收入中,我们每个公民的付出体现在哪些方面?影响政府财政收入的因素主要有哪些?本单元学习内容就是解决以上问题。

即学即思 我们经常从广播、电视中听到这样的名词:财政预算收入、税收收入、国有资产收益、税费改革、财政困难、做大蛋糕、财政赤字……上网查一查,这些名词意味着什么,与财政收入的关系是什么。

认知1 财政收入的种类

财政收入是指政府为履行其职能,保证财政行使职能及财政支出的需要,依据一定的原则和方式,通过财政筹措的所有货币资金的总和,即以货币形式表现的社会总产品的一部分。

财政总收入是中国各级政府的收入总和,包括公共财政预算收入和基金预算收入。

政府是怎样筹集财政资金的?我们可以根据财政收入的形式、性质等,从不同的角度划分财政收入,并发现影响财政收入的各种因素,以便理解政府在处理财政与经济的关系,处理国家、集体、个人之间的分配关系,保证财政收入的稳定增长等方面的财政举措。

一、按财政收入的形式分类

财政收入按收入形式分为税收收入和非税收入。

财政收入形式是政府取得财政收入所采取的方式。就世界范围看,各国取得财政收入的主要形式是税收,而非税收的形式,一般取决于各国的政治体制和经济管理体制。

(一)税收收入

税收是政府凭借政治权利,按照法律规定,强制地、无偿地取得财政收入的一种方式。它是政府取得财政收入的一种最可靠的基本形式。同时,税收在取得财政收入的过程中,还能起到调节经济运行、资源配置和收入分配的重要作用。税收收入是现代国家最为重要的财政收入。

案例 15

2022 年上半年我国财政收入及构成分析（图 2-2）

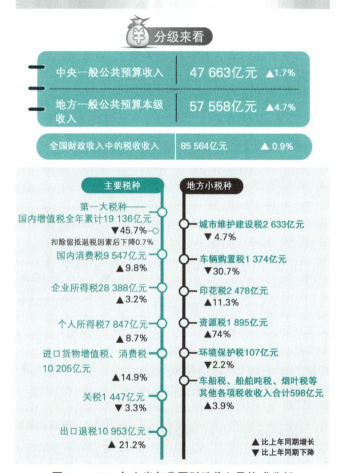

图 2-2　2022 年上半年我国财政收入及构成分析

（资料来源：中华人民共和国财政部网站，http：//gks.mof.gov.cn/tongjishuju/202207/t20220714_3827010.htm。）

案例分析　请分析上述资料图，回答下列问题：

1. 2022 年上半年我国税收收入占财政收入的比例是多少？说明了什么问题？
2. 我国税收收入的基本构成有哪些？请到单元五中查一查我国目前有哪些税收种类。

案例 15 分析解答

知识链接

财政收入史考

在我国古代的第一个奴隶制王朝夏朝,最早出现的财政征收方式是"贡",即臣属将物品进献给君王。当时,虽然臣属必须履行这一义务,但由于贡的数量、时间尚不确定,所以,"贡"只是税的雏形。而后出现的"赋"与"贡"不同。"赋"原指军赋,即君主向臣属征集的军役和军用品。但事实上,国家征集的收入不仅限于军赋,还包括用于国家其他方面支出的产品。此外,国家对关口、集市、山地、水面等征集的收入也称"赋"。所以,"赋"已不仅指国家征集的军用品,而且具有了"税"的含义。有历史典籍可查的对土地产物的直接征税,始于公元前 594 年(鲁宣公十五年)鲁国实行的"初税亩",按平均产量对土地征税。后来,"赋"和"税"就往往并用了,统称赋税。

"赋"由"贝""武"二字组成。古代以"贝"代表珍宝、货币,以"武"说明用于军事、战争。远在西周时期,周王室和诸侯国君对所征的兵车、兵器、衣甲等军用品称"赋",征的土产均称"税"。"税"由"禾""兑"演化而来,是交换的意思,即农民交纳粮食,国君诸侯保护他们的土地和人身安全。秦汉起,赋税通常指按地、丁、户征收的土地税、壮丁税、户口税。明朝摊丁入亩,即将壮丁税、户口税合并到土地税一并课征,赋税主要是指田赋。清末,赋税逐渐成为多种税的统称,与"租"相同。

(二)非税收入

非税收入是指除税收以外,由各级政府、国家机关、事业单位、代行政府职能的社会团体及其他组织依法利用政府权力、政府信誉、国家资源、国有资产或提供特定公共服务、准公共服务取得的财政性资金。

我国的非税收入主要包括政府性基金、彩票公益金、国有资源有偿使用收入、国有资产有偿使用收入、国有资本经营收益、罚没收入、以政府名义接受的捐赠收入、主管部门集中收入、政府财政资金产生的利息收入等。其中,中央公共财政的非税收入种类如图 2-3 所示。

图 2-3 中央公共财政的非税收入结构图

(1)国有资源有偿使用收入。包括国家机关、实行公务员管理的事业单位、代行政府职能的社会团体以及其他组织的固定资产和无形资产出租、出售、出让、转让等取得的收入,世界文化遗产保护范围内实行特许经营项目的有偿出让收入和世界文化遗产的门票收入,利用政府投资建设的城市道路和公共场地设置停车泊位取得的收入,以及利用其他国有资产取得的收入。

(2)国有资本经营收入。这是政府非税收入的重要组成部分,包括国有资本分享的企业税后利润,国有股股利、红利、股息,企业国有产权(股权)出售、拍卖、转让收益和依法由国有资本享有的其他收益。

(3)罚没收入。这是指法律、行政法规授权的执行处罚的部门依法实施处罚取得的罚没款和没收物品的折价收入。

（4）行政事业性收费。这是国家政府机关或国家事业机构等单位在提供公共服务、产品、基金或批准使用国家某些资源时，向收益人收取一定费用的一种财政收入形式。它主要包括规费收入、国家资源管理收入、公产收入等。收费收入涉及面广，收入不多，在财政收入中所占比重较小，但政策性强。国家采用收费这种形式，主要是促进各单位和个人注重提高效益，发挥其调节社会经济生活的作用。

（5）专项收入。包括征收排污费收入、征收城市水资源费收入、教育费附加收入、彩票公益金等。

（6）其他收入。包括基本建设贷款归还收入、基本建设收入、捐赠收入等。

即学即思 上网搜一搜，税收收入与非税收入的区别有哪些。

二、按财政收入的层次分类

财政收入按收入的层次可以分为中央财政收入与地方财政收入。

中央财政收入是指按照财政预算法律和财政管理体制规定，由中央政府集中和支配使用的财政资金。中央财政收入主要来源于国家税收中属于中央的税收、中央政府所属企业的国有资产收益、中央和地方共享收入中的中央分成收入、地方政府向中央政府的上解收入及国债收入等。

地方财政收入是指按照财政预算法或地方财政法规定划归地方政府集中筹集和支配使用的财政资金。地方财政收入主要来源于地方税、地方政府所属企业的国有资产收益、共享收入中的地方分成收入，以及上级政府的返还和补助收入等。

案例16

1994—2019年中央财政收入与地方财政收入（图2-4）

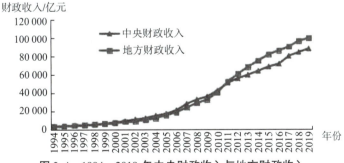

图2-4　1994—2019年中央财政收入与地方财政收入

（资料来源：编者根据中华人民共和国财政部网站公布的统计数据中历年财政收支情况整理。）

案例分析
1. 根据图2-4，你能描述中央财政收入与地方财政收入的变动趋势吗？
2. 思考一下，影响中央财政收入与地方财政收入的主要因素是什么。

案例16 分析解答

认知 2　财政收入规模

财政收入的规模是衡量一个国家一定财力的重要指标,无论哪个国家都把保证财政收入持续增长作为政府的主要财政指标,而在财政赤字笼罩的现代社会,谋求财政收入的增长更为各国政府所重视。

一、财政收入规模的含义及衡量指标

重要提示

财政收入规模是指在一定时期内(通常为1年),政府以社会管理者、国有资产所有者或债务人等多种身份,通过税收、国有资产收益和公债等多种收入形式占有的财政资金的绝对量和相对量。

(一)财政收入规模的绝对量及其衡量指标

财政收入规模的绝对量是指一定时期内财政收入的实际数量。如我国财政收入总额:1950年为65.19亿元,2014年为140 350亿元,50年间增长了2 000多倍。这都是对财政收入绝对量的描述。如果把一个国家不同时期财政收入的绝对量联系起来分析,还可以看出财政收入规模随着经济的发展、经济体制改革及政府职能变化而增减变化的情况和趋势。衡量财政收入规模的绝对指标是财政总收入,它是一个有规律、有序列、多层次的指标体系。

(二)财政收入规模的相对量及其衡量指标

财政收入规模的相对量是指在一定时期内财政收入与有关经济指标和社会指标的比率。财政收入不是孤立的,其规模大小受多种经济和社会因素的影响,单纯从财政收入的绝对量来分析,可以了解一个国家或地区在不同时期的国家财力以及政府参与经济资源配置及收入分配的范围和力度的变化情况,但绝对量在不同的国家或地区之间不完全具有可比性,甚至容易引起误解。在分析财政收入规模的时候,不仅要看绝对数量,更要注意相对量指标的研究。

案例17

2021年财政收入占国内生产总值的比重持续下降

根据《中华人民共和国2021年国民经济和社会发展统计公报》,2021年我国国民经济持续恢复发展,经济发展和疫情防控保持全球领先地位,实现"十四五"良好开局。2021年国内生产总值为1 143 670亿元,按不变价计算,同比增长8.1%。财政收入实现恢复性增长,2021年全国一般公共预算收入20.25万亿元,突破20万亿元,比上年增长10.7%。2021年一般公共预算收入占国内生产总值17.7%,与2019年相比较,2021年财政收入占GDP的比重持续下降,财政支撑经济社会发展的压力仍较大。

(资料来源:中华人民共和国中央人民政府网站,https://www.gov.cn/xinwen/2022-01/26/content_

5670483.htm。)

案例分析 1. 如何理解2021年财政收入占GDP的比重持续下降，财政支撑经济社会发展的压力仍较大？
2. 你认为财政收入占GDP的比重是持续下降还是维持在一个合理的区间对社会经济发展有好处？

案例17 分析解答

财政收入的相对数量指标主要有财政收入占国内生产总值的比重、人均财政收入、财政收入占国民收入的比重、财政收入占国民生产总值的比重。其中财政收入占国内生产总值的比重是衡量一个政府财政收入和相对规模的基本指标，也是国际上衡量和比较财政收入规模大小的比较通用的指标。

 知识链接

国民收入（NI）是物质生产部门的劳动者本期（通常为1年）生产的全部净产品。国民收入有两种表现形式：从实物形式看，它是社会总产品扣除用于补偿的生产资料以后所剩下的生产资料和当年新生产出来的全部消费资料；从价值形式看，表现为净产值，即物质资料生产部门的劳动者当年新创造的价值。

国内生产总值（GDP）是指一个国家或地区所有常住单位在一定时期内（通常为1年）生产活动的最终成果，即所有常住机构单位或产业部门在一定时期内生产的可供最终使用的产品和劳务的价值。从价值形态看，它是所有常住单位在一定时期内所生产的全部货物和服务价值超过同期投入的全部固定资产货物和服务价值的差额，即所有常住单位的增加值之和；从收入形态看，它是所有常住单位在一定时期内所创造并分配给常住单位和非常住单位的初次分配收入之和；从产品形态看，它是最终使用的货物和服务减去进口货物和服务。

国民生产总值（GNP）是指一个国家或地区的所有常住单位在一定时期内在国内和国外所生产的最终成果和提供的劳务的价值。它等于国内生产总值加上来自国外的净要素收入。国外净要素收入是指从国外得到的生产要素收入减去支付给国外的要素收入。可见，国民生产总值与国内生产总值之间的区别就在于国外的净要素收入。

国内生产总值不同于物质产品平衡表体系中的国民收入。国民收入只是反映物质生产部门物质产品生产的成果，而国内生产总值则包括全部生产活动的成果，既包括物质生产成果，也包括劳务活动成果。

财政收入占GDP的比重，又称为财政依存度，它是衡量一个国家或一个地区经济运行质量的重要指标，在一定程度上反映了在GDP分配中，国家（或地区）所得占的比重。一般来说，财政收入占GDP的比重越高，说明国家（或地区）财力越充足。作为一项监督指标，它表明财政收入的规模应当随着国民经济的增长而扩大。

即学即思 1. 财政收入占GDP的比重是否越高越好？
2. 财政收入占GDP的比重越高会对企业经营、居民收入有何影响？

二、制约公共财政收入规模的因素

保持公共财政收入持续稳定的增长始终是各国政府的主要财政目标。但是财政收入的规模及其增长速度并不只是以政府的意愿为转移的，它要受到各种政治、经济条件的制约和影响。

（一）经济发展水平

这是影响一个国家财政收入规模的决定性因素。经济发展水平一般用人均 GDP 来反映，它表明了一国生产技术水平的高低和经济实力的强弱，是一个国家社会产品丰裕程度和经济效益高低的概括说明。一国的人均 GDP 较高，表明该国的经济发展水平相对较高。

（二）政府职能范围

政府取得财政收入是为了履行其职能，满足社会公共需要。显然，政府的职能范围越大，政府需要筹集的财政收入规模也就越大。所以，政府的职能范围是决定一国财政收入规模的直接因素。

（三）分配制度和分配政策

社会产品生产出来以后，要在政府、企业和居民个人之间进行一系列的分配和再分配。在我国，国家制定的国民收入分配制度和分配政策决定了政府、企业和个人在国民收入分配中所占的份额。

（四）价格变动

财政收入是政府取得的货币形态的社会产品，它是按照当年的现行价格水平计算出来的。这样，在其他条件一定的情况下，某个财政年度的价格水平上升，该年度的名义财政收入就会增加。但这种财政收入的增加完全是由价格水平上升造成的，并不代表财政收入的真正增长。

（五）税收管理水平和税收政策

由于税收收入是财政收入的主要来源，因此影响税收收入的因素也就成为影响财政收入规模的重要因素。在税源既定条件下，税收管理水平和税收政策决定了税收收入的规模。

案例18

中国废止农业税条例　农业税正式成为历史

2005年12月29日下午，十届全国人大常委会第十九次会议经表决决定，一届全国人大常委会第九十六次会议于1958年6月3日通过的农业税条例自2006年1月1日起废止。这意味着中国将依法彻底告别延续了2600年的"皇粮国税"——农业税。据史料记载，农业税始于春秋时期鲁国的"初税亩"，到汉初形成制度。

废止农业税条例也是中国农村面貌即将迎来新一轮巨变的标志性事件。"废止农业税条例,标志着中国农民的命运开启了一个不同于以往任何历史时期的崭新阶段。"国务院发展研究中心农村经济研究部副部长谢扬这样评价。

财政部原部长金人庆认为,取消农业税,会减少政府财政收入、增加财政支出,但从大局看,这些财政的减收和增支是为破解"三农"(农业、农村、农民)难题、从根本上改变二元经济结构对经济社会协调发展造成的瓶颈制约所付出的代价。这些代价,不仅是应该的、必要的,也是十分值得的。

(资料来源:人民网党史学习教育官网,http://dangshi.people.com.cn/n1/2021/0406/c436975-32070370.html。)

案例分析 1. 废止农业税的财政意义是什么?
2. 废止农业税对财政有何影响?

案例18 分析解答

扫码看视频2

单元三

公共财政支出

认知我国财政支出的分类、依据、重点、范围、形式;了解我国政府收支分类改革的相关内容;能通过案例分析充分体会到我国财政在全面建成小康社会中发挥的重要作用,正确认知中国特色社会主义财政观,增强"四个自信"。

1. 目前我国公共财政支出的重点和范围分别是什么?
2. 我国公共财政支出的原则有哪些?
3. 我国公共财政支出的具体内容有哪些?
4. 我国财政在全面建设社会主义现代化国家、向第二个百年奋斗目标进军新征程的作用?

2021年我国公共财政支出项目与结构(表3-1)

表3-1 2021年我国公共财政支出项目与结构

公共财政支出项目	支出金额/亿元	与上年同比变化趋向
1. 全国一般公共预算支出	246 322	增长0.3%
其中:(1)教育支出	37 621	增长3.5%
(2)科学技术支出	9 677	增长7.2%
(3)文化旅游体育与传媒支出	3 986	下降6.1%
(4)社会保障和就业支出	33 867	增长3.4%
(5)卫生健康支出	19 205	下降0.1%
(6)节能环保支出	5 536	下降12.6%
(7)城乡社区支出	19 450	下降2.5%
(8)农林水支出	22 146	下降7.5%
(9)交通运输支出	11 445	下降6.2%

续表

公共财政支出项目	支出金额/亿元	与上年同比变化趋向
（10）债务付息支出	10 456	增长 6.6%
2. 全国政府性基金预算支出	113 661	下降 3.7%
3. 全国国有资本经营预算支出	2 625	增长 2.7%

（资料来源：中华人民共和国财政部网站，http://gks.mof.gov.cn/tongjishuju/202201/t20220128_3785692.htm。）

案例分析
1. 从资料中我们能得到怎样的公共财政支出信息？
2. 请结合单元一分析全国一般公共预算支出的项目主要支撑政府行使哪些职能。

案例19 分析解答

认知 1　公共财政支出类别

公共财政支出是政府为提供公共产品和服务、满足社会共同需要而进行的财政资金支付，主要有保证国家机器正常运转、维护国家安全、巩固各级政府政权建设的支出；维护社会稳定、提高全民族素质以及外部效应巨大的社会公共事业支出；有利于经济环境和生态环境改善，具有巨大外部经济效应的公益性基础设施建设的支出；在市场机制还不完善的条件下，对宏观经济运行进行必要调控的支出；等等。

即学即思　根据案例19提供的资料，请你分析2021年保证国家机器正常运转、维护国家安全、巩固各级政府政权建设的支出有哪些。

一、公共财政支出的基本分类

财政支出分类是将政府支出的内容进行合理的归纳，以便准确反映和科学分析支出活动的性质、结构、规模以及支出的效益。按照2007年1月1日正式实施的政府收支分类改革，我国现行支出分类采用了国际通行做法，即同时使用支出功能分类和支出经济分类两种方法对财政支出进行分类。

（一）支出功能分类

支出功能分类，简单地讲，就是按政府主要职能活动分类。我国政府支出功能分类设置一般公共服务、外交、国防等大类，类下再分款、项两级。主要支出功能科目包括一般公共服务、外交、国防、公共安全、教育、科学技术、文化体育与传媒、社会保障和就业、社会保险基金支出、医疗卫生、环境保护、城乡社区事务、农林水事务、交通运输、采掘电力信息等事务，粮油物资储备及金融监管等事务，以及国债事务、其他支出和转移性支出。

案例20

新冠疫情防控，财政全面支撑

2020年2月14日，新冠疫情伊始，习近平总书记在中央全面深化改革委员会第十二次会议上说，我们建立全民医保制度的根本目的，就是要解除全体人民的疾病医疗后顾之忧。接种新冠疫苗是防控疫情的重要措施，我国医保从新冠疫苗接种工作启动之初就在解决"后顾之忧"问题。疫情之初，我国平行推进五大技术路线疫苗研发。2021年，疫苗研发突破后，以习近平同志为核心的党中央决定启动全球最大规模疫苗接种计划，疫苗及接种费用由医保基金负担，财政按规定对医保基金给予补助。截至2022年4月2日，我国已经接种32亿剂次新冠疫苗，疫苗费用1 200余亿元，由医保基金和财政分担，疫苗支出费用在医保基金可承受范围内。正是因为疫苗接种资金等各方面保障到位，在世界人口大国中，我国的接种速度最快，接种覆盖面最广。面对突如其来的新冠疫情，我们坚持人民至上、生命至上，统筹经济发展和疫情防控取得世界上最好的成果。

(资料来源：《中国青年报》2022年5月19日第3版。)

案例分析
1. 从支出功能分类角度分析全民新冠疫苗免费接种费用属于财政支出的哪一大类，属于哪一类财政支出功能科目。
2. 你在参加抗击新冠疫情过程中，感受到我国财政还在哪些方面支持新冠疫情防控举措？

案例20 分析解答

（二）支出经济分类

这是按支出的经济性质和具体用途所做的一种分类。在支出功能分类明确反映政府职能活动的基础上，支出经济分类明确反映政府的钱究竟是怎么花出去的。支出经济分类与支出功能分类从不同侧面、以不同方式反映政府支出活动。我国支出经济分类科目设12类：工资福利支出、商品和服务支出、对个人和家庭的补助、对企事业单位的补贴、转移性支出、赠与、债务利息支出、债务还本支出、基本建设支出、其他资本性支出、贷款转贷及产权参股、其他支出，类下设款。

案例21

单位财政支出示意（表3-2）

表3-2　某行政单位2021年财政支出决算表　　　　　　　单位：万元

项目		2021年年度决算数		
经济分类类	科目名称	合计	公共预算财政拨款支出	政府性基金预算财政拨款支出
栏次		1	2	3
	合计	3 139.63	3 139.63	—
301	工资福利支出	1 865.44	1 865.44	—

续表

项目		2021年年度决算数		
经济分类	科目名称	合计	公共预算财政拨款支出	政府性基金预算财政拨款支出
302	商品和服务支出	722.51	722.51	—
303	对个人和家庭的补贴	538.77	538.77	—
304	对企事业单位的补贴	—	—	—
305	转移性支出	—	—	—
306	赠与	—	—	—
307	债务利息支出	—	—	—
308	债务还本支出	—	—	—
309	基本建设支出	—	—	—
310	其他资本性支出	12.91	12.91	—
311	贷款转贷及产权参股	—	—	—
399	其他支出	—	—	—

**案例分析** 根据表3-2分析财政预算资金最终用在哪里。

案例21分析解答

> **重要提示**
>
> 支出功能分类、支出经济分类与部门分类编码和基本支出预算、项目支出预算相配合,在财政信息管理系统的有力支持下,可对任何一项财政支出进行"多维"定位,清清楚楚地说明政府的钱是怎么来的、干了什么事、最终用到了什么地方,为预算管理、统计分析、宏观决策和财政监督等提供全面、真实、准确的经济信息。

二、财政支出的其他分类

（一）按支出经济性质分类

按支出经济性质的不同,财政支出分为购买性支出和转移性支出两大类(图3-1)。

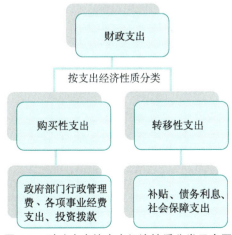

图3-1 财政支出按支出经济性质分类示意图

购买性支出表现为政府购买商品和服务的活动,包括购买进行日常政务活动所需的或用于国家投资所需的商品和服务的支出。

> **重要提示**
>
> 这类支出的特点是政府支出获得了等价性补偿,即财政一手付出了资金,另一手相应地购得了商品与服务,并运用这些商品和服务来实现国家的职能。在这种性质的支出安排中,政府如同其他经济主体一样在从事等价交换的活动,体现出来的是政府的市场性再分配活动。

转移性支出则直接表现为资金的无偿的、单方面的转移,政府不能从中获取相应的物品和服务。转移性支出是政府调节收入分配的重要手段,具体支出形式有养老金支出、失业救济金支出、补贴支出和公债利息支出等。

> **重要提示**
>
> 这类支出的特点是政府支出未获得等价性补偿,即政府付出了资金却无任何所得,这里不存在任何交换的问题,它所体现的是政府的非市场性再分配活动。

(二) 按政府级次分类

现代世界各国均依照国家政权的级次设置相应级次的财政支出。我国政权级次由中央、省(自治区、直辖市)、市(自治州、地区行署)、县(不设区的县级市、自治县)和乡(镇)五级构成。相应地,我国财政支出由中央支出、省级支出、市级支出、县级支出和乡级支出五个级次组成。其中,省及省以下的财政支出统称为地方财政支出。

(三) 按财政在社会再生产中的作用分类

按财政在社会再生产中的作用,从静态的价值构成上划分,可以分为补偿性支出、积累性支出和消费性支出(图3-2)。

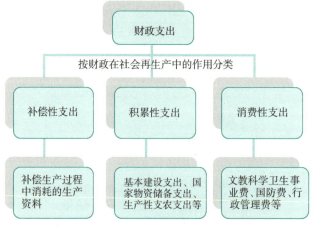

图 3-2 财政支出按财政在社会再生产中的作用分类示意图

单元三 公共财政支出

我国财政支出按用途分类中,挖潜改造资金属于补偿性支出;基本建设支出、流动资金支出、国家物资储备,以及新产品试制、地质勘探、支农、各项经济建设事业、城市公用事业等支出中增加固定资产的部分,属于积累性支出;文教科学卫生事业费、抚恤和社会救济费、行政管理费、国防战备费等,则属于消费性支出。

认知2 公共财政支出规模

公共财政支出作为社会总资源配置的有机组成部分,其支出总量占社会总资源配置的比重是否适当,不仅直接影响着政府职能的实现情况,更直接制约着社会资源配置的优化程度,关系到社会再生产能否持续高效地发展。因此,研究公共财政支出的规模是财政支出研究的首要任务。

案例22

"三公"经费持续逐步下降

按照党政机关坚持过紧日子有关要求,数据显示,2021年安排中央本级"三公"经费财政拨款预算51.87亿元,比2020年预算减少3.3亿元,下降6%。这是从2010年以来财政预算支出中最严格控制的主要财政项目。

部分年份的"三公"经费支出情况如图3-3所示。

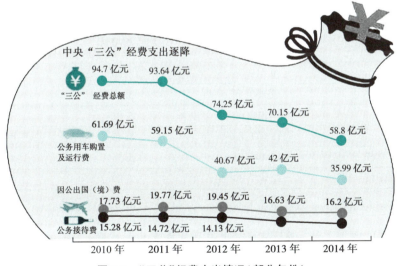

图3-3 "三公"经费支出情况(部分年份)

(资料来源:央视新闻,https://baijiahao.baidu.com/s?id=1695262664716653486&wfr=spider&for=pc。)

案例分析 1. 上网查一查,"三公"经费是指哪些支出。
2. 请分析"三公"经费下降表明的财政意义和社会意义有哪些。

案例22 分析解答

一、衡量公共财政支出规模的指标

衡量财政支出规模的指标通常分为绝对指标和相对指标。

绝对指标是指以一国货币单位表示的财政支出的实际数额。使用绝对指标可以直观地反映某一财政年度政府支配的社会资源的总量。

相对指标是指财政支出占 GDP(或 GNP)的比重。相对指标反映了一定时期在全社会创造的财富中由政府直接支配和使用的数额,可以通过该指标全面衡量政府经济活动在整个国民经济活动中的重要性。

国家财政性教育经费占 GDP 比例连续 9 年不低于 4%

教育部、国家统计局、财政部近日发布了 2020 年全国教育经费执行情况统计公告。公告显示,2020 年全国教育经费总投入为 53 033.87 亿元,比上年增长 5.69%。其中,国家财政性教育经费为 42 908.15 亿元,比上年增长 7.15%,占 GDP 比例为 4.22%。"十三五"期间持续做到"不低于 4%",这是自 2012 年以来连续第 9 年做到"不低于 4%"。"十三五"期间,全国一般公共预算教育支出累计 16.06 万亿元,年均增长 7.02%,2020 年达到 36 310.47 亿元,比 2015 年增长 40.4%。

"十三五"期间全国一般公共预算教育支出情况见表 3-3。

表 3-3 "十三五"期间全国一般公共预算教育支出

一般公共预算教育经费项目	2020 年教育经费生均规模/元	生均年均增长/%	比 2015 年增长/%
全国幼儿园	9 410.76	12.30	76.48
全国普通小学	12 330.58	5.08	28.13
全国普通初中	17 803.60	5.81	32.64
全国普通高中	18 671.83	8.45	49.99
全国中等职业学校	17 446.93	5.56	31.05
全国普通高等学校	22 407.39	2.89	15.33

(资料来源:人民网,https:∥baijiahao.baidu.com/s? id =1717861924015785990&wfr =spider&for =pc。)

案例分析
1. 描述"十三五"期间财政用于教育支出的发展趋势,并指出其指标表明的社会意义有哪些。
2. 你能否列举出你所感受到的财政教育支出?
3. 上网查一查最近一年财政教育支出占 GDP 的比重是多少。

案例 23 分析解答

二、衡量财政支出增长的指标

财政支出增长是财政支出规模扩大的另外一种表述,财政支出增长通常用政府财政支出规模变化的动态指标来衡量。

相对量指标中,目前世界各国主要采用政府财政支出占GDP(或GNP)的比重以及政府财政支出对GNP的弹性和边际支出倾向等指标来衡量财政支出增长变化情况。

(一)财政支出增长率

财政支出增长率是指当年财政支出比上年同期财政支出增长的百分比。这是我国对财政支出增长分析所使用的重要指标,可以说明财政支出水平随着经济的发展而提高的程度,以及财政支出的增长趋势。

案例 24

2022年上半年我国一般公共预算支出情况(表3-4)

表3-4　2022年上半年我国一般公共预算支出情况

一般公共预算支出科目	支出金额/亿元	与上年同期比较(趋势指标)
全国一般公共预算支出	128 887	增长5.9%
其中:教育支出	19 208	增长4.2%
科学技术支出	4 345	增长17.3%
文化旅游体育与传媒支出	1 666	下降1.2%
社会保障和就业支出	20 197	增长3.6%
卫生健康支出	11 259	增长7.7%
节能环保支出	2 472	增长0.9%
城乡社区支出	10 006	增长2.8%
农林水支出	10 383	增长11.0%
交通运输支出	6 355	增长12.0%
债务付息支出	5 608	增长8.8%

(资料来源:中华人民共和国财政部网站,http://gks.mof.gov.cn/tongjishuju/202207/t20220714_3827010.htm。)

案例分析
1. 请与案例19中相关一般公共预算支出的2021年数据相比较,能否得出2021年和2022年两年财政支出各科目类别的变动趋势?
2. 请上网查一查2022年全年我国一般公共预算支出及各科目的增长率。

案例24分析解答

（二）财政支出弹性

财政支出对国民生产总值的弹性指标表示由国民生产总值的增长所引起的财政支出增长幅度的大小，表现为财政支出增长幅度对国民生产总值增长幅度的比例。用公式表示：

财政支出弹性＝财政支出增长率(%)÷国民生产总值增长率(%)

> **重要提示**
> 该公式计算结果的含义是：如果财政支出弹性大于1，则说明财政支出增长幅度大于国民生产总值的增长幅度；反之，则说明财政支出增长幅度小于国民生产总值的增长幅度；如果财政支出弹性等于1，则说明财政支出与国民生产总值处于同步增长状态。

财政收支增长弹性

1997—2012年我国财政收支增长弹性系数见表3-5。

表3-5 1997—2012年我国财政收支增长弹性系数

年份	GDP增长率/%	财政收入 增长率/%	财政收入 增长弹性系数	财政支出 增长率/%	财政支出 增长弹性系数
1997	8.80	16.80	1.91	16.30	1.85
1998	7.80	14.20	1.82	16.90	2.17
1999	7.10	15.90	2.24	22.10	3.11
2000	8.00	17.00	2.13	20.50	2.56
2001	7.50	22.30	2.97	19.00	2.53
2002	8.30	15.40	1.86	16.70	2.01
2003	9.50	14.90	1.67	11.80	1.24
2004	9.50	21.60	2.27	15.60	1.64
2005	9.90	19.90	2.01	19.10	1.93
2006	11.10	21.50	1.79	22.10	1.84
2007	11.40	32.40	2.84	23.20	2.04
2008	9.60	19.50	2.03	25.40	2.65
2009	8.70	11.70	1.34	21.20	2.44
2010	10.40	21.30	2.05	17.40	1.67
2011	9.20	24.80	2.70	21.20	2.30
2012	7.80	12.80	1.64	15.10	1.94
平均	9.04	18.88	2.08	18.98	2.12

（资料来源：1997—2006年数据转引自刘笑萍《借鉴国际经验建立我国财政预算的应急储备机制》，《经济社会体制比较》2009年第一期；2007—2012年GDP和财政收支增长率数据来自国家统计局及财政部网站，财政收支增长弹性系数通过财政收入或支出增长率与GDP的增长率之比计算而得。）

案例分析 你从资料中能分析出我国财政支出弹性特征吗?

(三) 边际财政支出倾向

边际财政支出倾向指标的含义是:在国民生产总值的增加额中,用于财政支出部分所占份额的大小。用公式表示:

边际财政支出倾向 = 财政支出增加额 ÷ 国民生产总值增加额 × 100%

案例25分析解答

📢 **重要提示**

边际财政支出倾向从另一角度反映了财政支出增长趋势的变化。例如,在1992年,我国政府财政支出边际倾向为15.2%,说明在当年全部国民生产总值增加总额中有15.2%被用于政府财政开支。1978年这个指标为65.5%,这表明与1978年的改革开放之初相比,20世纪90年代政府财政支出在国民生产总值增加额中所占的份额大大降低了。

三、影响财政支出规模的主要因素

财政支出规模是由多种因素决定的,社会经济发展水平、经济体制、政府职能的变化、财政支出涉及领域或范围的调整、财政支出效率的高低等都会对支出规模产生重要影响。

(一) 经济因素

经济因素对财政支出规模的影响体现在经济发展水平的提高引起了财政支出规模的扩大。从总体上来说,随着经济的发展,社会财富不断增加,人们维持最低生活需要的部分在社会财富中所占比重下降,可以由政府集中更多的社会财富用于满足社会公共需要的可能性不断提高。

(二) 政治因素

政治因素对公共支出规模的影响主要体现在以下几个方面:

(1) 政府职能的扩大。随着社会的发展和人民生活水平的提高,社会对公共产品的需求越来越多,对其质量要求也越来越高。公共产品的社会需求不断提高,从而使政府提供的社会产品的范围扩大,又进一步推动了财政支出规模的不断扩大。

(2) 不同的经济体制和制度对财政支出规模产生较大影响。例如,同样实行市场经济体制的美国和瑞典,1985年美国政府支出占GDP的比重为37%,而瑞典则高达65%,一个重要的原因是瑞典实行高福利政策,扩大了政府支出的规模。

(3) 政局是否稳定和是否存在非正常事件。

(4) 政府机构设置及其工作效率的高低。

案例 26

财政力量为决胜全面小康提供坚实保障

在全面建设小康社会的伟大征程中,财政部门牢记"国之大者",全力推动经济社会发展,取得显著成效。

全力支持脱贫攻坚。2012—2020年,中央财政专项扶贫资金投入6 896亿元。2021年,安排中央财政衔接推进乡村振兴补助资金1 561亿元,精准落实帮扶措施,加大对产业扶贫、就业扶贫的支持,着力解决"两不愁三保障"突出问题。

大力推动城乡区域协调发展,着力提升基本公共服务均等化水平。2012—2021年,中央对地方的转移支付从4.54万亿元增加到8.34万亿元,年均增幅为7%,并向财政困难地区和欠发达地区倾斜。全国一般公共预算农林水支出从1.2万亿元增加到2.5万亿元,年均增长8.5%,支持推进农村农业发展。城乡区域发展协调性持续增强,公共服务短板加快补齐。

(资料来源:人民网百家号,https://baijiahao.baidu.com/s?id=1707060833699154889&wfr=spider&for=pc。)

案例分析

1. 请上网查一查全面建设小康社会的伟大征程是何时胜利完成的。
2. 什么是"两不愁三保障"?在哪一年脱贫攻坚战取得了全面胜利?
3. 我国从哪一年开始"全面建设社会主义现代化国家、向第二个百年奋斗目标进军的新征程"?

案例26 分析解答

(三) 社会与历史因素

社会因素,如人口状态、文化背景等也在一定程度上影响政府财政支出规模。在发展中国家,人口基数大、增长快,相应的教育、保健及社会救济支出的压力较大;而在一些发达国家,人口老龄化问题较为严重,公众要求改善社会生活质量、提高社会福利等也会对政府财政支出提出新的要求。

即学即思 针对适龄人口生育意愿、妇女总和生育率、劳动年龄人口均呈降低趋势的新挑战,2015年11月3日发布的《中共中央关于制定国民经济和社会发展第十三个五年规划的建议》提出,全面实施一对夫妇可生育两个孩子政策,出台渐进式延迟退休年龄政策,以加强社会保障的可持续性。

1. 上网查一查,渐进式延迟退休年龄政策具体内容有哪些。
2. 上述政策变化的财政意义是什么?对我国财政支出有何影响?

认知3 财政购买性支出

按财政支出经济性质的不同,财政支出分为购买性支出和转移性支出两大类。购买性支出表现为政府购买商品和服务的活动,包括购买进行日常政务活动所需的或用于国家投资所需的商品和服务的支出。前者如政府各部门的事业费,后者如政府各部门的投资拨款。

一、行政管理支出

行政管理支出是购买性支出的组成部分,它是国家政权存在和各级政府职能实现的基本保证。行政管理具有非竞争性和非排他性,属于公共产品的范畴,因此,行政管理支出是政府的基本支出之一。

> **重要提示**
>
> 行政管理支出,是财政用于国家各级权力机关、行政管理机关和外事机构行使其职能所需要的费用支出。它是维持国家政权存在和保证各级国家管理机构正常运转所必须支付的成本。

我国的行政管理支出包括行政管理费、公检法经费、武装警察部队经费、对外援助支出、外交外援等大类支出。就其本质而言,行政管理支出的作用均体现在维持国家机器的正常运转上,因而是由国家提供的纯粹公共物品,即除了政府提供之外,其他任何部门无法提供。

(一) 我国最主要的行政管理支出

一般公共服务:人大事务、政协事务、政府办公厅(室)及相关机构事务、发展与改革事务、统计信息事务、财政事务、税收事务、审计事务、海关事务、人事事务、纪检监察事务、人口与计划生育事务、商贸事务、知识产权事务、工商行政管理事务、食品和药品监督管理事务、质量技术监督与检验检疫事务、国土资源事务、海洋管理事务、测绘事务、地震事务、气象事务、民族事务、宗教事务、港澳台侨事务、档案事务、共产党事务、民主党派事务、群众团体事务、彩票事务、国债事务、其他一般公共服务支出。

外交:外交管理事务、驻外机构、对外援助、国际组织、对外合作与交流、对外宣传、边界勘界联检、其他外交支出。

公共安全:武装警察、公安、国家安全、检察、法院、司法、监狱、劳教、国家保密、其他公共安全支出。

（二）行政管理支出的主要特征

1. 属于管理性支出

行政管理支出主要用于解决各级国家管理机构从事管理工作所必需的公务性开支以及由此而附带产生的工作人员的个人经费。也就是说，行政管理支出是为满足国家管理机构履行其社会管理职能需要而产生的，因而属于一种管理性的支出。

2. 属于公共性支出

行政管理支出的公共性体现在两个方面：从来源上看，行政管理支出一般通过税收形式取得，属于国民收入的一部分；从使用上看，行政管理支出一般面向全体社会成员，以尽可能为全体社会成员创造良好的社会秩序及生产、生活环境为目的。

3. 支出具有刚性

行政机构的设置体现了国家在既定时期管理社会经济工作的实际需要与各级政府之间或各职能机构之间的职权划分，需要经过一定的法律程序，一经确定就不能随意变更。因此，行政管理支出具有一定的刚性。

4. 属于消耗性支出

行政管理支出并不直接作用于任何实际的生产经营活动，也不产生任何直接的经济效益。就其本身而言，行政管理支出属于社会财富的一种净消耗，或者说是一种消耗性支出。因此，在政府职能得到清晰界定的前提下，行政管理支出的规模必须受到严格限制，以充分、合理地满足政府管理职能的实现作为其规模的确定依据。

让疫苗成为全球公共产品，中国做到了

国务院联防联控机制最新数据显示，截至2021年12月，中国已向120多个国家和国际组织提供超过20亿剂新冠疫苗和原液，居全球首位，撑起全球抗疫"生命线"，为发展中国家带来"隧道尽头的光芒"。中国对外援助和出口疫苗数量超过其他国家的总和。

中方一贯主张深化疫苗国际合作，确保疫苗在发展中国家的可及性和可负担性，让疫苗成为全球公共产品。我国疫苗援助启动早、落实快、批次多、覆盖广、公平可及、重信守诺，在自身人口基数巨大、疫苗供应十分紧张的情况下，中国对所有向中方提出疫苗合作需求的国家都做出积极回应，为全球抗疫增添了信心和力量。

（资料来源：《人民日报》2021年8月1日第3版。）

案例分析 1. 阅读案例内容后你有何体会？
2. 请谈一谈财政外交支出有哪些作用。

案例27分析解答

二、国防支出

国防支出是购买性支出的组成部分。国防本身是纯公共产品，它在消费过程中具有非竞争性和非排他性。这是因为现代国防对抵御外敌入侵、保卫国家安全和社会安定发挥着重要作用。国防支出是实现国家职能的重要财力保证。

 重要提示

国防支出是指一国政府为维护国家主权与领土完整,用于军事工程和科研的费用以及各军兵种经常性开支、后备部队经常性开支和战时的作战费用。国防支出属于社会消费性支出,是非生产性支出。

我国的国防支出主要包括现役部队及国防后备力量、国防动员、其他国防支出。

 案例28

2022年中国国防费保持适度稳定增长,比上年增长7.1%

2022年3月9日,十三届全国人大五次会议解放军和武警部队代表团新闻发言人吴谦接受媒体采访时回答:中国政府坚持国防建设与经济建设协调发展方针,根据国防需求和国民经济发展水平,合理确定国防支出规模。2022年全国财政安排国防支出预算14 760.81亿元(其中,中央本级安排14 504.50亿元),比上年预算执行数增长7.1%。增加的国防费主要用于以下几个方面:一是按照军队建设"十四五"规划安排,全力保障规划任务推进落实,加快武器装备现代化建设;二是实施新时代人才强军战略,推动军事人员能力素质、结构布局、开发管理全面转型升级;三是深化国防和军队改革,保障军事政策制度等重大改革;四是与国家经济社会发展水平相适应,持续改善部队工作、训练和生活保障条件,提高官兵生活福利待遇。

(资料来源:中华人民共和国国防部网站,http://www.mod.gov.cn/gfbw/xwfyr/ztjzh/4906558.html。)

 1. 根据案例资料,谈谈你对我国国防支出的认识。
2. 你对今后几年我国国防支出有何建议?

三、教育支出

案例28 分析解答

教育支出是购买性支出的组成内容之一,是政府用于发展各类教育事业的经费支出。主要包括政府对各类公立学校的经费支出,对各类私立学校的补助支出,对有生活困难的初等和中等学校学生的补助支出(如伤残人、老年人、低收入家庭的子女),对高等院校学生的奖学金和贷款支出,以及对成人教育和劳动就业培训、在职培训的补助支出等。

在现代市场经济社会里,几乎所有国家的政府在为社会提供教育服务中都起着主导作用。政府开办教育事业,为教育事业提供基本的经费来源,如提供免费教育、教育补贴、教育贷款等。

 重要提示

我国教育支出的特点:

(1) 教育支出总量迅速增长,并取得了显著的成果。随着政府对教育在社会与经济方面巨大作用的认识不断深入,对教育的重视程度也越来越高。

（2）总量增长的同时，教育经费的支出水平却仍旧相对较低，经费短缺的矛盾依然突出。近年来，尽管我国教育经费投入增长较快，但总体投入水平较低的状况并未得到根本改善。

我国完善中等职业教育学生资助政策

近年来，我国中等职业教育阶段与高等教育阶段的国家学生资助政策进一步完善，学前教育至研究生教育各项资助政策得到全面落实，全国学生资助规模进一步扩大，财政投入力度进一步加大，有力地促进了教育公平。

从 2014 年起，国家调整中等职业教育免学费财政补助方式，进一步加大财政投入力度，对中等职业学校全日制正式学籍一、二、三年级在校生中所有农村（含县镇）学生以及城市涉农专业学生和家庭经济困难学生免除学费（艺术类相关表演专业学生除外）。2014 年，对全国中职学校学生资助金额为 362.89 亿元，比上年增加 68.27 亿元，增幅为 23.17%。

（资料来源：中华人民共和国中央人民政府网站，https://www.gov.cn/xinwen/2015-08/18/content_2914619.htm。）

案例分析 1. 你是否享受到了免学费财政补助？
2. 你得到过奖学金吗？

案例29 分析解答

四、政府投资性支出

所谓政府投资或财政投资，就是以政府为主体的投资活动，是国家积累基金运用的重要形式。

（一）政府投资的特点

1. 政府投资的公共性、基础性

为了弥补市场失灵的固有缺陷，以及克服非政府投资的局限性，政府投资的着眼点首先在于为全体居民和各类经济（市场）主体的生产、生活需要提供必要的社会性、基础性条件。

2. 政府投资的开发性、战略性

某些新兴产业门类的开发，某些高科技、高风险领域（如航天等）的研究开发，对经济落后地区的开发等，都具有耗资大、耗时长、风险高等特点，致使私人部门望而却步，市场机制也无能为力，只能或主要由政府的投资来解决。

3. 政府投资的社会效益

社会效益是政府投资的出发点及其归宿。政府不可能也不应该首先把是否盈利和盈利高低作为投资选择的前提条件。这正是政府投资与非政府投资的一个明显区别。

（二）政府投资的领域选择

在市场经济条件下,社会投资大体可分为三大类别:其一为竞争性项目投资,包括工业(不含能源)、建筑业和大部分第三产业。其二为基础性项目投资,包括基础设施、基础产业和高新技术产业等。其三为公益性项目投资,包括国防建设投资、政府等政权设施、科教文卫等设施。鉴于政府投资的性质和特点,在上述三类投资项目中,政府投资应以公益性项目和一部分基础性项目为重点。

案例30

国务院批复徐州市建设国家可持续发展议程创新示范区

2022年7月10日,国务院批复同意徐州市以创新引领资源型地区中心城市高质量发展为主题,建设国家可持续发展议程创新示范区。重点针对传统工矿废弃地可持续利用难度大、要素供给结构性矛盾制约新老产业接续等问题,集成应用采煤沉陷区生态修复、设施装备智能化改造等技术,实施生态修复与绿色开发、产业转型与竞争力攀升、就业保障与结构优化、科技创新与支撑能力提升等行动,统筹各类创新资源,深化体制机制改革,加快实现高水平科技自立自强,探索适用技术路线和系统解决方案,形成可操作、可复制、可推广的有效模式,对推动淮海经济区和同类地区产业转型升级、动能接续转换、生态修复治理形成示范效应,为落实2030年可持续发展议程提供实践经验。

(资料来源:中华人民共和国中央人民政府网站,https://www.gov.cn/zhengce/zhengceku/2022-07/15/content_5701201.htm。)

案例分析 1. 请你结合案例谈一下"徐州市建设国家可持续发展议程创新示范区"项目投资的特点。
2. 你认为徐州市建设国家可持续发展议程创新示范区的社会效益在哪里?

案例30分析解答

认知4 财政转移性支出

财政转移性支出直接表现为资金的无偿的、单方面的转移,政府不能从中获取相应的物品和服务。财政转移性支出是政府调节收入分配的重要手段,它所体现的是政府的非市场性再分配活动。

即学即思 财政转移性支出与财政转移支付不是同一个概念,请上网查一查财政转移支付的含义。

我国的财政转移性支出主要有社会保障和就业支出、社会保险基金支出、返还性支出、财力性转移支付、专项转移支付、政府性基金转移支付、彩票公益金转移支付、预算外转移支出等。

重要提示

财政购买性支出与转移性支出的区别见表3-6。

表3-6 财政购买性支出与转移性支出的区别

	购买性支出	转移性支出
含义	政府直接购买商品和服务	财政资金无偿的、单方面的转移
特点	(1) 等价交换 (2) 体现政府的市场性再分配活动	(1) 不存在交换 (2) 体现政府的非市场性再分配活动
分类	(1) 社会消费性支出：各部门的事业经费支出 (2) 政府投资性支出：社会基础设施投资支出以及国计民生领域的投资支出	(1) 社会保障支出 (2) 财政补贴支出 (3) 捐赠支出 (4) 债务利息支出

一、社会保障支出

社会保障支出是财政转移性支出的重要内容之一。社会保障是市场经济发展的产物，是经济社会稳定的"安全网"和"调节阀"。财政用于社会保障方面的开支是社会保障资金的重要组成部分。

（一）社会保障的含义和内容

社会保障是指国家依据一定的法律和法规，在劳动者或全体社会成员因年老、疾病、伤残丧失劳动能力或丧失就业机会以及遇到其他事故而面临生活困难时，向其提供必不可少的基本生活保障和社会服务。

案例31

2021全年财政支出近25万亿元，民生保障支出占大头

在2021年近25万亿元的财政支出中，民生保障支出占了大头。其中，社会保障和就业支出3.386 7万亿元，比上年增长3.4%。从2012年以来财政支出中的社会保障和就业支出保持持续增长态势（图3-4）。

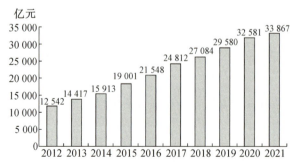

图3-4 我国财政支出中社会保障和就业支出趋势图

（资料来源：根据中华人民共和国财政部公布的《2021年财政收支情况》及历年财政收支数据整理。）

案例分析
1. 我国财政支出中社会保障与就业支出的发展趋势是什么？
2. 请在查阅资料的基础上分析我国社会保障支出主要有哪些。

案例31分析解答

社会保障作为一种经济保障形式，具有以下几个基本特征：

1. 覆盖面的社会广泛性

社会保障的实施主体是政府，目的是满足全体社会成员的基本生活需要，因此社会保障的受益范围是广泛的，保障的辐射角度也是全方位的。完整的社会保障体系犹如一张安全网，覆盖社会经济生活的各个层次、各个方面。

2. 参与上的强制性

虽然社会保障事业惠及每一位社会成员，但个人对社会保障的需求程度和社会保障对不同个人所产生的边际效用高低各不一样，甚至有很大差别。而且，在经过付出与收益之间的比较权衡之后，一些社会成员可能宁愿选择不参与社会保障，这显然不利于社会整体利益。此时，强制参与就是必要的，并且应以法律形式加以确定。

3. 制度上的立法性

社会保障作为政府的社会政策，在为全体社会成员提供保障的同时，也要求全社会共同承担风险，这就牵涉到社会的各个方面，涉及各种社会关系。为了使社会保障具有权威性，正确地调整各阶层、群体及个人的社会保障利益关系，就必须把国家、集体(雇主)、个人(雇员)在社会保障活动中所发生的各种社会关系用法律形式固定下来。

4. 受益程度的约束性

社会保障只涉及基本生存方面的风险，它所直接带来的不是享受，而只是满足基本生活保障的需要。受益程度的约束性是由社会保障的存在前提和基本出发点决定的。由于社会保障的项目、水平及制度的健全与否都受到社会化大生产发展程度的制约，因此，保障项目过多、过滥或受益水平过高会影响效率，也会影响社会成员的劳动积极性，从而不利于公平的兼顾及为社会成员创造相对平等的机会。

 案例32

2021年我国社保卡已覆盖95.7%人口

2022年6月，我国人力资源和社会保障部发布《2021年度人力资源和社会保障事业发展统计公报》。2021年末，全国社会保障卡持卡人数为13.5亿人，覆盖95.7%人口。在社会保险方面，体现出的趋势则是覆盖面不断扩大，其中我国基本养老保险覆盖人数超过十亿人。2021年末全国参加基本养老保险人数为102 871万人，比上年末增加3 007万人。全年基本养老保险基金收入65 793亿元，基金支出60 197亿元。年末基本养老保险基金累计结存63 970亿元，其中：基金投资运营规模1.46万亿元，当年投资收益额632亿元。

（资料来源：人力资源和社会保障部百家号，https://baijiahao.baidu.com/s?id=173494369013-7835335&wfr=spider&for=pc。）

案例分析
1. 你办理社保卡了吗？是否领用了电子社会保障卡？
2. 你知道社保卡有哪些功能吗？
3. 我国的社会保障支出是否都是由财政支出的？

案例32分析解答

（二）社会保障基金的来源

政府举办的社会保障，其资金来源在世界各国并不完全相同，筹集方式各有选择。

对社会保障基金的来源，世界上大多数国家实行由政府、企业和个人三方负担的办法。

财政负担亦即政府在财政预算中安排一部分资金，用于社会保障事业方面的开支，这是社会保障基金中重要的、稳定的来源。由于财政负担来自一般税收，一些国家还征收社会保障税，从而使财政负担与税收关系更直接，体现了人人负担的特点。

作为政府的社会义务，财政负担社会保障资金是政府职能的重要体现，它对稳定社会保障给付和弥补赤字等的作用是明显的。

企业（雇主）缴纳社会保障费是社会保障基金的又一重要来源。劳动者为某一企业提供了劳动力，创造了相当的社会财富，为供职人所在企业也提供了相应的成果，雇用的企业单位有义务为其缴纳社会保障费，这些费用可以列入企业经营成本。

个人负担一部分社会保障费（特别是社会保险）是必要的。收入高的多交一些，收入低的少交一些，这有助于减少个人收入之间的差距，发挥了社会保障的调节作用。个人负担也可以促使人们关心社会保障事业，减轻国家和企业的负担。

案例33

"十四五"期间，我国将健全世界规模最大的多层次养老保险体系

中国特色社会主义制度决定了养老保险制度应当成为使全体人民走向共同富裕的必要制度安排；中国特色社会主义民主可以更好地兼顾并平衡各方利益诉求。"十三五"时期，我国建成世界上规模最大的社会保障体系，基本养老保险覆盖近十亿人。"十四五"期间，全国老年人口将突破三亿，我国将从轻度老龄化迈入中度老龄化。为此，《中华人民共和国国民经济和社会发展第十四个五年规划和2035年远景目标纲要》（简称《纲要》）提出"健全多层次社会保障体系"，推进实现社会保障法定人群全覆盖；完善养老保险筹资和待遇调整机制，加快推进基本养老保险全国统筹，尽快出台实施延迟退休年龄方案；支持发展多层次、多支柱养老保险体系，提高企业年金覆盖率，规范发展第三支柱养老保险，积极发展商业医疗保险。

（资料来源：中华人民共和国中央人民政府网站，https:∥www.gov.cn/xinwen/2021-03/13/content_5592681.htm。）

案例分析
1. 我国多层次的养老保险体系由哪些内容构成？
2. 上网查一查什么是"企业年金"和"职业年金"。

案例33分析解答

二、财政补贴

财政补贴是一国政府根据一定时期政治经济形势及制定的方针政策,为达到特定的目的,对指定的事项由财政安排的专项资金补助支出。这是用公共财政资金直接资助企业或居民的一种国民收入再分配形式。

财政补贴大体有以下几种类型:为达到某种政策目的而对某些部分、地区和企业进行的亏损补贴;为支持出口,弥补国内外价格差异,扩大对外贸易而进行的外贸补贴;向农民收购粮食、食油超过规定任务而支付的超购加价款;为稳定市场、安定人民生活而对使用提价的原材料、燃料的企业和居民给予的补贴,或在适当提高销售与收费标准价格后给予职工和居民的补贴等。

我国农业补贴政策改革(图3-5)

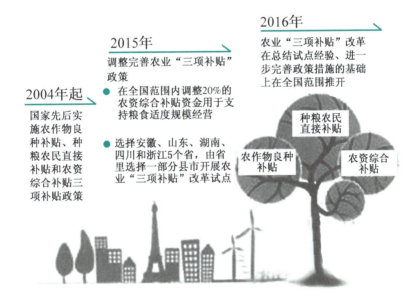

图3-5 我国农业补贴政策改革

(资料来源:编者整理。)

案例分析
1. 我国的农业"三项补贴"是哪三项?上网查一查你所在的地区政府给农民种地的粮补标准有哪些。
2. 分析农业"三项补贴"的社会意义与经济意义。

案例34分析解答

三、政府财政转移支付

政府间的转移支付,一般是上一级政府对下级政府的补助,主要是为了平衡各地区由于地理环境不同或经济发展水平不同而产生的政府收入的差距,以保证各地区政府能够有效地按照国家统一的标准为社会提供服务。这是各级政府之间为解决财政失衡而通过一定的形式和途径转移财政资金的活动,是政府财政资金的单方面无偿转移,体现的是非市场性的分配关系。

中央对西藏自治区的财政转移支付(图3-6)

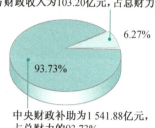

图3-6 1959—2008年中央财政补助占西藏财力比重示意图

(资料来源:编者根据中华人民共和国中央人民政府网站2008年4月1日发布的《西藏财政支出的93%到94%都来自中央转移支付》、2009年9月13日发布的《民主改革50年来中央对西藏财力补助达2000多亿元》整理。中华人民共和国中央人民政府网站,https:∥www.gov.cn/jrzg/2008-04/01/content_934007.htm;https:∥www.gov.cn/jrzg/2009-09/13/content_1416461.htm。)

案例分析
1. 从2001年到2008年,中央财政向西藏转移支付达人民币1 541.88亿元,占同期西藏总财力的93.73%,请你谈谈中央财政对西藏转移支付的原因和作用。
2. 请登录财政部网站查一查2021年中央财政对西藏的转移支付是多少。

案例35分析解答

政府间的转移支付主要有一般性转移支付和专项转移支付两种形式。

一般性转移支付,主要是对下级政府的财力补助,不指定用途,由接受拨款的政府自主安排使用,目的是弥补财政实力薄弱地区的财力缺口,均衡地区间财力差距,实现地区间公共服务能力的均等化。

专项转移支付,即为实现某种特定的政策经济目标或专项任务,由上级财政提供的专项补助。

2021年中央对地方转移支付

2021年中央对地方转移支付预算数为83 370亿元,比2020年执行数(同口径,下同)增加 31.33 亿元(表 3-7)。如加上使用以前年度结转资金 450.61 亿元,中央对地方转移支付为 83 820.61 亿元。

表 3-7　2021 年中央对地方财政转移支付统计表(部分项目)

转移支付项目	2021 年预算数/亿元	比 2020 年执行数
一般性转移支付预算数	75 018.34	增长 7.8%
其中:(1) 均衡性转移支付	19 087	增长 11%
(2) 重点生态功能区转移支付	881.9	增长 11%
(3) 县级基本财力保障机制奖补资金	3 379	增长 13.4%
(4) 老少边穷地区转移支付	3 027.16	增长 8.5%
专项转移支付	8 351.66	增长 7.5%
其中:(1) 重大传染病防控经费	192.8	增长 10%
(2) 农村综合改革	285.85	增长 2.9%

(资料来源:中华人民共和国财政部网站,http://yss.mof.gov.cn/2021zyys/202103/t20210323_3674880.htm。)

案例分析　1. 上网查一查什么是"均衡性转移支付"。
2. 专项转移支付通常被视为"戴帽子"的资金,这是什么意思?

案例 36 分析解答

扫码看视频 3

单元四

政府预算

学习目标

认知我国政府预算的基本知识和基本特征;掌握政府收支范围及其在中央与地方之间的划分;掌握政府预算的不同分类;认知我国政府预算的法律法规,养成知法、敬法、遵法、用法的职业素养;具备阅读和理解政府预决算的专业基本能力。

关键问题

1. 政府预算的含义是什么？有哪些分类？
2. 中国的政府预算体系是怎样的？
3. 我国现行的政府预算法律法规的主要精神是什么？

认知1　政府预算基础

案例37

2021年中央和地方预算执行情况(摘录)

全国一般公共预算收入202 538.88亿元,为预算的102.5%,比2020年增长10.7%。其中,税收收入172 730.47亿元,增长11.9%;非税收入29 808.41亿元,增长4.2%。加上从预算稳定调节基金、政府性基金预算、国有资本经营预算调入资金及使用结转结余11 713.52亿元,收入总量为214 252.4亿元。全国一般公共预算支出246 321.5亿元,完成预算的98.5%,增长0.3%。加上补充中央预算稳定调节基金3 540.9亿元、向政府性基金预算调出90亿元,支出总量为249 952.4亿元。收支总量相抵,赤字35 700亿元,与预算持平。

全国政府性基金预算收入98 023.71亿元,为预算的103.7%,增长4.8%。全国政府性基金预算支出113 661.01亿元,完成预算的86.6%,下降3.7%。

全国国有资本经营预算收入 5 179.55 亿元,为预算的 133.6%,增长 8.5%。全国国有资本经营预算支出 2 624.78 亿元,完成预算的 99.1%,增长 2.7%。

全国社会保险基金预算收入 94 734.74 亿元,为预算的 106.2%,增长 24.9%。全国社会保险基金预算支出 87 876.29 亿元,完成预算的 101.7%,增长 12.1%。当年收支结余 6 858.45 亿元,年末滚存结余 101 395.09 亿元。

(资料来源:中华人民共和国中央人民政府网站,https://www.gov.cn/xinwen/2022-03/05/content_5677392.htm?eqid=a6490a8b0006b3b4000000046459fae5。)

1. 从资料看,向社会公布的政府预算包括哪些?
2. 查一查《中华人民共和国预算法》(简称《预算法》)对政府预算公开的法律要求。

案例37 分析解答

一、政府预算的含义

(一)政府预算的概念

政府预算是指经法定程序审核批准的具有法律效力的政府年度财政收支计划,是政府筹集、分配和管理财政资金的重要工具。

政府预算有以下含义:

(1)从形式上看,政府预算是年度政府财政收支计划,即政府对年度政府财政收支的规模和结构进行的预计、测算和安排,并通过一定的表格反映一定时期政府财政收支的具体来源和使用方向。

(2)从性质上看,政府预算是具有法律效力的文件,即政府必须将所编政府预算提交国家立法机关批准后才能据以进行预算活动。政府的财政行为通过预算的法制化管理被置于社会公众的监督之下。

(3)从内容上看,政府预算反映政府集中支配的财力的分配过程。政府预算收支体现着政府集中掌握的财政资金的来源、规模和流向,预算规模和结构又直接反映了公共财政参与国民生产总值分配及再分配的规模和结构。

(4)从作用上看,政府预算是政府调控经济和社会发展的重要手段。政府预算作为财政分配的中心环节,在对财政资金的筹集、分配和使用过程中,不仅仅是一般的财政收支活动。如果通过收支活动有意识地为财政的调控功能服务,那么收支手段就成为对经济进行宏观调控的重要杠杆。

政府预算是公共财政体系的重要组成部分,从预算收支的内容上看,政府预算是公共财政的核心。

知识链接

我国政府预算的法律依据

我国政府现行财政预算的法律依据是《中华人民共和国预算法》(2018 年第二次修

订），以及《中华人民共和国预算法实施条例》(2020年修订)。

《中华人民共和国预算法》是为了规范政府收支行为，强化预算约束，加强对预算的管理和监督，建立健全全面规范、公开透明的预算制度，保障经济社会的健康发展，根据宪法制定的法律。1994年3月22日第八届全国人民代表大会第二次会议通过，并于1995年1月1日起施行。第十二届全国人民代表大会常务委员会第十次会议在2014年8月31日表决通过了《全国人民代表大会常务委员会关于修改〈中华人民共和国预算法〉的决定》，并决议于2015年1月1日起施行，完成了首次修改。最新版本是根据2018年12月29日第十三届全国人民代表大会常务委员会第七次会议《关于修改〈中华人民共和国产品质量法〉等五部法律的决定》修正，自公布之日起施行。

《中华人民共和国预算法实施条例》是国务院依据《中华人民共和国预算法》，于1995年11月22日中华人民共和国国务院令第186号发布，2020年8月3日中华人民共和国国务院令第729号修订，于2020年10月1日起执行的政府预算法规。

（二）政府预算的基本特征

1. 预测性

政府通过编制预算可以对预算收支规模、收入来源和支出用途做出事先的设想和预计。各级政府及有关部门在本预算年度结束以前，都需要对下一年度的预算收支做出预测，编制出预算收入计划和预算支出计划，并进行收支对比，以便从宏观上掌握计划年度收支对比情况，进而研究对策。

2. 法律性

政府预算的形成和执行结果都要经过立法机关审查、批准。政府预算按照一定的立法程序审批之后就形成反映国家集中性财政资金来源、规模、去向、用途的法律性规范。

《中华人民共和国预算法》明确规定了各级人民代表大会有审查、批准本级预算的职权。

3. 集中性

预算资金作为集中性的财政资金，它的规模、来源、去向、收支结构比例和平衡状况，由政府按照社会公共需要和政治经济形势的需要，从国家全局整体利益出发进行统筹安排、集中分配。

4. 年度性

政府预算的编制和实现，都要有时间上的界定，即预算年度。预算年度是指预算收支起讫的有效期限，通常为1年。我国实行历年制预算年度，即从每年1月1日起，至同年12月31日止。

5. 公开性

政府预算反映政府活动的范围、方向和政策，与全体公民的切身利益息息相关，因此政府预算及其执行情况必须采取一定的形式公之于人民，让人民了解财政收支状况，并置于人民的监督之下。

案例38

财政取之于民,用之于民,更要告知于民

随着财政部率先在门户网站公开部门预算执行情况(部门决算),2021年度中央部门预算执行情况公开拉开序幕,这也是中央部门连续第13年向社会公开政府部门预算执行情况。从政府预算执行情况公开内容来看,2021年中央部门决算公开包括部门概况、部门决算表、部门决算情况说明、名词解释和附件5个部分。其中,部门决算表包括收入支出决算总表、收入决算表、支出决算表、财政拨款收入支出决算总表、一般公共预算财政拨款支出决算表、一般公共预算财政拨款基本支出决算表、一般公共预算财政拨款"三公"经费支出决算表、政府性基金预算财政拨款收入支出决算表和国有资本经营预算财政拨款支出决算表等9张报表。政府采购支出全公开。

(资料来源:中华人民共和国财政部网站,http://bgt.mof.gov.cn/gongzuodongtai/202207/P020220801614761494304.pdf。)

案例分析

1. 什么是部门预算?什么是部门决算?部门预算与政府预算的关系是什么?
2. 你是怎样理解政府预算公开的基本特征的?

案例38 分析解答

二、政府预算的分类

政府预算可以按照下列不同的标准分类。

(一) 按收支管理范围分类

按收支管理范围分类,政府预算可分为总预算和单位预算。

总预算是各级政府的基本财政收支计划,它由各级政府的本级预算和下级政府总预算组成。

单位预算是政府预算的基本组成部分,是各级政府的直属机关就其本身及所属行政事业单位的年度经费收支所汇编的预算,另外还包括企业财务收支计划中与财政有关的部分,它是机关本身及其所属单位履行其职责或事业计划的财力保证,是各级总预算构成的基本单位。

(二) 按预算的级次分类

按预算的级次分类,政府预算可分为中央预算和地方预算。

中央预算即中央政府预算,是指经法定程序审查、批准的反映中央政府活动的财政收支计划。我国的中央预算由中央各部门的单位预算、企业财务收支计划和税收计划组成。财政部将中央各部门的单位预算和中央直接掌管的收支等汇编成中央预算草案,报国务院审定后提请全国人民代表大会审查。中央预算主要承担国家的安全、外交和中央国家机关运转所需的经费,调整国民经济结构、协调地区发展、实施宏观调控的支出,以及由中央直接管理的事业发展支出,因而在政府预算体系中占主导地位。

2014—2021年中央与地方一般公共预算收入占比情况（图4-1）

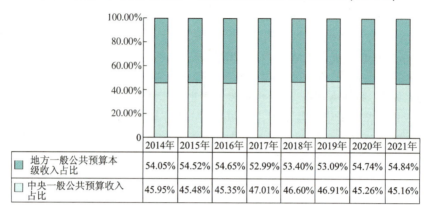

图4-1　2014—2021年中央与地方一般公共预算收入占比情况

（资料来源：根据中华人民共和国财政部网站历年数据整理。）

案例分析

1. 请根据案例分析一般公共预算收入中中央一般公共预算与地方一般公共预算本级收入占比概况。
2. 中央一般公共预算收入都是用于中央一般公共预算本级支出吗？

案例39 分析解答

地方预算即地方政府预算，是指经法定程序审查、批准的各级地方政府收支活动计划的总称。它是政府预算体系中的有机组成部分，是组织、管理政府预算的基本环节，由省（自治区、直辖市）、市、县、乡（镇）预算组成。我国政府的预算收入绝大部分来自地方预算，政府预算支出中也有相当大的部分通过地方总预算来实现。地方预算担负着地方行政管理和经济建设、文化教育、卫生事业以及抚恤等支出，特别是支援农村发展的重要任务。因此，它在政府预算中占有重要地位。

2021年江苏省一般公共预算收支完成情况

2021年，全省一般公共预算收入完成10 015亿元，增长10.6%。其中，税收收入完成8 171亿元，增长10.2%；非税收入完成1 844亿元，增长12.1%。全省税收占比为81.6%。

2021年，全省一般公共预算支出执行数为14 586亿元，增长6.6%。主要支出科目情况：教育支出2 562亿元，增长6.5%；科学技术支出675亿元，增长15.6%；社会保障和就业支出1 896亿元，增长6.5%；卫生健康支出1 183亿元，增长17.4%；城乡社区支出1 759亿元，下降3.2%；农林水支出1 107亿元，增长1.4%；交通运输支出596亿元，增长8.2%。

（资料来源：江苏省财政厅网站，http：//czt.jiangsu.gov.cn/art/2022/1/26/art_79615_10332205.html。）

案例分析
1. 请根据资料分析地方一般公共预算支出的主要项目范围。
2. 2021年江苏省一般公共预算收入完成10 015亿元,而一般公共预算支出执行数为14 586亿元,大于一般公共预算收入,这在财政上叫什么?

案例40 分析解答

(三) 按编制方式分类

按编制方式分类,政府预算可分为增量预算和零基预算。增量预算是指财政收支计划指标在以前财政年度的基础上按新的财政年度的经济发展情况加以调整之后确定的预算。零基预算是指对所有的财政收支完全不考虑以前的水平,重新以零为起点而编制的预算。零基预算强调一切从计划的起点开始,不受以前各期预算执行情况的干扰,尽可能找出更好的方法,使未来年度的预算一开始就建立在一个科学、合理的基础之上,避免发生浪费。

(四) 按编制形式分类

按编制形式分类,政府预算可分为单式预算和复式预算。单式预算是传统的预算形式,是将政府的一切财政收支编入一个预算。复式预算是指将国家财政收支计划通过两个或两个以上的表格来反映的一种预算形式,它既能反映财政预算资金的流向和流量,又能全面反映资金性质和收支结构。

> **重要提示**
> 复式预算相较于单式预算,对于加强预算资金管理、提高资金使用效率有重要作用:
> (1) 可以清楚地区分经常性预算与建设性预算的收支情况,增强预算的透明度。
> (2) 用特定的收入保证特定的支出的需要,在预算收支之间建立比较稳定的对应关系,便于分析各种预算资金来源及使用情况,有利于加强管理和监督。
> (3) 可以清楚反映国家预算平衡状况,坚持经常性预算的收支平衡、建设性预算的量力而行。
> (4) 有利于提高政府的财政管理水平。

即学即思 我国政府预算实行的是复式预算,请上网搜索我国政府预算由哪些预算组成。

(五) 按投入项目能否直接反映其经济效果分类

按投入项目能否直接反映其经济效果分类,政府预算可分为项目预算和绩效预算。项目预算是指只反映项目的用途和支出金额,而不考虑其支出经济效果的预算。绩效预算是指根据"成本—效益"比较的原则,决定支出项目是否必要及其金额大小的预算形式。绩效预算是一种比较科学的预算方法,主要有两个特点:一是绩效预算重视对预算支出效益的考察,预算可明确反映出所产生的预计效益;二是按职责、用途和最终产品进行分类,并根据最终产品的单位成本和以前计划的执行情况来评判支出是否符合效率原则。

（六）按预算作用的时间分类

按预算作用的时间分类,政府预算可分为年度预算和中长期预算。年度预算是指预算有效期为1年的财政收支预算。中长期预算是指预算有效期在1年以上的财政收支预算。其中,1年以上、10年以下的预算是中期预算,10年以上的预算是长期预算。

 知识链接

预算年度

从世界范围看,各国的预算年度有两种类型:一种是历年制,即预算年度按照日历的年度计算,从1月1日至12月31日;另一种是跨历年制,即一个预算年度跨越两个日历年度。跨历年制的国家,预算年度起止各有不同,其主要的决定因素是各国立法机构召开会议的时间和预算收入的入库旺季。目前采用历年制的国家主要有法国、意大利、荷兰、德国、西班牙等。

跨历年制,即从上一个公历年某月某日起到下一个公历年某月某日止。实行跨历年制的国家起止日期也不一样,如美国、泰国等国家从每年10月1日起到次年9月30日止为一个预算年度,而英国、日本、加拿大、印度尼西亚、新加坡、新西兰、印度、缅甸等国家,则从每年4月1日起至次年3月31日止为一个预算年度。

中国现行的预算是历年制,从1月1日至12月31日。然而,中国的人代会是3月召开,在会上才能审议和表决本财政年度的国家预算报告。预算的审议、表决等法律程序正式走完差不多就到了3月中下旬。

在市场经济中,经济周期性波动是客观存在的,而制订财政中长期预算是在市场经济条件下政府进行反经济周期波动从而调节经济的重要手段。随着我国市场经济体制的日益完善和政府职能的转变,财政中长期预算将日益发挥其重要作用。

认知2　中国政府预算体系

一、中国政府预算体系组成

（一）中国政府预算体系的级次

中国政府预算实行一级政府一级预算,设立中央,省、自治区、直辖市,设区的市、自治州,县、自治县、不设区的市、市辖区,乡、民族乡、镇五级预算。

全国预算由中央预算和地方预算组成。地方预算由各省、自治区、直辖市总预算组成。

地方各级总预算由本级预算和汇总的下一级总预算组成;下一级只有本级预算的,下一级总预算即下一级的本级预算。没有下一级预算的,总预算即本级预算。

（二）中国政府预算体系的组成

中国政府预算由预算收入和预算支出组成。政府的全部收入和支出都应当纳入预算。政府预算管理是复式预算管理，预算包括一般公共预算、政府性基金预算、国有资本经营预算、社会保险基金预算，如图 4-2 所示。

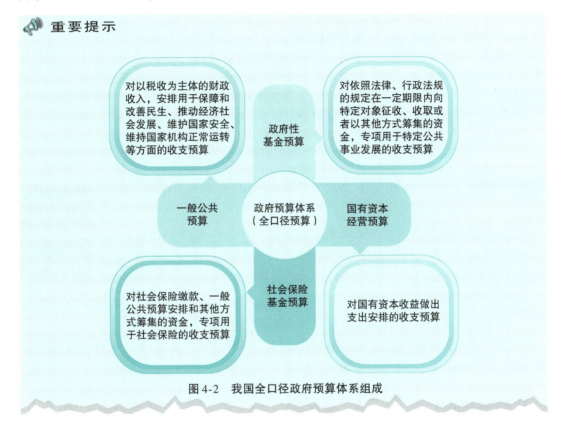

图 4-2　我国全口径政府预算体系组成

（三）中国政府预算编制要求

一般公共预算、政府性基金预算、国有资本经营预算、社会保险基金预算应当保持完整和独立。政府性基金预算、国有资本经营预算、社会保险基金预算应当与一般公共预算相衔接。

1. 一般公共预算

一般公共预算是对以税收为主体的财政收入，安排用于保障和改善民生、推动经济社会发展、维护国家安全、维持国家机构正常运转等方面的收支预算。

中央一般公共预算包括中央各部门（含直属单位，下同）的预算和中央对地方的税收返还、转移支付预算。中央一般公共预算收入包括中央本级收入和地方向中央的上解收入。中央一般公共预算支出包括中央本级支出、中央对地方的税收返还和转移支付。

地方各级一般公共预算包括本级各部门（含直属单位，下同）的预算和税收返还、转移支付预算。地方各级一般公共预算收入包括地方本级收入、上级政府对本级政府的税收返还和转移支付、下级政府的上解收入。地方各级一般公共预算支出包括地方本级支出、对上级政府的上解支出、对下级政府的税收返还和转移支付。

2022年政府预算编制工作总体要求(摘录)

2022年要统筹财政资源,强化预算编制、审核、支出和绩效管理,推进绩效结果与预算安排有机衔接,加强与货币政策等协调。要增强可持续性,统筹需要和可能安排财政支出,坚持在发展中保障和改善民生,不好高骛远、吊高胃口;适当降低赤字率,合理安排债务规模,有效防范化解风险。重点要把握6个方面:一是加大减负纾困力度,增强市场主体活力;二是保持适当支出强度,优化财政支出结构;三是合理安排地方政府专项债券,保障重点项目建设;四是推动财力下沉,支持基层做好"三保"工作;五是坚持党政机关过紧日子,建设节约型机关、节约型社会;六是严肃财经纪律,坚决制止违规使用财政资金、偷逃税款、财务造假等行为。

(资料来源:中华人民共和国中央人民政府网站,https://www.gov.cn/xinwen/2022-03/13/content_5678838.htm。)

案例分析
1. 请上网查一查2022年"减负纾困"的社会背景和主要作为。
2. "坚持党政机关过紧日子,建设节约型机关、节约型社会"在政府预算中主要体现在哪一方面?

案例41分析解答

2. 政府性基金预算

政府性基金预算是对依照法律、行政法规的规定在一定期限内向特定对象征收、收取或者以其他方式筹集的资金,专项用于特定公共事业发展的收支预算。

政府性基金预算应当根据基金项目收入情况和实际支出需要,按基金项目编制,做到以收定支。

2022年政府性基金预算安排

中央政府性基金预算收入4 216.67亿元,增长5.3%。加上上年结转收入354.67亿元、特定国有金融机构和专营机构上缴利润16 500亿元,收入总量为21 071.34亿元。中央政府性基金预算支出8 071.34亿元,其中,本级支出7 183.43亿元,对地方转移支付887.91亿元。调入中央一般公共预算9 000亿元。地方政府性基金预算本级收入94 420亿元,增长0.4%。加上中央政府性基金预算对地方转移支付收入887.91亿元、地方政府专项债务收入36 500亿元,收入总量为131 807.91亿元。地方政府性基金预算支出131 807.91亿元,增长19.3%。

汇总中央和地方预算,全国政府性基金预算收入98 636.67亿元,增长0.6%。加上上年结转收入354.67亿元、特定国有金融机构和专营机构上缴利润16 500亿元、地方政府专项债务收入36 500亿元,收入总量为151 991.34亿元。全国政府性基金预算支出138 991.34亿元,增长22.3%。调入一般公共预算9 000亿元。

(资料来源:中华人民共和国中央人民政府网站,https://www.gov.cn/xinwen/2022-03/13/content_5678838.htm。)

案例分析 1. 通过阅读资料了解2022年政府性基金预算概况。
2. 请查阅最近一年的《政府收支分类科目》中政府性基金收支科目。

案例42 分析解答

3. 国有资本经营预算

国有资本经营预算是对国有资本收益做出支出安排的收支预算。国有资本经营预算应当按照收支平衡的原则编制，不列赤字，并安排资金调入一般公共预算。

4. 社会保险基金预算

社会保险基金预算是对社会保险缴款、一般公共预算安排和其他方式筹集的资金，专项用于社会保险的收支预算。社会保险基金预算应当按照统筹层次和社会保险项目分别编制，做到收支平衡。

案例43

2021年社会保险基金预算收支情况与2022年社会保险基金预算

2021年全国社会保险基金预算收入94 734.74亿元，为预算的106.2%，增长24.9%。其中，保险费收入66 816.64亿元，增长35.7%，主要是阶段性减免社会保险费政策2020年底到期后恢复征收；财政补贴收入23 248亿元，增长10.6%。全国社会保险基金预算支出87 876.29亿元，完成预算的101.7%，增长12.1%。当年收支结余6 858.45亿元，年末滚存结余101 395.09亿元。

2022年全国社会保险基金预算收入100 273.59亿元，增长5.8%，其中，保险费收入71 280.02亿元，财政补贴收入24 105.66亿元。全国社会保险基金预算支出92 412.78亿元，增长5.2%。本年收支结余7 860.81亿元，年末滚存结余109 255.9亿元。

（资料来源：中华人民共和国中央人民政府网站，https://www.gov.cn/xinwen/2022-03/13/content_5678838.htm。）

案例分析 1. 根据资料分析我国的社保基金预算收入有哪些。
2. 对比2021年和2022年的社保基金预算资料，分析社保基金预算为什么呈不断增长态势。
3. 请上网查一查"五险一金"是什么。其中，属于社保基金中保险费收入的是哪些？

案例43 分析解答

二、政府收支分类科目

政府收支分类科目是财政预算管理的基础。政府预算及部门预算的编制、执行和决算是按照政府收支分类科目进行的。政府收支分类是财政预算管理的一项重要的基础性工作，直接关系到财政预算管理的透明度，关系到财政预算管理的科学化和规范化，是公共财政体制建设的一个重要环节。

我国政府收支分类改革于 2007 年全面实施

我国政府收支分类改革于 2007 年全面实施。新的政府收支分类主要包括三个方面的内容，即收入分类、支出功能分类和支出经济分类。

（1）对政府收入进行统一分类。总体上讲，收入分类具体的变化主要有三个方面：一是扩大了范围，二是体系上做了调整，三是科目层次更为细化。新的收入分类可以清晰地反映政府各项收入的具体来源。

（2）建立新的政府支出功能分类体系。这是这次科目改革的核心。为什么这么说呢？因为这是思路上的变化。新的支出功能分类从根本上做了改变，政府各项支出能直接从科目上看出来。政府的钱做了什么事，做每项事花了多少钱，在预算上就能清楚地反映出来，老百姓也就看得懂了。

（3）建立新型的支出经济分类体系。比如用于小学教育的支出，究竟是盖了校舍还是发了工资，就要通过经济分类来反映。全面、明细的支出经济分类为加强政府预算管理、部门财务管理及政府统计分析提供了重要工具和手段。

（资料来源：中华人民共和国中央人民政府网站，https://www.gov.cn/govweb/ztzl/gclszfgzbg/content_555004.htm。）

案例分析 上网查一查，政府收支分类改革的目的是什么。

我国政府收支分类主要包括收入分类、支出功能分类和支出经济分类三个方面的内容。收入分类可以清晰地反映政府各项收入的具体来源，支出功能分类能够清楚地反映政府支出的内容和方向，支出经济分类体系的建立则可以反映政府各项支出的具体用途，如图 4-3 所示。

案例 44 分析解答

重要提示

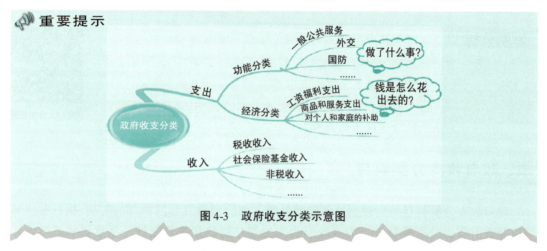

图 4-3　政府收支分类示意图

（一）政府收入分类科目

政府收入分类是将各类政府收入按其性质进行归类和层次划分，以便全面、准确、明细地反映政府收入的总量、结构及来源情况。收入分为类、款、项、目四级。目前我国政府收入分类科目共分为一般公共预算收入科目表、政府性基金预算收入科目表、国有资本经营预算收入科目表、社会保险基金预算收入科目表。每种科目表又按照"类"设置科目,按照"款""项""目"设置三个递进级次的明细科目。

> 📢 **重要提示**
>
> 我国财政部每一年度会根据政府职能调整和预算管理需要对政府收支分类科目进行调整。以《2021年政府收支分类科目》为例,一般公共预算收支科目表有31个"类"级科目,政府性基金预算收支科目表有18个"类"级科目,国有资本经营预算收支科目表有5个"类"级科目,社会保险基金预算收支科目表有4个"类"级科目。在修订的《2022年政府收支分类科目》中,根据《财政部 税务总局关于进一步加大增值税期末留抵退税政策实施力度的公告》,在"目"级明细科目中增设"小微企业原政策增值税留抵退税"(101010139目)、"小微企业新增政策增值税留抵退税"(101010140目)、"其他企业原政策增值税留抵退税"(101010141目)、"其他企业新增政策增值税留抵退税"(101010142目)科目。

即学即思 请上网搜一搜最近一年我国政府收入分类科目共分为几类,每类又分多少款级科目。

(二)政府支出功能分类科目

所谓支出功能分类,简单地讲,就是按政府主要职能活动分类。支出功能分类主要反映政府各项职能活动及其政策目标。支出按其功能分类分为类、款、项三级。目前我国政府支出功能分类科目共分为一般公共预算支出功能分类科目表、政府性基金预算支出功能分类科目表、国有资本经营预算支出功能分类科目表、社会保险基金预算支出科目表。每种科目表又按照"类"设置科目,按照"款""项"设置两个递进级次的明细科目。

> 📢 **重要提示**
>
> 一般公共预算支出功能分类科目表中"类"级科目主要有以下大类:一般公共服务支出、外交支出、国防支出、公共安全支出、教育支出、科学技术支出、文化旅游体育与传媒支出、社会保障和就业支出、卫生健康支出、节能环保支出、城乡社区支出、农林水支出、交通运输支出、资源勘探工业信息等支出、商业服务业支出、金融支出、援助其他地区支出、自然资源海洋气象等支出、住房保障支出、粮油物资储备支出、灾害防治及应急管理支出、预备费、其他支出、转移性支出、债务还本支出、债务付息支出、债务发行费用支出等。

即学即思 请上网搜一搜最近一年我国政府支出分类(功能分类)科目共分为几类,每类又分多少款级科目。

这种分类主要有以下优点:

一是能够清晰反映政府各项职能活动支出的总量、结构和方向,便于根据建立公共财政体制的要求和宏观调控的需要,有效进行总量控制和结构调整。

二是支出功能分类与支出经济分类相配合,可以形成一个相对稳定的、既反映政府职能活动又反映支出性质、既有总括反映又有明细反映的支出分类框架,从而为全方位的政府支出分析创造有利条件。

三是便于国际比较。支出按功能分类符合国际通行的做法,这种分类方法将各部门和单位相同职能的支出归于同一功能下,不受国家政府组织机构差别的影响,从而有利于进行国际比较。

2020年江苏省一般公共预算收支按照功能分类的预算安排(图4-4)

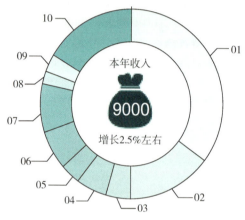

01	增值税收入	3 168
02	企业所得税收入	1 356
03	个人所得税收入	370
04	城市维护建设税收入	483
05	房产税收入	334
06	土地增值税收入	599
07	契税收入	754
08	城镇土地使用税收入	192
09	其他各项税收收入	284
10	非税收入	1 460

(单位:亿元)

(a) 我国一般公共预算收入的构成

01	一般公共服务支出	1 210
02	公共安全支出	877
03	教育支出	2 290
04	科学技术支出	600
05	文化旅游体育与传媒支出	268
06	社会保障和就业支出	1 470
07	卫生健康支出	930
08	节能环保支出	390
09	城乡社区支出	1 790
10	农林水支出	1 100
11	交通运输支出	570
12	资源勘探工业信息等支出	270
13	自然资源海洋气象等支出	109
14	住房保障支出	485
15	其他各项支出	531

(单位:亿元)

(b) 我国一般公共预算支出的安排

图4-4　2020年江苏省一般公共预算收支按照功能分类的预算安排

(资料来源:江苏省人民政府网,http://www.jiangsu.gov.cn/art/2021/3/4/art_64797_9687412.html。)

案例分析
1. 根据资料分析江苏省一般公共预算支出功能分类基本情况。
2. 为什么江苏省一般公共预算支出功能分类中没有国防支出、外交支出?

案例45 分析解答

(三) 政府支出经济分类科目

支出经济分类是按支出的经济性质和具体用途所做的一种分类。在支出功能分类明确反映政府职能活动的基础上,支出经济分类明细反映政府的钱究竟是怎么花出去的,是付了人员工资、会议费,还是买了办公设备等。支出经济分类与支出功能分类从不同侧面、以不同方式反映政府支出活动。它们既是两个相对独立的体系,又相互联系,可结合使用。

支出经济分类主要反映政府支出的经济性质和具体用途。支出经济分类设工资福利支出、商品和服务支出、对个人和家庭的补助、对企事业单位的补助、转移性支出等类级科目,类级科目下设款级科目。

即学即思 请上网搜一搜最近一年你所在的市级政府支出分类(经济分类)科目共分为几类,每一类又分多少款级科目。

> **重要提示**
> 支出功能分类显示的是政府的钱"干了什么",起到了什么样的社会作用。以"教育"为例,类、款、项三级结构对应为"教育"—"普通教育"—"小学教育",反映出政府为完成教育职能在"普通教育"中用于"小学教育"这个具体方面的支出费用多少。支出经济分类反映政府的钱究竟是怎么花出去的,"钱花到哪儿去了",如教育经费中分别有多少用于教师工资,有多少用于购买教学设备。

认知 3 政府预算程序

2015 年政府预算报表体系(图 4-5)

图 4-5 2015 年政府预算报表体系

(资料来源:中华人民共和国财政部网站,http://www.mof.gov.cn/zhengwuxinxi/caizhengxinwen/201503/t20150304_1197667.htm。)

案例分析 1. 请阅读 2015 年政府预算报表体系,理解政府预算所编制报表的种类。
2. 思考一下这些预算报表是如何编制的。

案例 46 分析解答

一、政府预算的编制

编制政府预算就是制定筹集和分配预算资金的年度计划。这件工作是整个预算工作的开始,也是一件复杂细致的工作,并且具有重要的政治经济意义。编制政府预算是由财政部门具体负责的。

(一) 政府预算的编制程序

为了保证各级预算编制的准确、及时、完整、统一,政府预算的编制必须按一定的程序进行。严格说来,我国政府预算的编制程序可概括为自上而下、自下而上反复的几个过程(图4-6)。

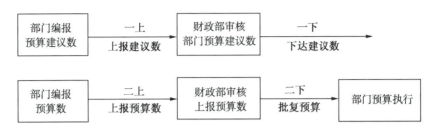

图4-6 中央部门预算流程图

(1) 在着手编制预算草案之前,由财政部就新年度财政工作要点和具体业务过程要点以及预算科目修订等有关事项发布指示和规定。

(2) 各部门、各地区遵照指示和规定,结合本部门、本地区新年度的工作任务和业务计划提出部门和地区的预算收支建议数,上报财政部。

(3) 财政部根据上报的建议数,并通盘考虑全国预算资金的需要与可能,拟出各部门、各地区在新的预算年度中应达到的收入控制指标和不能突破的支出控制指标,下达各部门和各地区。

(4) 各部门、各地区根据财政部下达的收支控制指标编制本部门、本地区的预算收支方案,逐级汇总上报到财政部。

(5) 财政部对中央各部门的单位预算草案、财务收支计划和各地区的总预算进行审核,并汇总编制政府预算草案,呈报国务院。

经过上述程序,政府预算草案的编制工作便告一段落。

(二) 部门预算的编制

部门预算是一个涵盖部门所有收支的完整预算,包括行政单位预算及其下属的事业单位预算。总体来说主要包括一般预算和基金预算。

一般预算由一般预算收入和一般预算支出组成。基金预算由基金预算收入和基金预算支出组成。

> **重要提示**
> 1. 编制预算草案的具体事项由国务院财政部门部署。
> 2. 各级政府、各部门、各单位应当按照国务院规定的时间编制预算草案。
> 3. 编制预算草案应当按照国务院财政部门制定的政府收支分类科目、预算支出标准和要求进行。
> 4. 地方各级预算按照量入为出、收支平衡的原则编制,除《中华人民共和国预算法》另有规定外,不列赤字。

二、政府预算的审批

(一) 预算审批机构及程序

审批政府预算的机构是国家立法机构,立法机构的具体名称则随着各国政体的不同而不同。我国实行人民代表大会制度,各级政府预算由同级人民代表大会批准。

预算审批的一般程序是:首先由财政部门代表本级政府向人民代表大会做预算报告并提交预算草案,然后由人大财经委员会进行具体审查并提出审查报告,提请大会审议表决。

(二) 预算审批关系

在我国,全国人民代表大会审查中央和地方预算草案,批准中央预算;县级以上地方各级人民代表大会审查本级总预算草案,批准本级预算。

江苏省人民代表大会常务委员会关于批准江苏省 2021 年地方政府债务限额及省级预算调整方案的决议

江苏省第十三届人民代表大会常务委员会第二十三次会议听取了省财政厅受省政府委托所作的《关于提请审议〈江苏省 2021 年地方政府债务限额及省级预算调整方案(草案)〉议案》的说明,对省政府提出的江苏省 2021 年地方政府债务限额及省级预算调整方案(草案)进行了审查。会议同意省人民代表大会财政经济委员会的审查结果报告,决定批准江苏省 2021 年地方政府债务限额及省级预算调整方案。

(资料来源:江苏省人民代表大会常务委员会网站,http://www.jsrd.gov.cn/hyzl/cwhhy/d_10520/hygg/202105/t20210527_530135.shtml。)

案例分析
1. 本级预算审批的机关是本级人民代表大会,而预算调整由人民代表大会常务委员会会议审批,两者有区别吗?
2. 财政预算为什么需要人民代表大会批准呢?

案例47 分析解答

三、政府预算的执行

预算执行是指经法定程序批准的预算进入具体实施阶段,包括组织预算收入、拨付预算资金和预算调整等内容。

各级预算由本级政府组织执行,各级政府是预算执行的组织领导机关。各级政府财政部门在本级政府的领导下具体负责预算的组织实施。各级预算收入征收部门是负责预算收入的征收管理机关。国家金库是具体经办预算收入的收纳及库款支拨的机关,一般由本国中央银行代理。有关各部门、各单位是部门预算和单位预算的执行主体。

知识链接

国家金库制度

国家金库制度是指国家预算收支的出纳、保管和划拨制度,简称国库制度。其类型有独立国库制和委托代理制两种。独立国库制是政府自行设立国库机构,专司国家财政预算收支的出纳、保管和划拨等事项。委托代理制是国家政府不独立设置国库机构,委托银行代理国库业务,负责财政收支的出纳、保管和划拨等工作。中华人民共和国采用委托代理制,由中国人民银行代理。

中国国库制度的发展经历了两个阶段:① 财政部门自理国库业务,大约始于公元前11世纪的周王朝,止于清朝末期(1908年);② 银行代理,1908年清政府把国库事务委托给国家银行代理,以后一直沿用。中华人民共和国建立后继续实行代理制,1950年3月3日政务院颁布的《中央金库条例》和1985年7月27日国务院发布的《中华人民共和国国家金库条例》都明确规定由中国人民银行经理国库。

预算收入征收部门必须依照法律、行政法规的规定,及时、正确、足额征收应征的预算收入,不得违反法律、行政法规规定擅自减征、缓征或者免征应征的预算收入;有预算收入上缴任务的部门和单位必须依照法律、行政法规和国务院财政部门规定,将应当上缴的预算资金及时、足额地上缴国家金库,不得截留、占用、挪用或者拖欠。

财政部门拨付资金和主管部门转拨资金时,要做到按预算拨款、按预算级次拨款、按规定的程序拨款和按进度拨款。

在保证资金供应的同时,财政部门和参与预算执行的各部门、各单位要加强预算支出的控制管理。一是要控制支出用途,确保预算资金按预算规定的用途使用;二是要控制支出范围,不得任意扩大预算资金的开支范围;三是要控制支出标准,严格执行国家规定的开支标准;四是要建立健全控制管理体系,建立健全会计核算和财务管理制度,确定支出效果的考核标准,以有效发挥资金的使用效益。

> **重要提示**
>
> 《中华人民共和国预算法》明确规定:各级政府预算应当按照本级预算支出额的1%~3%设置预备费。在预算执行中,如果发生较大的自然灾害或其他临时性支出需要,可以动用预备费。各级政府预算预备费的动用方案,由本级政府财政部门提出,报本级政府决定。

预算调整是预算执行中的一项重要工作内容。所谓预算调整,是指经过批准的各级预算,在执行中因特殊情况需要增加支出或者减少收入,使原批准的收支平衡的预算的总支出超过总收入,或者使原批准的预算中举借债务数额增加的部分变更。

《中华人民共和国预算法》规定:调整预算时应当由本级政府编制预算调整方案,并须提请本级人民代表大会常务委员会审查和批准。未经批准,不得调整预算。

即学即思 上网查一查：1. 什么是"阳光预算"？为什么要进行"阳光预算"？
2. 你认为政府应如何做到"阳光预算"？

四、政府决算

政府决算是经法定程序批准的年度预算执行结果的会计报告。决算是预算管理过程中一个必不可少的阶段，是整个预算程序的总结和终结。政府决算由决算报表和文字说明两部分构成，通常按照我国统一的决算体系汇编而成，包括中央级决算和地方总决算。

各级政府、各部门、各单位在每一预算年度终了后都要按规定的时间编制决算草案。决算草案是各级政府、各部门、各单位编制的未经法定程序审查和批准的预算收支的年度执行结果。编制决算草案必须符合法律、行政法规，做到收支数额准确、内容完整、报送及时。

决算草案的审批和预算草案的审批程序相同。国务院财政部编制中央决算草案，报国务院审定后，由国务院提请全国人民代表大会常务委员会审查和批准；县级以上地方各级政府财政部门编制本级决算草案，报本级政府审定后，由本级政府提请本级人民代表大会常务委员会审查和批准；乡、民族乡、镇政府编制本级决算草案，提请本级人民代表大会审查和批准。

扫码看视频4

单元五

国家税收

学习目标

认知税收基本知识;理解税收的特征和作用;掌握税收要素与分类;熟悉中国现行税制体系;把握中国现行的主要税收种类;能查找和阅读我国现行税法;具备初步观察和分析我国税收实务活动的专业能力,培育懂税法、遵税法、对税收政策保持敏感性的财经职业素养。

关键问题

1. 税收的特征、税制构成要素的定义是什么?
2. 中国现行税制及主要税种的基本内容有哪些?
3. 我国税收的人民性本质体现在哪些方面?
4. 国际税收、税收管辖权、跨国纳税人的概念分别是什么?

案例48

2020年、2021年全国及部分省份税收收入占一般公共预算收入比重(表5-1)

表5-1 2020年、2021年全国及部分省份税收收入占政府一般公共预算收入比重

项目	2020年	2021年
全国税收收入占一般公共预算收入比重	84.37%	85.28%
江苏省税收收入占一般公共预算收入比重	81.84%	81.59%
甘肃省税收收入占一般公共预算收入比重	64.94%	66.62%
浙江省税收收入占一般公共预算收入比重	86.40%	86.80%
山西省税收收入占一般公共预算收入比重	70.80%	73.90%

[资料来源:中华人民共和国财政部网站,http://www.mof.gov.cn/gkml/caizhengshuju/index_2.htm;根据财政部公布的《2020年财政收支情况》(2021-01-28发布)、《2021年财政收支情况》(2022-01-29发布)等财政数据资料,结合部分省份发布的财政资料整理形成。]

案例分析
1. 你能从本案例中看出税收收入在财政收入中地位如何吗?
2. 分析各省份之间税收收入占比情况,你发现有何特点?

案例48 分析解答

认知 1　税收基础

一、税收的概念和特征

（一）税收的含义

税收是历史上最早出现的一个财政范畴,它是社会生产力发展到一定阶段、凌驾于社会之上的阶级统治机关即国家产生时才出现的。可以这样认为,税收的历史与国家的历史一样久远。

知识链接

税的称谓

我国历代对税的称谓有所不同。夏代称"贡",商代曰"助",周朝称之为"彻"。"税"的名称最先出现于春秋鲁宣公十五年的"初税亩",后称为"赋",到汉代有"算赋""口赋""更赋"等名称,后又改称为"租"。隋唐五代曰"庸",宋代有"粮"的称谓,明代称之为"响",清代有"津贴""捐输"之用。以上是我国田亩税之称。此外还有"耗""漕折""平余""羡余"等名目。历代称"税"的也不少,如唐代的"间架税",清代的"当税""牙税"等。

从税收产生到现在的几千年历史长河中,人类社会经历了从奴隶社会、封建社会到资本主义社会和社会主义社会的重大历史变迁。在这个过程中,古今中外众多的政治家、哲学家、经济学家、伦理学家乃至神学家们一直在探究税收的奥秘,即政府何以要向居民征税、居民何以要向政府纳税这个看似简单实为复杂的问题。但直到资本主义生产方式建立以后,人们才得以从理论上系统地研究税收问题。

重要提示

税收是以实现国家公共财政职能为目的,基于政治权力和法律规定,由政府参与社会产品或国民收入分配,强制地、无偿地取得财政收入的一种方式。它体现了在一定社会制度下国家与纳税人之间在征税、纳税的利益分配上的一种特殊分配关系。

即学即思　请上网搜索我国历史上的"市场税""田税""车船税",分析它们产生的背景及发展轨迹。

（二）税收的特征

1. 强制性

税收的强制性是指政府以社会管理者身份直接凭借政治权利用法律、法令形式对征纳双方权利和义务的制约。税收的强制性，一方面使得税收不受所有制的限制，成为财政收入的最普遍形式；另一方面它具有不能违反的严肃性，成为财政收入的最可靠形式。

案例 49

夏都特大骗税案

2004年，国家税务总局和公安部联合侦破了一起特大骗取出口退税案——"夏都专案"。此案涉案金额高达两亿五千多万元，税款四千多万元，涉及6个省市及多家企业。

夏都是西宁的美称。"夏都专案"中的三兰制衣有限公司是一家在西宁注册的服装厂。这家只有十几台缝纫机、注册资金仅50万元的小厂，却在半年内创造产值1 000多万元，并接连向深圳、浙江金华开出大额增值税发票，这些异常现象引起了税务机关的警觉。

调查发现，该公司开出的发票都属虚开发票，此举是为了骗取出口退税。按照虚开的税额计算，被骗走的税款超过百万元。而一家公司要完成整个骗取出口退税过程是不可能的，因此国家税务总局和公安部决定立即在全国铺网。

进一步调查得知，三兰公司开出的税票中有43份开给了具有进出口商品权的深圳鄂尔多斯实业有限公司。这家公司不仅代理了三兰公司的虚假出口业务，还代理了其他一些公司的业务，存在大量骗取出口退税的嫌疑。

深圳鄂尔多斯实业有限公司是一家注册资金500万元的股份制公司。该公司为了能够在出口退税的骗局中大捞一把，不仅移花接木组织假出口，甚至还为不法骗税企业垫付虚假生产环节的增值税款。在它代理业务的34家公司中，有32家不同程度地存在着骗取出口退税的重大嫌疑。

目前，深圳鄂尔多斯实业公司副总经理等7人已被依法批捕。

（资料来源：央视网，http://news.cntv.cn/program/jiaodianfangtan/20100401/102952.shtml。）

案例分析　1. 为什么深圳鄂尔多斯实业公司副总经理等7人被依法批捕？
2. 从案例分析，税收的强制性体现在什么地方。

案例49分析解答

2. 无偿性

税收的无偿性，是指国家征税以后，税款就成为政府财政收入的一部分，由政府预算安排直接用于满足公共财政行使其职能的需要，不再直接返还给纳税人，也不付出任何形式的直接报酬和代价。

> **重要提示**
>
> 无偿性体现在两个方面：一方面是指政府获得税收收入后无须向纳税人直接支付任何报酬；另一方面是指政府征得的税收收入不再直接返还给纳税人。

3. 固定性

税收的固定性是指税收是按照国家法令规定的标准征收的，即纳税人、课税对象、税目、税率、计价办法和期限等，都是税收法令预先规定了的，有一个比较稳定的使用期间，是一种固定的连续收入。对于税收预先规定的标准，征税和纳税双方都必须共同遵守，非经国家法令修订或调整，征纳双方都不得违背或改变这个固定的比例或数额以及其他制度规定。固定性还意味着课税对象和征收额度之间的关系是有固定限度的。

  知识链接

税收的基本含义和基本特征如图 5-1 所示。

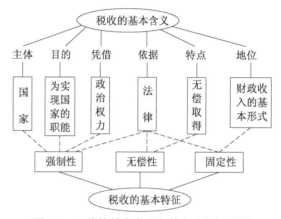

图 5-1　税收的基本含义和基本特征框架图

重要提示

税收的三个基本特征是统一的整体。其中，强制性是实现税收无偿征收的强有力保证，无偿性是税收本质的体现，固定性是强制性和无偿性的必然要求。

即学即思
1. 财政收入的两种基本形式是税收和收费，两者的区别在哪里？
2. 上网查一查，构成财政收入的收费种类有哪些。

二、税收的分类

我国现行税制是一个由多种税组成的复税制体系，这个复税制体系可以使我国税收多环节、多层次地发挥作用。

案例 50

2019 年江苏省一般公共预算收入中税收收入结构（图 5-2）

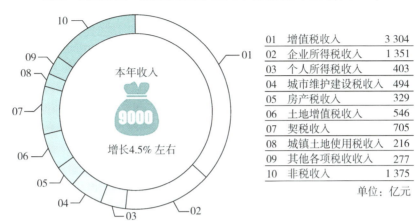

图 5-2　2019 年江苏省一般公共预算收入及税收收入结构图

（资料来源：江苏省财政厅网站，http://czt.jiangsu.gov.cn/art/2019/1/16/art_7954_8035101.html。）

案例分析　1. 案例资料中涉及哪些税收种类？其中哪类税种是最主要的税种？

2. 请查阅教材，了解我国现行的税收体系有哪些税类。

案例 50 分析解答

税收分类就是按照一定的标准和方法，对形式或特点相同或相近的税种进行的系统分析、归纳和综合。

（一）以课税对象不同为标准分类

税收按课税对象可分为六大类：流转税、所得税、财产税、资源税、行为税、农业税，如表 5-2 所示。

表 5-2　税收按课税对象分类

分　类	含　义	范　围
流转税	以商品生产流转额和非商品生产流转额为课税对象征收的税种	增值税、消费税、进出口关税等
所得税	亦称收益税，是指以各种所得额为课税对象的税种	企业所得税、个人所得税等
财产税	以纳税人拥有的财产数量或财产价值为征税对象的税种	房产税、车船税等
资源税	以自然资源和某些社会资源为征税对象的税种	资源税、城镇土地使用税等
行为税	也称为特定行为目的税类，它是国家为了实现某种特定的目的，以纳税人的某些特定行为为征税对象的税种	印花税、契税、车辆购置税、城市维护建设税、土地增值税、环境保护税、耕地占用税等
农业税	国家向从事农业生产的单位和个人就其取得的农业收入征收的一种税	烟叶税等

（二）以税收管理和使用权限为标准分类

税收按管理和使用权限可分为中央税、地方税、中央与地方共享税，如表5-3所示。

表5-3 税收按管理和使用权限分类

分 类	含 义	范 围
中央税	属于中央政府财政收入。由国税局和海关征收	进出口关税、消费税（含海关征收的消费税）、海关代征的进口环节增值税、车辆购置税、船舶吨税等
地方税	属于地方各级政府的财政收入，与地方经济利益关系密切。由国税局统一征收后划转给地方政府	城镇土地使用税、耕地占用税、土地增值税、契税、房产税、车船税、烟叶税、环境保护税等
中央与地方共享税	属于中央政府与地方政府共同的财政收入，中央与地方按比例分享。一直由国税局负责征收管理	增值税（50%,50%）、企业所得税（60%,40%）、个人所得税（60%,40%）、城市维护建设税（铁道部门、各银行总行、各保险总公司集中交纳的城市维护建设税属于中央收入，其余部分属于地方收入）、资源税（陆地资源税属于地方收入，海洋石油资源税属于中央收入）、印花税（证券交易印花税全部调整为中央收入）等

重要提示

按照税收管理和使用权限明确划分中央税、地方税、中央与地方共享税，有利于规范中央与地方之间的财政关系；有利于事权、财权、财力的有机结合；有利于增强宏观调控能力和地方因地制宜地处理区域范围内的公共事务。

即学即思 中央税、地方税、中央与地方共享税的划分使中央与地方有了各自的财权，与之相对应的中央与地方的事权是如何划分的？请上网搜寻有关资料。

（三）以税收负担能否转嫁为标准分类

税收按其负担能否转嫁可分为直接税和间接税。

所谓直接税，是指纳税义务人同时是税收的实际负担人，纳税人不能或不便于把税收负担转嫁给别人的税种。也就是说，直接税的纳税人与负税人一致。目前，在世界各国税法理论中，多以各种所得税、房产税、遗产税、社会保险税等税种为直接税。

间接税是指纳税义务人不是税收的实际负担人，纳税义务人能够用提高价格或提高收费标准等方法把税收负担转嫁给别人的税种。间接税收的纳税人，虽然表面上负有纳税义务，但是实际上已将自己的税款加于所销售商品的价格上由消费者负担或用其他方式转嫁给别人，即纳税人与负税人不一致。目前，世界各国多以关税、消费税、销售税、货物税、增值税等税种为间接税。

即学即思 在本单元认知2中查一查纳税人和负税人的概念与含义。请以我国的增值税为例，具体说明纳税人是谁、负税人是谁。

（四）以税收的计税依据为标准分类

税收按其计税依据可分为从价税、从量税、复合税。

从价税，亦称"从价计征"，是指以课税对象的价值或价格为计税依据的税收。如营业税、增值税、关税、房产税等都属于从价税。

从量税，亦称"从量计征"，是指以课税对象的重量、面积、件数、容积等数量指标为依据，采取固定税额计征的税收。如资源税、车船税等都属于从量税。

复合税，是指既有从价计征又有从量计征特征的税收，如卷烟和白酒的消费税。

案例 51

2022 年中央一般公共预算收入预算结构（图 5-3）

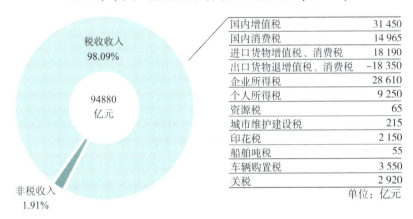

项目	金额
国内增值税	31 450
国内消费税	14 965
进口货物增值税、消费税	18 190
出口货物退增值税、消费税	−18 350
企业所得税	28 610
个人所得税	9 250
资源税	65
城市维护建设税	215
印花税	2 150
船舶吨税	55
车辆购置税	3 550
关税	2 920

单位：亿元

图 5-3　2022 年中央一般公共预算收入预算结构图

（资料来源：中华人民共和国财政部网站，http://yss.mof.gov.cn/2022zyczys/202203/t20220324_3797824.htm。）

案例分析

1. 目前在我国税收收入中所占比重最大的第一大税类是哪一类？
2. 在我国税收收入中所占比重最大的第一大税种是哪一种？

案例 51 分析解答

认知 2　税制构成要素

知识链接

税制三字经

税与赋	古有之	夏代贡	商代助	周百亩	十为彻	虽鼎盛	民愤烈
奴隶制	已解体	封建制	全取缔	吞六国	秦始皇	赋敛重	被推翻
汉高祖	征田赋	兴农业	减田租	隋文帝	复集权	租调役	袭均田

租庸调	唐太宗	促发展	助民丰	中唐代	两税法	简税制	居户夸
赵匡胤	搞兵变	建宋朝	行租田	忽必烈	建大元	征田税	民大怨
朱明朝	一条鞭	合赋役	物折银	大清帝	行地丁	搞改革	赋税并
蒋王朝	重杂捐	民贫苦	不聊生	新中国	一创建	弃横征	废暴敛
立税法	取于民	搞建设	用于民	深改革	抓机遇	党中央	改税制
抓开放	倡繁荣	新税法	显神通	统税法	平税负	简税制	保收入
税制分	税基稳	各种税	应认准	增值税	入两库	消费税	缴中央
所得税	须划分	其他税	归地方	增值税	涉面广	按增值	征税款
其税率	分三档	每环节	抵进项	消费税	为调控	目十五	率不同
计税额	两办法	一从量	一从价	所得税	有二种	分性质	计算公
办退税	手续严	减免税	按权限	营业税	退舞台	营改增	显公平
农业税	已取消	延千年	成历史	兴农业	振乡村	环境税	已开征
建绿水	变金山	粘标志	贴印花	小税种	单立法	增调控	明作用
代征人	职责明	代缴者	票款清	学税法	精于勤	强意识	好公民

（资料来源：编者根据湖南省地税局网站2009年07月21日发布、信息来源为邳州市地税局的《税务三字经》，结合近年来我国税制改革，进行部分摘录和改编。）

税制即税收制度，是在税收分配活动中税收征纳双方所应该遵守的行为规范的总和，包括各税种的法规以及为了保证这些税法得以实施的税收征管制度。

税收制度是由若干因素构成的。构成各个独立税种的基本因素，统称为税收制度构成要素。这些要素包括：纳税人、课税对象、税率、起征点与免征额、纳税环节、纳税地点、纳税期限、减免税、法律责任等。

一、纳税人

纳税人是课税的主体，是税法上规定的直接负有纳税义务的单位和个人，是缴纳税款的主体。因税种的不同，可能有不同的纳税人，它是税收制度构成的最基本要素之一。纳税人可以是自然人，也可以是法人。

知识链接

与纳税人相关的有两个概念。一个概念是负税人。负税人是指最终承担税款的单位和个人，负税人与纳税人有时是一致的，如在税负不能转嫁的条件下；有时是分离的，如在税负可以转嫁的条件下。另一个概念是扣缴义务人。扣缴义务人是指税法规定的在其经营活动中负有代扣税款并向国库缴纳税款义务的单位。

案例52

个人所得税汇算清缴

张老师2021年4月15日按照税务机关微信消息提示进入个人所得税APP，进行2020

年度个人所得税汇算清缴。本年度的工资薪金收入、讲座劳务收入、稿酬收入等采用综合汇算方式进行网上申报。工资薪金收入由工作单位每月发放薪金时代扣预缴个人所得税共计4 892元,讲座劳务收入由讲座邀请单位代扣预缴所得税5 640元,稿酬收入由出版社代扣预缴所得税6 731元,共计已预缴个人所得税17 263元。经税务部门汇算核定,2021年度张老师实际应缴纳个人所得税16 580元,应退税683元。张老师办理了退税申请。

案例分析　1. 请根据资料分析:纳税人是谁?负税人是谁?代扣代缴人是谁?
2. 请了解一下个人所得税APP。

案例52 分析解答

二、课税对象

课税对象又称税收客体,它是指税法规定的征税的目的物,是征收的根据。每一种税都必须明确对什么征税,每一种税的课税对象都不会完全一致。课税对象是一种税区别于另一种税的主要标志。在认知课税对象时,还应注意与其有关的三个概念:

(一)税目

税目即课税对象的具体化,它是在税法中对征税对象分类规定的具体的征税品种和项目。税目的主要作用,一是明确征税范围,通过税目确定征税的具体界限,列入税目的就是应税产品,没有列入税目的就不是应税产品;二是通过规定各种税目,可以对不同的项目制定高低不同的税率,以体现国家政策。

(二)税源

税源是税收的经济来源或最终出处。理论上讲,税源归根到底是国民收入。有的税种的课税对象与税源是一致的,如所得税的课税对象和税源都是纳税人的所得。有的税种课税对象与税源不同,如财产税的课税对象是纳税人的财产,但税源往往是纳税人的收入。

(三)计税依据

计税依据是课税对象的计量单位和征收标准。在确定计税依据时,可以规定为课税对象的价格,也可以规定为课税对象的数量。计税依据的设计一般视课税对象的性质、课税的目的、税收管理人员的水平和社会环境等因素而定。

即学即思　请上网查一查,我国增值税的征税对象有哪些;企业所得税的征税对象有哪些。

三、税率

税率,是税额占课税对象数额的比重,即税额/课税对象数额。它是计算税额的尺度,反映征税的深度。税率的高低直接关系到政府财政收入和纳税人的负担水平,它是政府税收政策最直接的体现,因此,也是税收的核心。我国现行的税率一般分为三种(表5-4)。

表 5-4　我国现行的税率

税率类别		具体形式	应用的税种
比例税率		统一比例税率、差别比例税率、幅度比例税率	增值税、城市维护建设税、企业所得税等
定额税率		按征税对象的一定计量单位规定固定的税额	资源税、城镇土地使用税、车船税等
累进税率	全额累进税率	（我国目前没有采用）	
	超额累进税率	把征税对象按数额大小分成若干等级，每一等级规定一个税率，税率依次提高，将纳税人的征税对象依所属等级同时适用几个税率分别计算，再将计算结果相加后得出应纳税款	个人所得税中的工资奖金和个体、承包项目
	全率累进税率	（我国目前没有采用）	
	超率累进税率	以征税对象数额的相对率划分若干级距，分别规定相应的差别税率，相对率每超过一个级距的，对超过的部分就按高一级的税率计算征税	土地增值税

（一）比例税率

比例税率是对同一课税对象，不论其数额大小，只规定一个统一比例的税率。这种税率下应征税额与课税对象数额为等比关系，即税率的高低不因征税对象数量的多少而变化。在具体运用上，比例税率又可分为统一比例税率、差别比例税率、幅度比例税率等形式。

（二）累进税率

累进税率是按课税对象数额的大小划分为若干等级，每一等级由低到高分别规定相应的税率，课税对象数额越大税率越高，数额越小税率越低。累进税率因计算方法的不同，又分为全额累进税率、超额累进税率、全率累进税率和超率累进税率四种。

（三）定额税率

定额税率，也称固定税额，是按单位课税对象直接规定一个固定税额，而采取百分比的形式。它适用于从量计征的税种。目前采用定额税率的有资源税、车船税等。

即学即思　请分析表 5-5 中的税率是什么类型。

表 5-5　个人所得税税率表（综合所得适用）

级数	全年应纳税所得额	税率/%	速算扣除数
1	不超过 36 000 元的	3	0
2	超过 36 000 元至 144 000 元的部分	10	2 520
3	超过 144 000 元至 300 000 元的部分	20	16 920
4	超过 300 000 元至 420 000 元的部分	25	31 920
5	超过 420 000 元至 660 000 元的部分	30	52 920

续表

级数	全年应纳税所得额	税率/%	速算扣除数
6	超过 660 000 元至 960 000 元的部分	35	85 920
7	超过 960 000 元的部分	45	181 920

注：本表所称全年应纳税所得额是指居民个人取得综合所得以每一纳税年度收入额减除费用 6 万元以及专项扣除、专项附加扣除和依法确定的其他扣除后的余额。

四、起征点与免征额

起征点是指税法规定的课税对象开始征税的最低界限。免征额是指税法规定的课税对象全部数额中免于征税的数额。起征点与免征额有相同点，即当课税对象小于起征点和免征额时，都不予征税。两者也有不同点，即当课税对象大于起征点和免征额时，采用起征点制度的要对课税对象的全部数额征税，采用免征额制度的仅对课税对象超过免征额的部分征税。在税法中规定起征点和免征额是对纳税人的一种照顾，但二者照顾的侧重点显然不同，前者是对低收入者的照顾，后者是对所有纳税人的照顾。

即学即思 我国个人所得税起征点（按月）调整历史如图 5-4 所示。请思考，起征点调整的趋势是什么？上网查一查，除起征点以外，个税还有哪些专项扣除和附加扣除。

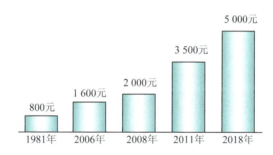

图 5-4 我国个人所得税起征点（按月）

五、纳税环节

纳税环节是指税法规定的征税对象在从生产到消费的流转过程中应当缴纳税款的环节。如流转税在生产和流通环节纳税，所得税在分配环节纳税，等等。

六、纳税期限

纳税期限是指纳税人发生纳税义务后，应依法缴纳税款的期限。纳税期限可以分为两种：一是按期纳税，二是按次纳税。如增值税的纳税期限分别为 1 日、3 日、5 日、10 日、15 日或者 1 个月。纳税人的具体纳税期限，由主管税务机关根据纳税人应纳数额的大小分别核定。不能按照固定期限纳税的，可以按次纳税。

七、纳税地点

纳税地点是指纳税人依据税法规定向征税机关申报纳税的具体地点。它说明纳税人应向哪里的征税机关申报纳税,以及哪里的征税机关有权进行税收管辖的问题。通常,在税法上规定的征税地点主要是机构所在地、经济活动地、财产所在地、报关地等。

八、减免税

减免税是指国家对某些纳税人和征税对象给予鼓励和照顾的一种特殊规定。这种特殊规定一方面是为了鼓励和支持某些行业或项目的发展;另一方面是为了照顾某些纳税人的特殊困难。减免税可以看作对税率的补充和延伸。税率具有统一性和相对固定性,它要求有适当的灵活性与之相补充,以便能灵活地处理一些特殊的征税问题。减免税就是对税率所做的一种灵活延伸。它主要包括三个方面的内容。

(一) 减税和免税

减税是指从应征税额中减征部分税款;免税是指对按规定应征的税款全部免除。减税和免税又分为两种情况:一种是税法直接规定的减免税优惠,如民政部门举办的福利生产企业可减征或者免征企业所得税;另一种是依法给予的一定期限内的减免税优惠,期满后仍按规定纳税,如企业利用废水、废气、废渣等废弃物为主要原料进行生产的,符合税法规定条件的,可在5年内减征或者免征企业所得税。

2021年我国对小微企业减免税概况(图5-5)

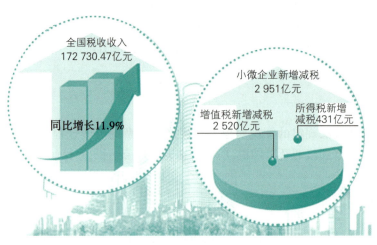

图5-5 2021年我国对小微企业减免税概况

(资料来源:中华人民共和国国务院新闻办公室网站,http:∥www.scio.gov.cn/xwfbh/xwbfbh/wqfbh/47673/47802/wz47804/Document/1719510/1719510.htm。)

案例分析 1. 对小微企业减免税的目的是什么？
2. 请查一查小微企业的一般标准是什么。

案例 53 分析解答

（二）起征点

起征点是指征税对象达到一定数额才开始征税的界限。征税对象的数额没有达到规定数额的不征税，征税对象的数额达到规定数额，就其全部数额征税。

（三）免征额

免征额是指征税对象总额中免予征税的数额，即将纳税对象中的一部分给予减免，只就减除后的剩余部分计征税款。

九、法律责任

法律责任是指对违反国家税法规定的行为人采取的处罚措施，一般包括违法行为和因违法而应承担的法律责任两部分内容。违法行为是指违反税法规定的行为，包括作为和不作为。因违法而承担的法律责任包括行政责任和刑事责任。纳税人和税务人员违反税法规定，都将依法承担法律责任。违反税法的行为见表 5-6。

表 5-6 违反税法的行为

违反税法行为	表现	手段
偷税	有意欺骗、隐瞒、不缴、少缴	伪造、变造、隐匿、擅自销毁账簿等，进行虚假的纳税申报
欠税	超过纳税期限拖欠税款	拖欠
骗税	用欺骗的方法获取税收优惠（出口退税）	虚报出口货物数量、价格和自然灾害损失
抗税	拒不缴税	威胁、围攻、殴打

注意：偷税和骗税都采用"欺骗"的手段，但偷税是为了少缴或者不缴税款，骗税是为了获得国家税收优惠。

纳税人的违章行为是指纳税人未按规定办理税务登记、纳税鉴定、纳税申报，未按规定建立、保存账户，拒绝提供纳税资料，拒绝接受税务机关监督检查等行为。税务机关根据纳税人违章违法行为情节轻重不同，可分别采取批评教育、征收滞纳金并处以税务罚款、税收保全和追究刑事责任等措施。

即学即思 连连看：

1. 北京晓庆文化艺术有限责任公司 1996 年以来采取不列、少列收入，多列支出，虚假申报等手段少缴税款 1 458.3 万元。   欠税

2. 张某开了一家服装店，生意红火，但拒不缴纳税款。税务人员来收税时，他还说："谁来我这里收税，我就让他站着进来，横着出去。"   骗税

3. 某服装厂厂长以贷款被骗为由，故意拖欠国家税款 24.8 万元。   抗税

4. 某企业通过虚报出口商品的价格等手段获得国家出口退税 3 000 万元。   偷税

认知 3　中国现行税收体系

我国现行税制是一个由多种税组成,流转税和所得税并重为双主体,财产税类、资源税类、行为税类等其他税种相配合的复税制体系(图5-6)。这个复税制体系可以使我国税收多环节、多层次地发挥作用。

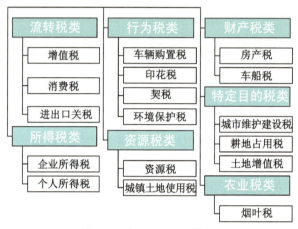

图 5-6　中国现行税制体系

注：① 2006年1月1日,中国完全取消了农业四税(农业税、屠宰税、牧业税、农林特产税),在中国延续了千年的农业税成为历史。因此,在我国的税收分类中,烟叶税也可以并入特定目的税类中。

② 2017年10月30日国务院常务会议通过《国务院关于废止〈中华人民共和国营业税暂行条例〉和修改〈中华人民共和国增值税暂行条例〉的决定(草案)》,原来实行营业税的服务业领域已统一征收增值税,标志着实施60多年的营业税正式退出历史舞台。

重要提示

我国现行税制与税收基本法规见表 5-7

表 5-7　我国现行税制与税收基本法规(截至 2022 年 7 月)

类别	种类	纳税人	基本法规依据
税种	增值税	在中华人民共和国境内销售货物或者提供应税劳务以及进口货物的单位和个人	1.《中华人民共和国增值税暂行条例》 2.《中华人民共和国增值税暂行条例实施细则》 3.《国家税务总局关于增值税一般纳税人登记管理办法》(国家税务总局令第 43 号) 4.《财政部 国家税务总局关于统一增值税小规模纳税人标准的通知》(财税〔2018〕33 号)
	消费税	在中华人民共和国境内生产、委托加工、零售和进口《中华人民共和国消费税暂行条例》规定的应税消费品的单位和个人	1.《中华人民共和国消费税暂行条例》 2.《中华人民共和国消费税暂行条例实施细则》

续表

类别	种类	纳税人	基本法规依据
税种	城市建设维护税	在征税范围内从事工商经营，缴纳增值税、消费税的单位和个人，征税范围包括城市、县城、建制镇以及税法规定征税的其他地区	《中华人民共和国城市维护建设税法》
	企业所得税	在中华人民共和国境内，企业和其他取得收入的组织为企业所得税的纳税人；个人独资企业、合伙企业不适用本法	1.《中华人民共和国企业所得税法》 2.《中华人民共和国企业所得税法实施条例》
	个人所得税	在中国境内有住所，或者虽无住所而一个纳税年度内在中国境内居住满183天，并从中国境内和境外取得所得的个人；在中国境内无住所又不居住，或者无住所而一个纳税年度内在中国境内居住不满183天，但从中国境内取得所得的个人	1.《中华人民共和国个人所得税法》 2.《中华人民共和国个人所得税法实施条例》
	资源税	在中华人民共和国领域和中华人民共和国管辖的其他海域开发应税资源的单位和个人	1.《中华人民共和国资源税法》 2.《资源税税目税率表》
	土地增值税	转让国有土地使用权及地上建筑物和其他附着物产权并取得收入的单位和个人	1.《中华人民共和国土地增值税暂行条例》 2.《中华人民共和国土地增值税暂行条例实施细则》
	车辆购置税	在中华人民共和国境内购置应税车辆的单位和个人	1.《中华人民共和国车辆购置税法》 2.《车辆购置税征收管理办法》
	耕地占用税	在中华人民共和国境内占用耕地建设建筑物、构筑物或者从事非农业建设的单位和个人	《中华人民共和国耕地占用税法》
	城镇土地使用税	中华人民共和国境内在城市、县城、建制镇、工矿区范围内使用土地的单位和个人	《中华人民共和国城镇土地使用税暂行条例》

续表

类别	种类	纳税人	基本法规依据
税种	车船税	在中华人民共和国境内属于本法所附《车船税税目税额表》规定的车辆、船舶(以下简称车船)的所有人或者管理人	1.《中华人民共和国车船税法》 2.《中华人民共和国车船税法实施条例》
	环境保护税	在中华人民共和国领域和中华人民共和国管辖的其他海域,直接向环境排放应税污染物的企业事业单位和其他生产经营者	1.《中华人民共和国环境保护税法》 2.《中华人民共和国环境保护税法实施条例》 3.《环境保护税税目税额表》、《应税污染物和当量值表》
	房产税	正在试点	《中华人民共和国房产税暂行条例》
	印花税	在中华人民共和国境内书立、领受《中华人民共和国印花税暂行条例》所列举凭证的单位和个人,具体有:立合同人、立据人、立账簿人、领受人、使用人	1.《中华人民共和国印花税法》(2022年7月1日起) 2.《国家税务总局关于发布〈印花税管理规程(试行)〉的公告》(国家税务总局公告,2016年第77号)
	契税	在中华人民共和国境内转移土地、房屋权属,承受的单位和个人	《中华人民共和国契税法》
	烟叶税	在中华人民共和国境内,依照《中华人民共和国烟草专卖法》的规定收购烟叶的单位	1.《中华人民共和国烟叶税法》 2.《财政部 税务总局关于明确烟叶税计税依据的通知》(财税〔2018〕75号)
	进出口关税	进口货物的收货人、出口货物的发货人、进境物品的所有人	1.《中华人民共和国进出口关税条例》 2.《中华人民共和国进出口税则(2022)》 3.《中华人民共和国进境物品进口税税率表》

❋ 一、流转税类

流转税是以商品和劳务的流转额为课税对象的税种的总称。

流转额是指由于商品或劳务的交换活动而发生的货币金额,包括商品流转额和非商品流转额。其中商品流转额是指在商品生产和经营活动中由于销售或购进商品而发生的货币金额,即商品销售收入额或购进商品支付金额。非商品流转额是指从事非商品生产经营的各种劳务而发生的货币金额,即提供劳务取得的营业服务收入额或取得劳务支付的货币金额。流转税有多个具体税种。

(一)增值税

1. 增值税的概念

增值税是对商品生产、流通、劳务服务中的新增价值或商品附加值征收的一种流转税。

增值税已经成为中国最主要的税种之一。

 知识链接

增值额

增值额是指企业或个人在生产经营过程中或提供劳务服务过程中新创造的那部分价值，相当于商品销售收入额或劳务收入额扣除生产资料消耗或经营中的物质消耗后的余额，也就是商品价值总额中由劳动者新创造的价值部分。

2. 我国增值税的税收制度

增值税是我国从1984年新开征的一个税种，1993年12月13日中华人民共和国国务院令第134号颁布了《中华人民共和国增值税暂行条例》。2017年11月19日，该条例根据《国务院关于废止〈中华人民共和国营业税暂行条例〉和修改〈中华人民共和国增值税暂行条例〉的决定》进行第二次修订。

（1）增值税的纳税人。在中华人民共和国境内销售货物或者加工、修理修配劳务（以下简称劳务），销售服务、无形资产、不动产以及进口货物的单位和个人，为增值税的纳税人。具体包括国有企业、集体企业、私营企业、外商投资企业、外国企业、股份制企业、其他企业和行政单位、事业单位、军事单位、社会团体及其他单位、个体经营者、中国公民和外国公民。

 知识链接

增值税纳税人的认定（表5-8）及管理办法（表5-9）

表5-8　增值税纳税人的认定

基本划分标准	年销售额的大小	（1）从事商品生产或者提供应税劳务为主的纳税人，年应征增值税销售额（以下简称应税销售额）在50万元以下（含）的，为小规模纳税人 （2）以商品批发或者零售为主的纳税人，年应税销售额在80万元以下的，为小规模纳税人 上述年应税销售定额，包括免税销售额
	会计核算水平	基层税务机关要加强对小规模生产企业财会人员的培训，帮助其建立会计账簿，只要小规模企业有会计，有账册，能够正确计算进项税额、销项税额和应纳税额，并能按规定报送有关税务资料，年应税销售额不低于30万元的可以申请资格认定，不作为小规模纳税人
特殊划分标准		（1）年应税销售额超过小规模纳税人标准的其他个人按小规模纳税人纳税 （2）非企业性单位、不经常发生应税行为的企业可选择按小规模纳税人纳税
资格认定权限		（1）一般纳税人资格认定权限，在县（市、区）国家税务总局或者同级别的税务分局 （2）纳税人一经被认定为一般纳税人后，不得转为小规模纳税人

表 5-9　增值税一般纳税人与小规模纳税人的管理办法

纳税人种类	管理办法
一般纳税人	（1）销售货物或提供应税劳务可以使用增值税专用发票 （2）购进货物和应税劳务实行税款抵扣制度 （3）计税办法是当期销项税额减去当期进项税额
小规模纳税人	（1）销售货物或应税劳务只能使用普通发票 （2）购进货物或应税劳务即使取得增值税专用发票也不得抵扣进项税额 （3）应纳税额实行简易办法计算，即销售额乘以征收率

（2）增值税的税率。我国增值税采用比例税率。2019 年 4 月 1 日起对一般纳税人采用的增值税税率分为 13%、9%、6% 三档税率。纳税人出口货物，税率为零；但是，国务院另有规定的除外。为简化计税，对小规模纳税人将税率换算为征收率，分为 5%、3% 两档征收率。

> **重要提示**
>
> 我国根据建设社会主义现代化强国和促进社会经济发展、调节社会经济结构、应对重大社会风险的客观需要，对增值税税率和征收率会做阶段性相应调整。请同学们关注最新的增值税税率变化和相对应的征税税目。

（3）增值税的计税方法。

① 一般纳税人的计税方法。我国增值税普遍实行凭进货发票扣税的方法：以企业销售商品的全值的应征税金减去法定扣除项目已纳税金，作为企业销售商品应纳增值税金。在计算纳税人应纳增值税额时，可以凭进货发票，按照税法规定的范围，从当期销项税额中抵扣购进货物或者应税劳务已缴纳的增值税额（进项税额）。其计算公式为：

$$应纳税额 = 当期销项税额 - 当期进项税额$$

$$销项税额 = 销售额 \times 税率$$

进项税额的确定来自三个方面，即发票（从销售方取得的增值税专用发票）上注明的税额；进口完税凭证上注明的税额；免税农产品扣除税额。

② 小规模纳税人的计税方法。对小规模纳税人采取特殊方法即按征收率计算税额的方法，小规模纳税人不得使用增值税专用发票，购买货物不能收取增值税专用发票，不能享受税款抵扣权。

③ 进口货物计税方法。纳税人进口货物，按组成计税价格和规定的税率计税，不得抵扣进项税额，其计算公式为：

$$计税价格 = 到岸价格 + 关税 + 消费税$$

$$应纳税额 = 计税价格 \times 税率$$

④ 实行价外计税办法。我国现行的增值税实行的是价外税，即以不含税价格作为计税依据，在零售以前各环节销售商品时，专用发票上要求分别填税金和不含税金的价格。那么，如何将含税价格换算为不含税价格呢？计算公式是：

$$不含税价格 = 含税价格 / (1 + 税率)$$

按规范化办法计算纳税的增值税纳税人要进行专门的税务登记，并使用增值税专用发票以便建立纳税人购销双方进行交叉审计的稽核体系，增强增值税自我制约偷税漏税和减免税的内在机制。

(4)增值税的征收。

增值税的纳税期限分别为 1 日、3 日、5 日、10 日、15 日、1 个月或者 1 个季度。纳税人的具体纳税期限,由主管税务机关根据纳税人应纳税额的大小分别核定;不能按照固定期限纳税的,可以按次纳税。

纳税人以 1 个月或者 1 个季度为 1 个纳税期的,自期满之日起 15 日内申报纳税;以 1 日、3 日、5 日、10 日或者 15 日为 1 个纳税期的,自期满之日起 5 日内预缴税款,于次月 1 日起 15 日内申报纳税并结清上月应纳税款。

(5)增值税专用发票的使用管理。增值税专用发票不仅是增值税纳税人经济活动中专用的商事凭证,还具有完税凭证的作用,是兼作销货方纳税义务和购货方进项税额的合法证明。

知识链接

电子发票

电子发票是信息时代的产物,同普通发票一样,采用税务局统一发放的形式分配给商家使用。发票号码采用全国统一编码,采用统一防伪技术,在电子发票上附有电子税务局的签名机制。

(二)消费税

消费税是 1994 年税制改革时在商品税制中新设置的一个税种,是国家为体现消费政策,以特定消费品为课税对象所征收的一种税。其基本规范是《中华人民共和国消费税暂行条例》。在对货物普遍征收增值税的基础上,选择少数消费品再征收一道消费税,主要是为了调节产品结构,引导消费方向,保证财政收入。

消费税实行价内税,只在应税消费品的生产、委托加工和进口环节缴纳,以后的批发、零售等环节,因为价款中已包含消费税,因此不再缴纳消费税,税款最终由消费者承担(金银首饰在零售环节征税)。

知识链接

价内税与价外税的区别(图5-7)

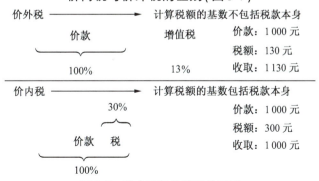

图 5-7　价内税与价外税的区别

1. 征税范围

我国消费税的征税范围包括 11 种产品,分为三大类:第一类是一些过度消费会对人类健康、社会秩序、生态环境等方面造成危害的特殊消费品,如烟、酒、鞭炮、焰火等;第二类是奢侈品、非生产必需品,如贵重首饰、化妆品等;第三类是高能耗及高档消费品,如小汽车、摩托车等。以上产品采取列举办法征收消费税。

案例 54

解读汽车消费税新政

2016 年 11 月 30 日,财政部、国家税务总局发布了《关于对超豪华小汽车加征消费税有关事项的通知》(财税[2016]129 号),在汽车消费税下增设"超豪华小汽车"子税目。通知说明:本次征收范围为每辆零售价格 130 万元(不含增值税)及以上的乘用车和中轻型商用客车,即乘用车和中轻型商用客车子税目中的超豪华小汽车;在生产(进口)环节按现行税率征收消费税的基础上,在零售环节加征消费税,税率为 10%。

我国的消费税是在对货物普遍征收增值税的基础上,再次征收的税种,一般针对特定的消费品,主要目的为调节产品结构,引导消费方向。在 1994 年国家税制改革中,新设置了汽车消费税一项,被列入 1994 年 1 月 1 日起实施的《中华人民共和国消费税暂行条例》。

以往的汽车消费税从生产环节征收,小汽车按不同车种排气量的大小设置了三档税率:汽车排气量小于 1.0 升的轿车税率为 3%,排气量大于或等于 1.0 升、小于 2.2 升的轿车税率为 5%,排气量大于或等于 2.2 升的轿车税率为 8%,轻型越野车排气量小于 2.4 升的税率为 5%。

从 2008 年 9 月 1 日起,汽车消费税进行了调整,将轿车和越野车子目合并成乘用车。同时,在各个排量的消费税税率上也做出了调整,提高大排量乘用车的消费税税率,降低小排量乘用车的消费税税率。通知表示,排气量在 3.0 升至 4.0 升(含)的乘用车,税率由 15% 上调至 25%;排气量在 4.0 升以上的乘用车,税率由 20% 上调至 40%;排气量在 1.0 升(含)以下的乘用车,税率由 3% 下调至 1%。

与此前的汽车消费税调整不同,本次增设的超豪华小汽车子税目,不再以单一排量作为标尺,而是引入了新的价格尺度。同时,消费税也不再只针对厂家生产环节来征收,零售环节也将被征收。在零售环节被征收超豪华小汽车消费税的乘用车,还须缴纳按照排量划分的生产环节汽车消费税。

(资料来源:人民网,http://auto.people.com.cn/n1/2016/1205/c1005-28924115.html。)

 1. 本次税收调整产生了哪些作用?
2. 上网搜一搜近期我国政府为治理环境采取了哪些税收措施。

案例 54 分析解答

2. 纳税人

消费税的纳税人是在我国境内从事生产和进口消费税条例列举的应税消费品的单位和个人以及委托加工应税消费品的单位和个人。

3. 税目和税率

消费税共设置了 15 个税目,有的税目还下设若干个子目。消费税税率为 1%～56%。

4. 计税依据

消费税根据课税对象的具体情况采取从价定率征收和从量定额征收两种方法。实行从价定率征收办法的消费税的税基定为含消费税而不含增值税销售价格,实行从量定额征收办法的消费税的税基是应税消费品的销售数量。计算公式为:

从价定率征收的应纳税额 = 应纳消费品的销售额 × 消费税税率

从量定额征收的应纳税额 = 消费品单位税额 × 应税消费品销售数量

> **重要提示**
>
> 由于应税消费品在缴纳消费税的同时与一般货物一样都还要缴纳增值税,所以如果在应税消费品的销售额中包含已缴纳增值税额,应当换算为不含增值税税款的销售额。其换算公式为:
>
> 应税消费品的销售额 = 含增值税的销售额/(1 + 增值税税率)

(三) 关税

关税是由海关对进出国境或关境的货物、物品征收的一种税。我国现行关税的基本规范是国务院 2003 年 11 月根据海关法重新修订并发布的《中华人民共和国进出口关税条例》。

知识链接

国境与关境

国境是一个国家以边界为界线,全面行使主权的境域,包括领土、领海、领空。关境是指海关征收关税的领域。一般而言,国境和关境是一致的,商品进出国境也就是进出关境。但是两者也有不一致的情况,如有些国家在国境内设有自由贸易港、自由贸易区或出口加工区时,关境则小于国境;当几个国家组成关税同盟时,成员国之间互相取消关税,对外实行共同的关税税则,就成员国来讲,其关境大于国境。

1. 关税分类

关税有多种形式的分类标志,例如:关税按征收对象分为进口税、出口税和过境税;按征收目的分为财政关税和保护关税;等等。具体见表 5-10。

表 5-10 关税的类别

序号	分类标准	分类内容	备注
1	按征收对象划分	进口税	现今世界各国的关税,主要是征收进口税
		出口税	
		过境税	

续表

序号	分类标准	分类内容	备注
2	按征收目的划分	财政关税（收入关税） 保护关税	（1）财政关税是以增加国家财政收入为主要目的而征收的关税 （2）财政关税的税率比保护关税低
3	按计征方式划分	从量关税 从价关税 混合关税 选择性关税 滑动关税（滑准税）	（1）选择性关税是对同一种货物在税则中规定从价、从量两种税率，在征税时选择其中被收税额较多的一种，以免因物价波动影响财政收入，也可以选择税额较少的一种标准计算关税 （2）滑动关税是指对某种货物在税则中预先按该商品的价格规定几档税率，同一种货物当价格高时适用较低税率，价格低时适用较高税率，目的是使该物品的价格在国内市场上保持相对稳定
4	按税率规定划分	自主关税（国定关税） 协定关税	协定关税有双边协定税率、多边协定税率和片面协定税率
5	按差别待遇和特定的实施情况划分	进口附加税 差价税（差额税） 特惠税（优惠税） 普遍优惠制税（普惠制税）	（1）进口附加税主要有反贴补税和反倾销税 （2）差价税是按国内价格与进口价格之间的差额征收的关税 （3）特惠税有的是互惠的，有的是非互惠的

> **重要提示**
>
> 保护关税主要是为了保护本国工农业生产而征收的关税。一国保护关税政策的主要内容是：对国内需要保护的商品使用保护关税；对非必需或奢侈品的进口，制定比保护关税更高的税率；对本国需要的商品制定较低的税率或免税，鼓励进口；对鼓励出口的商品免税；对不同国家的货物或物品的不同输入情况分别实行加重关税和优惠关税。

2. 关税的作用

关税是维护国家主权和发展对外经济往来的重要工具，其作用主要体现在以下几个方面：

（1）经济调节作用。由于关税税率的高低和关税的征免直接影响到进出口货物的成本，进而影响到商品的市场价格和销售数量，影响到企业的生产和经济效益，所以，国家往往通过关税来调节经济、调节市场，从而达到调控国民经济、保护与扶持民族工业、促进经济健康发展的目的。

（2）促进改革开放和对外贸易发展。鼓励国家经济建设必需物资和人民生活必需品的进口、鼓励引进外资、鼓励引进先进技术等系列关税优惠措施的制定，促进了改革开放的深入发展，同时也促进了对外贸易的繁荣。

（3）贯彻平等互利和对等原则。关税对同一种进口商品分别规定两栏税率，即普通税率和优惠税率。对购自同我国订有贸易互惠条约国家的货物,适用优惠税率;对购自与我国没有互惠条约国家的货物,适用普通税率。通过对两栏税率的运用,既取得了国际互惠,又贯彻了平等互利和对等原则。

(4) 增加政府财政收入。关税作为财政的重要来源,为社会主义现代化建设积累了大量资金。

案例 55

关税"杠杆"助力高质量发展和高水平开放

2021 年 12 月 15 日,国务院关税税则委员会公布关于 2022 年关税调整方案的通知。自 2022 年 1 月 1 日起,我国对 954 项进口商品实行进口暂定税率。其中,为减轻患者负担,不断提升人民健康福祉,对新型抗癌药氯化镭注射液实施零关税,降低颅内取栓支架、人造关节等部分医疗产品的进口关税;为满足人民美好生活需要,顺应消费升级趋势,降低部分消费品的进口关税,包括鲑鱼、鳕鱼等优质水产品,以及婴儿服装、洗碗机、滑雪用具等;为助力制造业优化升级,降低部分关键零部件和部分原材料的进口关税;降低国内短缺的黄铁矿、纯氯化钾等资源产品的进口关税。

(资料来源:中华人民共和国财政部网站,http://www.mof.gov.cn/zhengwuxinxi/caijingshidian/zgcjb/202204/t20220429_3807633.htm。)

案例分析 1. 请根据资料分析我国 2022 年关税调整有哪些作用。
2. 请查阅《国务院关税税则委员会关于 2022 年关税调整方案的通知》。

案例 55 分析解答

3. 我国的关税制度

(1) 课税对象。关税的课税对象是进出口国境或关境的货物或物品。货物是指贸易性进出口商品;物品包括入境旅客随身携带的行李和物品、个人邮递的物品、各种运输工具上的服务人员携带的自用物品、馈赠物品以及通过其他方式进入国境的个人物品。

(2) 纳税人。关税的纳税人分为两类:贸易性进出口货物的纳税人为进出口货物的收发货人或者他们的代理人;非贸易性物品的纳税人为入境物品的所有人(或持有人)和进口邮件的收件人。

(3) 关税税率。

① 进口关税设置最惠国税率、协定税率、特惠税率、普通税率、关税配额税率等税率。对进口货物在一定期限内可以实行暂定税率。

② 出口关税设置出口税率。适用出口税率的出口货物有暂定税率的,应当适用暂定税率。

(4) 计税方法。应税货物的适用税率和完税价格确定后,应纳税额的计算就比较简单了,其计算公式为:

$$应纳税额 = 进(出)口应税货物数量 \times 单位完税价格 \times 适用税率$$

重要提示

原产于共同适用最惠国待遇条款的世界贸易组织成员的进口货物,原产于与中华人民共和国签订含有相互给予最惠国待遇条款的双边贸易协定的国家或地区的进口货物,以及原产于中华人民共和国境内的进口货物,适用最惠国税率。

原产于与中华人民共和国签订含有关税优惠条款的区域性贸易协定的国家或地区的进口货物,适用协定税率。

原产于与中华人民共和国签订含有特殊关税优惠条款的贸易协定的国家或地区的进口货物,适用特惠税率。

原产于不属于上述所列国家或地区的进口货物,以及原产地不明的进口货物,适用普通税率。

适用最惠国税率的进口货物有暂定税率的,应当适用暂定税率;适用协定税率、特惠税率的进口货物有暂定税率的,应当从低适用税率;适用普通税率的进口货物,不适用暂定税率。

 知识链接

我国最早的关税与最早的海关

我国的关税起源于春秋时期,当时叫作"关市之征",就是国家规定货物通过边境的"关"和国内的"市",要进行检查和征收赋税。《周礼·天官》载:"关市之赋,以待王之膳服。"当时周代中央征收赋税,关市税是其中一种,直接归王室使用。虽然关税早在春秋时期就出现了,但我国最早的海关到清初才出现。康熙二十四年(1685),当时清政府刚刚解除海禁,为加强对外贸易管理,清政府在广东、福建、浙江、江苏4个贸易口岸设置了4个海关,以管理来往商船,负责征收赋税。其中以广东的海关最为重要。但由于西方殖民者多年来屡屡进行违法贸易,到乾隆二十二年(1757),清政府决定撤销其他口岸及海关,只设粤海关,使之成为100多年来中国唯一的海关,为中国海关制度奠定了基础。

二、所得税类

所得税是以纳税人的所得额为课税对象的税种的总称。这里的所得额是指单位和个人在一定时期内,通过各种方式从全社会的国民收入总额中分配到的收益额。因此,对所得的课税也可称为对收益额的课税。

 重要提示

根据我国所得税制规定,目前主要是对以下两种类型的所得征税:(1)企业所得,即企业的利润收入,其性质属于劳动者剩余劳动创造的剩余产品的价值的一部分;(2)个人劳务报酬所得,它属于活劳动创造的价值部分。

（一）企业所得税

企业所得税是对我国境内企业的生产、经营和其他所得（包括来源于我国境内外的所得）征收的一种税。

1. 课税对象

企业所得税的课税对象是企业生产、经营所得和其他所得。具体包括居民企业应当就其来源于中国境内、境外的所得缴纳企业所得税；非居民企业在中国境内设立机构、场所的，应当就其所设机构、场所取得的来源于中国境内的所得，以及发生在中国境外但与其所设机构、场所有实际联系的所得缴纳企业所得税；非居民企业在中国境内未设立机构、场所的，或者虽设立机构、场所但取得的所得与其所设机构、场所没有实际联系的，应当就其来源于中国境内的所得缴纳企业所得税。

2. 纳税人

在中华人民共和国境内，企业和其他取得收入的组织（以下统称企业）为企业所得税的纳税人，具体包括居民企业和非居民企业。居民企业，是指依法在中国境内成立，或者依照外国（地区）法律成立但实际管理机构在中国境内的企业；非居民企业，是指依照外国（地区）法律成立且实际管理机构不在中国境内，但在中国境内设立机构、场所的，或者在中国境内未设立机构、场所，但有来源于中国境内所得的企业。

3. 计税依据和税率

企业所得税的计税依据是应纳税所得额，即纳税人每一纳税年度的收入总额减去准予扣除项目后的余额，即

应纳税所得额 = 收入总额 − 成本、费用和损失 ± 税收调整项目金额

纳税人的收入总额包括生产经营收入、财产转让收入、利息收入、租赁收入、特许权使用费收入、股息收入和其他收入，准予扣除的项目是指与纳税人取得收入有关的成本、费用和损失。

企业所得税统一采用25%的比例税率。非居民企业在中国境内未设立机构、场所的，或者虽设立机构、场所但取得的所得与其所设机构、场所没有实际联系的，其来源于中国境内的所得，适用税率为20%，实际执行的税率为10%。具体执行税率如表5-11所示。

表5-11 我国现行企业所得税税率

种类	税率	适用范围
基本税率	25%	适用于居民企业
		中国境内设有机构、场所且所得与机构、场所有关联的非居民企业
两档优惠税率	减按20%	符合条件的小型微利企业
	减按15%	国家重点扶持的高新技术企业
预提所得税税率（扣缴义务人代扣代缴）	20%（实际征税时适用10%税率）	适用于在中国境内未设立机构、场所，或者虽设立机构、场所但取得的所得与其所设机构、场所没有实际联系的非居民企业

案例 56

小型微利企业的企业所得税优惠

《财政部 税务总局关于进一步实施小微企业所得税优惠政策的公告》(财政部 税务总局公告 2022 年第 13 号)中规定了我国对小型微利企业的企业所得税优惠,如图 5-8 所示。

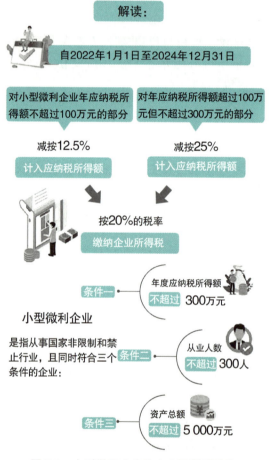

图 5-8　小型微利企业的企业所得税优惠

(资料来源：国家税务总局湖北省税务局网站，http://hubei.chinatax.gov.cn/hbsw/zcwj/tjss/1256580.htm。)

案例分析

1. 假定某小微企业 2022 年应纳税所得额为 2 250 000 元,请计算该企业 2022 年应交所得税为多少、该年度享有的所得税税收优惠是多少。
2. 请查一查此项小型微利企业所得税优惠政策的社会经济背景。

案例 56 分析解答

（二）个人所得税

个人所得税是对本国居民的境内外所得和非本国居民来源于本国的个人所得征收的一种税。个人所得税在调节收入分配、体现社会公平、组织财政收入、培养和增强公民的纳税意识等方面具有十分重要的作用。我国个人所得税逐年扩大，根据财政部数据，2021年中国个税收入占税收总收入比重约为8.1%，是我国最有发展前途的税种之一。

1. 纳税人

（1）居民纳税人。在中国境内有住所，或者无住所而一个纳税年度内在中国境内居住累计满183天的个人，为居民个人。居民个人从中国境内和境外取得的所得，缴纳个人所得税。

（2）非居民纳税人。在中国境内无住所又不居住，或者无住所而一个纳税年度内在中国境内居住累计不满183天的个人，为非居民个人。非居民个人从中国境内取得的所得，缴纳个人所得税。

2. 征税对象

纳税人取得下列各项个人所得，应当缴纳个人所得税：① 工资、薪金所得；② 劳务报酬所得；③ 稿酬所得；④ 特许权使用费所得；⑤ 经营所得；⑥ 利息、股息、红利所得；⑦ 财产租赁所得；⑧ 财产转让所得；⑨ 偶然所得。

居民个人取得第①项至第④项所得，称为综合所得，按纳税年度合并计算个人所得税；非居民个人取得第①项至第④项所得，按月或者按次分项计算个人所得税。纳税人取得前款第⑤项至第⑨项所得，分别计算个人所得税。

3. 税率

（1）综合所得，适用3%～45%的超额累进税率。

（2）经营所得，适用5%～35%的超额累进税率。

（3）利息、股息、红利所得，财产租赁所得，财产转让所得和偶然所得，适用比例税率，税率为20%。

即学即思 请上网查阅现行的个人所得税超额累进税率表。

4. 应纳税所得额的计算

（1）居民个人的综合所得，以每一纳税年度的收入额减除费用6万元以及专项扣除、专项附加扣除和依法确定的其他扣除后的余额，为应纳税所得额。

（2）非居民个人的工资、薪金所得，以每月收入额减除费用5 000元后的余额为应纳税所得额；劳务报酬所得、稿酬所得、特许权使用费所得，以每次收入额为应纳税所得额。

（3）经营所得，以每一纳税年度的收入总额减除成本、费用以及损失后的余额，为应纳税所得额。

（4）财产租赁所得，每次收入不超过4 000元的，减除费用800元；4 000元以上的，减除20%的费用，其余额为应纳税所得额。

（5）财产转让所得，以转让财产的收入额减除财产原值和合理费用后的余额，为应纳税所得额。

（6）利息、股息、红利所得和偶然所得，以每次收入额为应纳税所得额。

(7) 劳务报酬所得、稿酬所得、特许权使用费所得以收入减除20%的费用后的余额为收入额。稿酬所得的收入额减按70%计算。

5. 专项扣除与专项附加扣除

(1) 专项扣除，包括居民个人按照国家规定的范围和标准缴纳的基本养老保险、基本医疗保险、失业保险等社会保险费和住房公积金等。

(2) 专项附加扣除，包括子女教育、继续教育、大病医疗、住房贷款利息或者住房租金、赡养老人等支出等。

6. 纳税计算与申报

(1) 居民个人取得综合所得，按年计算个人所得税；有扣缴义务人的，由扣缴义务人按月或者按次预扣预缴税款；需要办理汇算清缴的，应当在取得所得的次年3月1日至6月30日内办理汇算清缴。

(2) 非居民个人取得工资、薪金所得，劳务报酬所得，稿酬所得和特许权使用费所得，有扣缴义务人的，由扣缴义务人按月或者按次代扣代缴税款，不办理汇算清缴。

(3) 纳税人取得经营所得，按年计算个人所得税，由纳税人在月度或者季度终了后15日内向税务机关报送纳税申报表，并预缴税款；在取得所得的次年3月31日前办理汇算清缴。

(4) 纳税人取得利息、股息、红利所得，财产租赁所得，财产转让所得和偶然所得，按月或者按次计算个人所得税，有扣缴义务人的，由扣缴义务人按月或者按次代扣代缴税款。

有下列情形之一的，纳税人应当依法办理纳税申报：① 取得综合所得需要办理汇算清缴；② 取得应税所得，没有扣缴义务人；③ 取得应税所得，扣缴义务人未扣缴税款；④ 取得境外所得；⑤ 因移居境外注销中国户籍；⑥ 非居民个人在中国境内从两处以上取得工资、薪金所得；⑦ 国务院规定的其他情形。

案例57

假定张老师2021年度每月计税工资16 700元，年终一次性奖励绩效工资25 600元。单位代扣预缴所得税款6 460元。按照税法规定专项扣除每月3 600元，专项附加扣除子女抚养费每月1 000元、赡养老人每月1 000元。2022年4月张老师办理综合所得汇算清缴。

案例分析 1. 请根据表5-5计算张老师本年度应缴纳的个人所得税。

2. 张老师2021年度汇算清缴时，应该办理补税还是退税申请？

案例57 分析解答

三、资源税类

我国现行对资源征收的税种所界定的资源，是指土地、矿藏、水利、森林等目前人类正在进行开发利用的各种自然财富，即自然存在的劳动对象。

（一）资源税的种类

对资源课税按其课税目的和意义的不同，可分为级差资源税和一般资源税两种。

1. 级差资源税

级差资源税是政府对开发和利用自然资源的单位和个人，由于资源条件的差别所取得的级差收入而征收的一种税。

2. 一般资源税

一般资源税就是政府针对国有资源，如我国宪法规定的城市土地、矿藏、水流、森林、山岭、草原、荒地、滩涂等，根据政府的需要，对使用某种自然资源的单位和个人，就其取得应税资源的使用权而征收的一种税。

目前，我国对资源征税的税种主要有资源税、城镇土地使用税等。

（二）资源税

资源税是对在中华人民共和国领域和中华人民共和国管辖的其他海域开发应税资源的单位和个人所征收的一种税。

1. 征税范围和纳税人

《中华人民共和国资源税法》所附《资源税税目税率表》列明目前我国资源税的征税范围包括能源矿产（原油、天然气、煤炭、地热等）、金属矿产、非金属矿产、水气矿产和盐五大类。

即学即思 请到国家税务总局网站查阅《中华人民共和国资源税法》所附《资源税税目税率表》。根据《资源税税目税率表》，请说明哪些资源是从价计征，哪些资源是从量计征，哪些资源采用比例税率，哪些资源采用定额税率。

资源税的纳税人是指从事应纳资源税产品开采的所有单位和个人。

2. 计税依据

资源税按照《资源税税目税率表》实行从价计征或者从量计征。

实行从价计征的，应纳税额按照应税资源产品的销售额乘以具体适用税率计算。实行从量计征的，应纳税额按照应税产品的销售数量乘以具体适用税率计算。

3. 税率

资源税税率按照《资源税税目税率表》实行比例税率。在此基础上，对部分税目（如原油、天然气、中重稀土等）实行固定比例税率；对其他部分税目实行幅度比例税率。

实行幅度比例税率的，其具体适用税率由省、自治区、直辖市人民政府统筹考虑该应税资源的品位、开采条件以及对生态环境的影响等情况，在《资源税税目税率表》规定的税率幅度内提出，报同级人民代表大会常务委员会决定，并报全国人民代表大会常务委员会和国务院备案。

（三）城镇土地使用税

城镇土地使用税是以开征范围的土地为征税对象，以实际占用的土地面积为计税标准，按规定税额对拥有土地使用权的单位和个人征收的一种资源税。其主要作用是合理利用城镇土地,调节土地级差收入,提高土地使用效益,加强土地管理。

现行《中华人民共和国城镇土地使用税暂行条例》(2019年3月2日第四次修订)规定：在城市、县城、建制镇、工矿区范围内使用土地的单位和个人,为城镇土地使用税的纳税义务人。

城镇土地使用税以实际占用的土地面积为计税依据。城镇土地使用税采用定额税率,即采用有幅度的差别税额。

即学即思 请上网查一查目前城镇土地使用税有幅度的差别定额税率是多少。请分析为什么要采用有差别的定额税率。

四、财产税类

财产税是以纳税人拥有或支配的财产为课税对象的税种的总称。目前我国财产税主要设有以下两个税种。

(一)房产税

房产税是以房屋为征税对象,按房屋的计税余值或租金收入为计税依据,向产权所有人征收的一种财产税。

房产税的纳税人为房屋产权所有人或承典人,征收范围限于城镇的经营性房屋。房产税征收标准有从价或从租两种情况,计税依据为房产余值和房租收入,房产余值为房产原值一次性削减10%~30%后的余值,出租房产以其租金作为计税依据。税率有两种：依照房产余值计算缴纳的,税率为1.2%；依照房产租金收入计算缴纳的,税率为12%。

(二)车船税

车船税是以车船为课征对象,向车辆、船舶(以下简称车船)的所有人或者管理人征收的一种税。车船税的纳税人是在我国境内拥有并且使用车船的单位和个人。车船税采用从量计征的定额税率,分别按车船的种类、大小、使用性质制定不同的税额,对车辆规定的是有幅度的税额,对船舶统一规定分类分级固定税额。现行乘用车车船税率见表5-12。

表5-12 现行乘用车车船税税率表

排量	基准税额
1.0升(含)以下	60元至360元
1.1升以上至1.6升(含)	300元至540元
1.6升以上至2.1升(含)	360元至660元
2.0升以上至2.5升(含)	660元至1 200元
2.5升以上至3.0升(含)	1 200元至2 400元
3.0升以上至4.0升(含)	2 400元至3 600元
4.0升以上	3 600元至5 400元

即学即思 从乘用车车船税税率表中可以看出,排量越大的车,缴纳税额越多,请分析车船税的主要作用有哪些。

五、行为税类

行为税是以纳税人的特定行为作为征税对象的税系。我国行为税的主要税种有:印花税、契税、车辆购置税、环境保护税等。

(一)印花税

在中华人民共和国境内书立应税凭证、进行证券交易的单位和个人,为印花税的纳税人,应当依照本法规定缴纳印花税。

印花税的课税对象为《印花税税目税率表》列明的合同、产权转移书据、营业账簿,以及转让在依法设立的证券交易所、国务院批准的其他全国性证券交易场所交易的股票和以股票为基础的存托凭证。

印花税的计税依据如下:① 应税合同的计税依据为合同所列的金额,不包括列明的增值税税款;② 应税产权转移书据的计税依据为产权转移书据所列的金额,不包括列明的增值税税款;③ 应税营业账簿的计税依据为账簿记载的实收资本(股本)、资本公积合计金额;④ 证券交易的计税依据为成交金额。

印花税的应纳税额按照计税依据乘以适用税率计算,税率根据不同税目采用不同比例税率。

即学即思 请登录国家税务总局网站查阅《中华人民共和国印花税法》及所附《印花税税目税率表》。

知识链接

印花税起源趣谈

公元1624年,荷兰政府发生经济危机,财政困难。当时执掌政权的统治者摩里斯(Maurs)为了解决财政上的需要,拟提出要用增加税收的办法来解决支出的困难,但又怕人民反对,便要求政府的大臣们出谋献策。众大臣议来议去,就是想不出两全其美的妙法来。于是,荷兰的统治阶级就采用公开招标办法,以重赏来寻求新税设计方案,谋求敛财之妙策。印花税就是从千万个应征者设计的方案中精选出来的"杰作"。可见,印花税的产生较之于其他税种,更具有传奇色彩。印花税的设计者可谓独具匠心。他观察到人们在日常生活中使用契约、借贷凭证之类的单据很多,源源不断,所以,一旦征税,税源将很大;而且,人们还有一个心理,认为凭证单据上由政府盖个印,就成为合法凭证,在诉讼时可以有法律保障,因而对缴纳印花税也乐于接受。正是这样,印花税被资产阶级经济学家誉为税负轻微、税源畅旺、手续简便、成本低廉的"良税"。从1624年世界上第一次在荷兰出现印花税后,由于印花税"取微用宏",简便易行,欧美各国竞相效法。丹麦在1660年、法国在1665年、美国在1671年、奥地利在1686年、英国在1694年先后开征了印花税。它在不长的时间内,就成为世界上普遍采用的一个税种，在国际上盛行。

（二）契税

在中华人民共和国境内转移土地、房屋权属，承受的单位和个人为契税的纳税人，应当依照《中华人民共和国契税法》规定缴纳契税。

应缴税范围：土地使用权出让和转让，包括出售、赠与、互换；房屋买卖、赠与、互换。契税实行3%～5%的幅度税率。省、自治区、直辖市可以依照法律规定的程序对不同主体、不同地区、不同类型的住房的权属转移确定差别税率。

即学即思 上网查一查，购买自住商品房需要缴纳哪些税。

（三）车辆购置税

根据《中华人民共和国车辆购置税法》，在中华人民共和国境内购置汽车、有轨电车、汽车挂车、排气量超过150毫升的摩托车（以下统称应税车辆）的单位和个人，为车辆购置税的纳税人，应当依照本法规定缴纳车辆购置税。

车辆购置税实行一次性征收，税率为10%。应纳税额按照应税车辆的计税价格乘以税率计算。

即学即思 请登录国家税务总局网站查阅《中华人民共和国车辆购置税法》。

（四）环境保护税

环境保护税的主要作用是保护和改善环境，减少污染物排放，推进生态文明建设。

在中华人民共和国领域和中华人民共和国管辖的其他海域，直接向环境排放应税污染物的企业事业单位和其他生产经营者为环境保护税的纳税人，应当依照《中华人民共和国环境保护税法》规定缴纳环境保护税。

其征税对象是列举的应税污染物，即《中华人民共和国环境保护税法》所附《环境保护税税目税额表》和《应税污染物和当量值表》规定的大气污染物、水污染物、固体废物和噪声。

即学即思 请登录国家税务总局网站查阅《中华人民共和国环境保护税法》及所附《环境保护税税目税额表》。

案例58

绿水青山就是金山银山

《"十四五"生态环境保护规划》面向美丽中国远景建设目标提出了环境治理、应对气候变化、环境风险防控、生态保护4个方面的目标指标。"十四五"生态环境保护开局良好。2021年国民经济和社会发展计划确定的生态环境领域8项约束性指标顺利完成。2021年全国地级及以上城市空气质量优良天数比率为87.5%，同比上升0.5个百分点；细颗粒物

（$PM_{2.5}$）浓度为30微克/立方米，同比下降9.1%；地表水Ⅰ—Ⅲ类水质断面比例为84.9%，同比上升1.5个百分点；单位国内生产总值二氧化碳排放降低指标预计达到"十四五"序时进度要求；氮氧化物、挥发性有机物、化学需氧量、氨氮等4项主要污染物总量减排指标预计完成年度目标。

（资料来源：中华人民共和国中央人民政府网站，https：//www.gov.cn/xinwen/2022-02/24/content_5675312.htm。）

案例分析 1. 请分析环境保护税在推动建设美丽中国的重要作用。
2. 请查阅党的二十大对建设美丽中国、加强生态环境保护方面的布局安排。

案例58分析解答

六、特定目的税类

特定目的税是国家为了达到特定的目的，对特定对象和行为发挥调节作用而征收的税种，目前在我国主要有城市维护建设税、土地增值税、耕地占用税等。

（一）城市建设维护税

城市维护建设税（简称"城建税"）是我国为了加强城市的维护建设，扩大和稳定城市维护建设资金的来源，对在中华人民共和国境内缴纳增值税、消费税的单位和个人所征收的一种税，以纳税人依法实际缴纳的增值税、消费税税额为计税依据。

城市维护建设税税率是差别比例税率：纳税人所在地在市区的，税率为7%；纳税人所在地在县城、镇的，税率为5%；纳税人所在地不在市区、县城或者镇的，税率为1%。

城市维护建设税的纳税义务发生时间与增值税、消费税的纳税义务发生时间一致，分别与增值税、消费税同时缴纳。

即学即思 请登录国家税务总局网站查阅《中华人民共和国城市维护建设税法》的具体条款。

（二）土地增值税

土地增值税是对转让国有土地使用权、地上的建筑物及其附着物并取得收入的单位和个人所征收的一种税。其特定目的是规范土地、房地产市场交易秩序，合理调节土地增值收益，维护国家权益。其主要作用是增强国家对房地产开发商和房地产交易市场的调控，抑制炒买炒卖土地获取暴利的行为；增加国家财政收入，为经济建设积累资金。

即学即思 如何理解"坚持房子是用来住的，不是用来炒的"这一房地产市场宏观调控的定位？

（三）耕地占用税

耕地占用税是对占用耕地建房或者从事其他非农业建设的单位和个人进行征收的一种

税。其特定目的是合理利用土地资源,加强土地管理,保护农用耕地。其作用主要表现在:利用经济手段限制乱占滥用耕地,促进农业生产的稳定发展;补偿占用耕地所造成的农业生产力的损失;为大规模的农业综合开发提供必要的资金来源。

> **重要提示**
>
> 守住耕地红线才能端牢饭碗。耕地红线,是指经常进行耕种的土地面积最低值。2006年,我国"十一五"规划纲要中首次提出18亿亩耕地是一个具有法律效力的约束性指标,是不可逾越的一道红线。2022年3月6日,习近平总书记强调:要采取"长牙齿"的硬措施,全面压实各级地方党委和政府耕地保护责任,中央要和各地签订耕地保护"军令状",严格考核、终身追责,确保18亿亩耕地实至名归。

认知4 国际税收

案例59

徐工机械跻身全球工程机械前三,冲击"产业珠峰"

徐工集团工程机械股份有限公司(简称"徐工机械")日前发布的2021年度报告显示,公司在2021年营业收入同比增长14.01%,归母净利润同比增长50.57%,经营活动产生的现金流量净额高达80.73亿元,较2020年增长189.43%,创下历史最好成绩。财务数据显示,2021年,徐工机械海外营业收入达129.40亿元,创历史新高,较2020年增长111.81%,占营业收入比重从2020年的8.26%提升至15.35%。2021年出口收入同比翻倍,其中,重点区域亚太区同比增长50.8%,中亚区同比增长129.8%,非洲区同比增长93.1%,欧美高端市场取得重大突破。

(资料来源:中国经营报百家号,https://baijiahao.baidu.com/s?id=1730847045051662484&wfr=spider&for=pc。)

案例分析 1. 从资料分析,徐工机械产品出口亚太区、中亚区、非洲区、欧美等,这些进口区域的国家是否对其营业收入征收相应税收?
2. 我国对徐工机械产品出口收入是否征收相应税收?

案例59 分析解答

一、国际税收的概念

国际税收是指两个或两个以上的国家政府凭借其政治权力,对跨国纳税人的跨国所得或财产进行重叠交叉课税,以及由此所形成的国家之间的税收分配关系。

重要提示

跨国纳税人指超越一国的管辖范围,受两个或两个以上国家管辖,按两个或两个以上国家的税法规定履行纳税义务的自然人或法人。从事国际经济活动的纳税人,同时取得来源于两个或两个以上国家的收入,或虽然只有来源于一个国家的收入,但是在两个或两个以上国家同时负纳税义务,就成为跨国纳税人。跨国纳税人包括跨国自然人和跨国法人。跨国纳税人履行的纳税义务必然在国家之间发生交叉重叠,引起不同国家对同一笔收入共同课征,形成国家之间的税收权益的分配。

二、国际税收的基本特征

(一) 国际税收是一种税收活动

国际税收不能脱离国家而独立存在,如果没有各个国家对其管辖范围内的纳税者的课征,就不会产生国际税收活动。所以,以国家为一方、跨国纳税人为另一方的税收征纳行为,构成了国际税收的基本内容。

(二) 国际税收是一种特定的税收分配关系

这是指对同一课税对象,至少两个国家都有征税权。只有这一类征税行为,才涉及至少两个国家的财权利益,才属于国际税收的特定内容。

(三) 国际税收是国家与国家之间的税收分配关系

国际税收是一种发生在国家之间的税收往来活动,处理国家与国家之间的税收利益。作为国家税收关系,国际税收既无特定的税种、税率,也无具体的课税对象和纳税人,所以它既不是一种具体的税收制度,也不是一个独立的税种。

国家税收与国际税收的关系如图 5-9 所示。

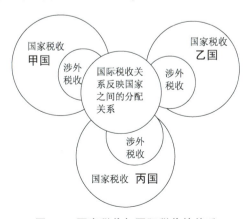

图 5-9 国家税收与国际税收的关系

（四）国际税收不属于超越国家之上的法律范畴

从法的角度来说，国际上并不存在一种对一切国家具有法律强制力的国际税法。国家在税收方面行使税收管辖权而制定的税法，是国家意志的体现。这种国家意志只能施行于本国管辖范围内，不能强加于别国政府。对于两国或多国为了处理或协调税收分配关系，经过谈判和协商所达成的协定，虽然在经过多方各自完成法律程序后，对各方都具有约束力，但不能认为这种协定是超越国家之上的法律。

编制《"走出去"税收指引》，助力"一带一路"

以"一带一路"建设为重点，我国纳税人"走出去"步伐明显加快，对外投资规模和质量日益提升。为此，国家税务总局国际税务司对"走出去"纳税人相关的税收政策及110个税收协定（安排、协议）进行归纳整理，总结共性涉税问题，编制了《"走出去"税收指引》（2021年修订版）。该指引共分四章，从税收政策、税收协定、管理规定及服务举措4个方面，按照适用主体、政策（协定）规定、适用条件、政策依据详细列举了"走出去"纳税人涉及的99个事项。

截至2020年4月底，我国已对外正式签署3个多边税收条约、107个避免双重征税协定，其中101个协定已生效。和香港、澳门两个特别行政区签署了税收安排，与台湾地区签署了税收协议。覆盖范围较为广泛，既覆盖了对我国内地投资比较多的国家和地区，也包括了目前我国内地对外投资比较多的国家和地区。

（资料来源：国家税务总局网站，http：//www.chinatax.gov.cn/chinatax/n810219/n810744/n1671176/n2884609/c5170765/content.html。）

 案例分析
1. 通过资料分析多边税收和避免双重征税协定可以解决什么问题。
2. 登录国家税务总局官网查阅我国已签订税收协定一览表，阅读某一税收协定的具体内容。

案例60分析解答

二、税收管辖权与国际重复征税

税收管辖权是国际税收的基本范畴。国际税收上的许多问题，尤其是国际重复征税问题，直接或间接地都与税收管辖权有关。

（一）税收管辖权

税收管辖权，是国家在税法领域中的主权，是一国政府在征税方面所行使的管理权力及其范围。

> **重要提示**
> 作为国家主权基本属性之一的管辖权，一般包括领土管辖权、国籍管辖权、税收管辖权等主要内容。因此税收管辖权是国家管辖权不可缺少的内容。

税收管辖权具有独立性和排他性,它意味着一个国家在税收方面行使权力的完全自主性,在处理本国税收事务时不受外来干涉。因此,税收管辖权是国家主权的有机组成部分,受到国家政治权力所能达到范围的制约。一个主权国家的政治权力所能达到的范围包括两个方面,其一是本国疆域,其二是本国公民或居民,从而形成行使税收管辖权的两个基本原则,即属地原则和属人原则。据此确立的税收管辖权,可划分为以下三种类型:

1. 地域管辖权

地域管辖权,又称收入来源地管辖权,即国家对来源于该国境内的全部所得以及存在于本国领土范围内的财产行使征税权力,而不考虑取得所得收入者和财产所有者是否为该国的居民或公民。

2. 居民管辖权

居民管辖权,也称居住管辖权,即国家对该国居民(包括自然人和法人)来自世界范围的所得和财产行使征税权力,而不考虑该纳税居民的所得来源于国内还是国外。

3. 公民或国籍管辖权

公民或国籍管辖权,即国家对具有本国国籍的公民在世界范围的全部所得和财产行使征税权力,而不考虑该公民是否为本国居民。

> **重要提示**
>
> 我国是选择双重管辖权的国家。以个人所得税为例,《中华人民共和国个人所得税法》第一条规定:在中国境内有住所,或者无住所而一个纳税年度内在中国境内居住满183天的个人,从中国境内和境外取得的所得,需要按中国税法规定纳税;在中国境内无住所又不居住,或者无住所而一个纳税年度内在中国境内居住不满183天的个人,从中国境内取得的所得,必须按照中国税法的规定纳税。

(二)国际重复征税

1. 国际重复征税产生的原因

国际重复征税指两个或两个以上的国家,各自依据自己的税收管辖权,就同一税种,对同一或不同跨国纳税人的同一征税对象,在同一纳税期限内同时征税。

国际重复征税产生的基本原因在于国家间税收管辖权的冲突。具体表现在以下几个方面。

第一,不同国家同时行使居民税收管辖权和收入来源地税收管辖权所产生的国际重复征税。

第二,居民身份确认标准的不同产生的国际重复征税。有关国家确定纳税人居民身份遵循不同的标准,致使一个纳税人在两个国家甚至两个以上国家同时被认为是本国居民纳税人并承担无限纳税义务。

第三,收入来源地确认标准不同产生的国际重复征税。在行使收入来源地税收管辖权过程中,不同的国家对收入来源有不同的判断标准,这也会造成国际重复征税。

2. 国际重复征税消除办法

导致国际重复征税的根源是国家间税收管辖权的冲突,消除国际重复征税就是要从根本上避免这一冲突。对居民税收管辖权和收入来源地税收管辖权冲突引起的国际重复征税,基本的免除办法有免税法、抵免法、扣除法。

（1）免税法。该办法就是对本国居民来源于境外并已向来源国纳税的所得和位于国外的财产免于征税。

（2）抵免法。这是目前国际上比较通行的避免国际重复征税办法。抵免法又称外国税收抵免。居住国根据居民纳税人来源于国内外的全部所得计算应纳税额，但允许将纳税人已在收入来源国缴纳的税款从应纳税额中抵免。其基本计算公式为：

$$应纳居住国税额 = (全球所得 \times 居住国税率) - 允许抵免额$$

税收抵免一般采用限额抵免法，即抵免额不得超过国外所得额按本国税法规定税率计算的应纳税额。

（3）扣除法。除免税法和抵免法以外，有的国家也用扣除法来减轻国际重复征税的程度。扣除法是居住国把纳税人就境外所得向来源国缴纳的税款视同费用，允许从国内外应税所得额中扣除，就其余额适用相应的税率计算应纳税额。对纳税人而言，就扣除后所得征税形成的税收负担，轻于重复征税的税收负担，重于重复征税完全免除的税收负担，它只是减轻重复征税，没有从根本上解决问题，因此实行扣除法的国家为数极少。

扣除法的基本计算公式为：

$$居住国应征税额 = (全球所得 - 已纳外国税额) \times 居住国税率$$

3. 税收饶让抵免

税收饶让抵免，是指居住国政府对本国跨国纳税人在非居住国获得的所得税减免等优惠，视同其在国外已纳税，允许在本国纳税义务中抵免。

三、国际税收协定

（一）国际税收协定的概念及其分类

所谓国际税收协定，是指两个或两个以上的主权国家，为了协调相互间的税收分配关系和处理税务方面的问题，通过谈判所签订的书面协议。

国际税收协定是缔约国之间进行国际税收合作的法律文件，也是调节它们之间税收分配关系的规范。按税收协定涉及的主体划分，国际税收协定可分为双边协定和多边协定。前者是在两个国家之间缔结的；后者则是在两个以上国家之间缔结的。按照税收协定涉及的内容范围划分，国际税收协定又可分为一般税收协定和特定税收协定。前者是指广泛涉及缔约国之间各种税收关系的协定，主要包括有关各种所得税和财产税的国际税收问题；后者是指缔约国之间对某一特定税种和某一单项税收问题所签订的协定。

RCEP、TPP 和 CPTPP

RCEP，即区域全面经济伙伴关系协定，诞生于 2012 年 11 月在第 21 届东盟峰会上正式启动的 RCEP 谈判。截至签署时，涉及东南亚国家联盟（ASEAN）集团所有的 10 个国家（印度尼西亚、马来西亚、菲律宾、泰国、新加坡、文莱、柬埔寨、老挝、缅甸、越南）以及其 5 个重要贸易伙伴（中国、日本、韩国、新西兰、澳大利亚），涵盖东南亚、环太平洋地区的重要经济体。RCEP 是目前全球最大、最具潜力的区域自贸协定,涵盖全球 29.7% 的人口、28.9% 的国内生产总值(GDP),同时还覆盖全球最有增长潜力的两个大市场,一个是 14 亿人口的中国市场,另一个是 6 亿多人口的东盟市场。

跨太平洋伙伴关系协定/全面与进步跨太平洋伙伴关系协定(TPP/CPTPP),由亚太经济合作组织成员国中的新西兰、新加坡、智利和文莱四国发起,从 2002 年开始酝酿。2009 年,时任美国总统奥巴马宣布美国将参与 TPP 谈判。直至 2017 年,时任美国总统特朗普宣布,美国退出 TPP。TPP 成员国数量下降至 11 个。2017 年底,日本接替退出 TPP 的美国,成为 TPP 的主导国,并将 TPP 更名为 CPTPP。

(资料来源:中央广播电视总台央视新闻百家号, https:∥baijiahao.baidu.com/s?id＝1683418431380112281&wfr＝spider&for＝pc。)

案例分析 1. 请上网查一查,RCEP 与 CPTPP 两者的功能有何区别。
2. 请关注我国参与 RCEP 和 CPTPP 谈判的进展,描述其现况。

案例 61 分析解答

(二)国际税收协定的主要内容

一般来说,国际税收协定应包括三项内容:第一,免除双重征税问题,包括明确所得概念、协调缔约国之间的税收管辖权、确定免除双重征税的方法等;第二,保证税收无差别待遇,主要是确认缔约国一方的跨国纳税人在另一国所负担的税收和有关条件不能与本国纳税人在相同情况下的税负和有关条件有所差别;第三,消除和减少国际逃税。

 知识链接

缔结国际税收协定参照范本

1977 年,经济合作与发展组织为了协调本组织内部的税收管辖权,以避免国际重复征税等问题,通过并颁布了《关于对所得和资本避免双重征税的协定范本》(简称《经合组织范本》)。随后,为了协调发达国家与发展中国家之间避免国际双重征税事务,由联合国组织,并由发达国家和发展中国家税务专家组成"国际税收专家小组",于 1979 年制定、颁布了《联合国关于发达国家和发展中国家间双重征税的协定范本》(简称《联合国范本》)。这两个范本确定了国际税收协定的基本格式和内容。目前世界各国在缔结国际税收协定时,主要是参照这两个范本。

扫码看视频 5

单元六

金融活动

学习目标

认知金融的基本内涵;理解和掌握信用的主要形式、利率的主要种类、决定和影响利率的主要因素;了解我国现行货币制度、利率制度、金融机构组成体系;通过案例资料分析,养成中国特色社会主义制度下的金融价值观;具备初步观察和分析国家金融经济实践活动的专业能力。

 关键问题

1. 金融由哪些要素构成?
2. 我国的金融机构体系及其性质是什么?中央银行和商业银行的职能与主要业务分别是什么?
3. 利息率的本质是什么?有哪些影响因素?
4. 货币的职能有哪些?我国现行货币制度的内容是什么?
5. 案例资料中体现哪些正确的金融理念?

 案例62

一百元的神奇效果

某年某月某地的一个小镇。

天色渐沉。天空中飘着雨,镇里的人都躲在家里闭门不出,街上连一个人影也没有,寂寞无生机。

一个背包客徒步来到镇上,走进了镇里唯一的一家旅店,从兜里掏出一张百元钞票放在柜台上,让店小二开房,然后就独自上二楼去看房间的设施和条件。

那当口,店小二把百元钞票握在手心里,跑到隔壁开肉铺的老张家去还钱。

刚吃完晚饭的老张收到店小二还回来的肉款后,不顾天下着雨,三步并作两步地跑到镇西头的养猪场,把欠养猪场祝家老大的钱还给了他。

祝家老大接到还款后大喜过望,他欠饲料公司的钱,对方已经来催要过多次,再不还钱,卖饲料的李老板就要停止供货了。那样的话，不只是养猪场剩下的几头猪，连同他自己都可能会被饿死。

卖饲料的李老板收到祝家老大还回来的100元后，迟疑了片刻：这年头做什么生意都不容易，他还欠卡车司机王师傅的劳务费100元，正好卡车司机王师傅在门口。

卡车司机王师傅收到卖饲料的李老板送来的100元现钞后，马上跑到马路对面的旅店，把钱还给了旅店的店小二。昨晚家里来了朋友住了旅店，打张欠条就跑了，想来真是气人！

旅店的店小二收到卡车司机王师傅送来的100元后，心里悬着的一块石头落了地：谢天谢地！万一楼上那位正在看房的背包客不看好旅店的房间，今晚不住在这里，那麻烦就大了……

那当口，背包客一边嘟嘟囔囔地发着牢骚，一边踱步走下楼来，对店小二说："你的房间没有热水，也没有空调，蚊子满屋飞，没法住……"于是，要回了押在前台的100元钞票，对着灯仔细地验证真伪后，推门而去……

案例分析 背包客的一张100元钞票在镇子里"游走"一圈后，镇子里一连串人之间的债务链就神奇地消失了，这是为什么？100元钞票起到了什么作用？

案例62 分析解答

认知 1　金融与金融活动

一、金融的概念

重要提示

在生活中人们经常碰到金融问题。对于家庭和个人而言，可从不同的来源取得货币收入，诸如工资、奖金、退休金、救济金等，而人们的衣、食、住、行都需要用货币去购买；对于企业而言，无论是生产企业还是提供各种服务的商业企业，它的运转无不同时伴随着货币的收支；学校、部队、社会团体等工作的展开也离不开货币的收支；不只是在国内到处有货币收支，在对外的经济、政治、文化、体育及个人交往中也无处不发生货币收支，这些就涉及货币及其流通。企业单位、家庭和个人的货币收支有时收大于支，有时支大于收，结余的可借出，不足的可借入，借出的可获利息收入，借入的要支付利息，这就产生了债权和债务，也就形成了信用。这些活动必须要有机构来组织，这就有了银行、信用社等金融机构。可以说，人人都与金融结下不解之缘。

概括地说，金融就是货币资金的融通，"金"指资金，"融"指融通。金融的本质是价值流通，指货币的发行、流通和回笼，贷款的发放和收回，存款的存入和提取，汇兑的往来等经济活动。

具体来说，凡是货币与货币资金的借贷、票据的买卖、债券和股票等证券的发行与转让、外汇的买卖等，都属于金融范畴。

1. 请列举与你或你的家庭有关的金融现象,如钞票、银行卡等。

2. 上网查一查车贷、房贷是怎么进行的。

二、金融构成要素

金融融通的主要对象是货币和货币资金,融通的方式是有借有还的信用方式,而组织这种融通的机构为银行及其他金融机构。因此,金融涉及货币、信用和银行等诸范畴以及它们之间的内在关系。

(1) 金融对象:货币(资金)。

(2) 金融方式:以借贷等信用方式为代表。包括直接融资,即无中介机构介入的资金融通方式;间接融资,即通过中介机构的媒介作用来实现的金融。

(3) 金融机构:通常分为银行和非银行金融机构。

(4) 金融场所:即金融市场,包括资本市场、货币市场、外汇市场、保险市场、衍生性金融工具市场等。

(5) 制度和调控机制:对金融活动进行监督和调控等。

 知识链接

互联网金融

互联网金融是传统金融机构与互联网企业利用互联网技术和信息通信技术实现资金融通、支付、投资和信息中介服务的新型金融业务模式。互联网金融是互联网技术和金融功能的有机结合,是依托大数据和云计算在开放的互联网平台上形成的功能化金融业态及其服务体系。

互联网金融的发展拓展了金融构成要素,如:

(1) 金融对象:货币(资金)+数字人民币+……

(2) 金融方式:传统借贷等信用+网上银行+众筹+网贷+微信手机端支付+淘宝余额宝、易付宝、百付宝、快钱+……

(3) 金融机构:传统金融机构+信息化非金融机构+……

(4) 金融场所:即金融市场,包括资本市场、货币市场、外汇市场、保险市场、衍生性金融工具市场等+微金融市场+知识产权金融+……

(5) 制度和调控机制:对金融活动进行监督和调控+互联网金融监管和风险防范机制建设+……

三、金融的产生

货币、信用、金融机构的产生和发展,其基础是商品经济。从历史发展的过程来看,在金融范畴的形成中,最早出现的是货币。随着商品货币关系的发展,各种借贷活动相应产生,并出现了组织借贷活动的各种机构。这样,货币、信用、银行三者相互渗透、相互结合,构成密不可分的活动过程,使得金融活动更广泛、更顺利地展开。

即学即思 从货币演变历史(图6-1)视角,回答下列问题:
1. 货币产生的直接原因是什么?
2. 银行是在货币发展到哪一阶段产生的?什么是电子货币?

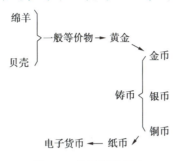

图6-1 货币演变历史

四、金融活动

金融活动是指与货币、货币流通、信用等直接相关的经济活动。凡是有关货币资金的筹集、运用、融通及管理的各种活动,都是金融活动,诸如货币资金的收支和借贷、有价证券的发行与流通、外汇的买卖等。

从货币资金运动过程来看,包括货币资金的筹集、发放、流通与管理;从货币资金运动主体来看,包括财政、金融机构、企事业单位、居民个人等;从货币资金的融资渠道来看,包括资金的直接融通与间接融通、横向融通与纵向融通、国内融通与国外融通;从货币资金的管理来看,包括货币资金的宏观调控与微观管理等。

即学即思 图6-2中国金融体系简略图中包括了哪些金融活动?日常经济生活中还有哪些金融活动?

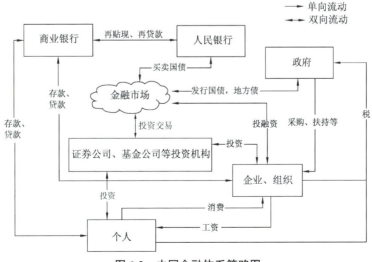

图6-2 中国金融体系简略图

金融涉及货币、信用和银行等诸范畴,因此,理解和掌握金融活动,必须从认清货币、信用和银行入手。

认知2 货币与货币制度

人民币成为全球第二大贸易融资货币

2015年6月发布的《人民币国际化报告(2015)》中称,人民币已成为全球第二大贸易融资货币。2015年8月人民币国际收支情况如图6-3所示。

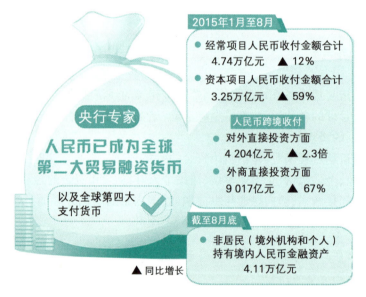

图6-3 2015年8月人民币国际收支状况

(资料来源:编者根据中国财经首页网站转发新华网2015年10月21日发布的《人民币成全球第二大贸易融资货币 央行专家:人民币资本项目可兑换改革将继续》整理。中国财经首页网站,http:∥finance.china.com.cn/money/forex/whzx/20151021/3393505.shtml。)

案例分析 1. 上网查一查什么是贸易融资货币、支付货币,什么是经常项目、资本项目。
2. 你从案例中能得到哪些金融信息?

案例63分析解答

在日常生活中,我们几乎每天都要和钱打交道。我们中国的钱叫"人民币",美国的钱叫"美元",日本的钱叫"日元",欧洲的钱叫"欧元"。钱是货币的俗称。现实生活中人们往往把现金等同于货币,但事实上货币的含义远不止这些。

按照传统的定义,货币是固定地充当一般等价物的商品,货币可以用来衡量一切商品的价值。货币也可以充当一切商品交易的媒介。按照货币的现代定义,货币的范围更为广泛,凡是在商品与劳务交易和债务清偿中可作为交易媒介与支付工具被普遍接受的手段就是货币。

即学即思 1955年3月1日,我国发行第二套人民币(图6-4),请问到目前为止我国共发行了多少套人民币?各套有何特点?请上网搜索各套人民币图样。

图6-4 第二套人民币

一、货币的范围

按照上述货币定义,现代经济生活中的货币包括多个层次。

(一)流通中的现金(钞票,又叫通货)

在日常生活中,我们买副食品、买日用品、交房租和水电费一般都用现金,所以在人们头脑中,钱(货币)首先指的是现金(钞票)。

专业知识上通常把流通中的现金作为最窄意义上的货币,用 M_0 来表示。

重要提示

目前,市场流通的第五套人民币共有8种券别,分别为1角、1、5、10、20、50、100元。按照法律规定,人民币中元币以上为主币,其余角币、分币为辅币,形成主辅币三步进位制,即1元=10角=100分。按照材料的自然属性划分,有金属币(亦称硬币)、纸币(亦称钞票)。无论纸币、硬币,均等价流通。

(二)支票存款

企业与企业之间、单位与单位之间的大宗购买是通过支票来完成的。我们知道,货币是指在商品交换中被广泛接受的媒介,而企业、单位之间转账用的支票显然也是货币。人们之所以接受支票,是因为接受它背后的存款。一张空头支票是不具有交易媒介功能的,所以真正包括在货币定义中的,应该是个人或单位在其支票账户上的存款余额,即支票存款,而不是支票本身。

知识链接

我国的支票有哪些种类

我国现行的支票有现金支票和转账支票。现金支票是专门用于支取现金的支票,是出票人委托付款人支付一定数额现金给收款人的支票。转账支票是只能用于转账的支票,是出票人签发给收款人办理转账结算的支票,不得支取现金。

(三) 信用卡

除了现金和支票存款以外,还有其他形式的"钱"。信用卡也是一种被广泛接受的支付手段。持卡人在其信用卡账户上的存款和支票存款一样算作货币。信用卡的分类见表6-1。

表6-1 信用卡的分类

项　　目	类　　别			
按照发行机构划分	银行卡			非银行卡
按照信息存储媒介划分	磁条卡			芯片卡
按照结算货币划分	本币卡			外币卡
按照流通范围划分	地区卡			国际卡
按照账户币种数目划分	单币卡			双币卡
按照发卡对象划分	个人卡			公司卡
按照信息卡形状划分	标准卡			异形卡
按照个人信誉、地位、资信情况划分	无限卡	白金卡	金卡	普卡

专业知识中通常把流通中的现金、支票存款、信用卡的存款加起来作为狭义上的货币,用 M_1 来表示。此外,通常把流通中的现金、支票存款、信用卡的存款和储蓄存款的总和作为广义上的货币,用 M_2 表示。

 重要提示

我国对货币层次的划分

M_0 = 流通中的现金

狭义货币(M_1) = M_0 + 银行活期存款

广义货币(M_2) = M_1 + 定期存款 + 储蓄存款 + 证券公司客户保证金

另外还有 M_3 = M_2 + 金融债券 + 商业票据 + 大额可转让定期存单等。

其中,M_2 减 M_1 是准货币,M_3 是根据金融工具的不断创新而设置的。

M_1 反映着经济中的现实购买力;M_2 不仅反映现实的购买力,还反映潜在的购买力。

二、货币制度

(一) 货币制度的内容

货币制度是指由国家法律所确定的有关货币发行与流通的规定,它使货币流通的各要素结合为统一的系统。

货币制度包含这些内容:货币金属(币材)、货币单位、通货的铸造和发行及流通程序、准备制度等。

(1) 货币金属,是指国家确定的作为本位货币材料的金属。不同的货币材料,就构成不同的货币制度(图6-5)。

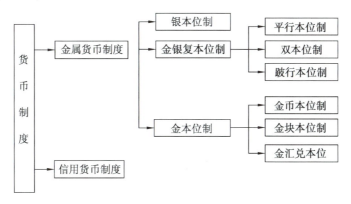

图6-5 货币制度

(2) 货币单位。包括规定货币单位的名称和单位货币所包含的货币金属的重量(价格标准)。例如,美国以黄金作为货币材料,货币单位名称为美元,1美元的含金量为0.736 662克,还规定较小的货币单位及与本位币的换算关系,如1美元=100美分。

(3) 通货的铸造及其流通。通货分本位币和辅币。本位币也叫主币,是一国的基本通货,是法定的计价及结算货币。本位币具有无限法偿能力,即法律规定不论每次支付数额多少,商品出售者和债权人都不得拒绝接受。辅币是本位币以下的小额货币,供日常交易与找零之用。辅币通常用贱金属铸造,因而辅币是不足值的铸币,限制铸造,有限法偿。

(4) 准备制度。货币金属准备的用途主要是:作为国际支付的准备金;作为国内支付存款和兑换银行券的准备金;作为扩大或收缩国内货币流通的准备金。目前世界各国均实行信用货币制度,国内已无金属货币流通,黄金准备只作为国际支付的准备金。

案例64

人民币加入SDR货币篮子

国际货币基金组织(IMF)执行董事会于2015年11月30日在会上讨论了人民币加入特别提款权(SDR)的问题,宣布人民币成为该组织的国际储备货币。据英国广播公司(BBC)报道,中国央行对国际货币基金组织将人民币纳入国际储备货币表示欢迎,中国人民银行在一份声明中说,"中国将加快金融改革和开放"。之前作为国际货币基金组织储备货币的只有美元、欧元、日元和英镑。

人民币加入 SDR 货币篮子的意义如图 6-6 所示。

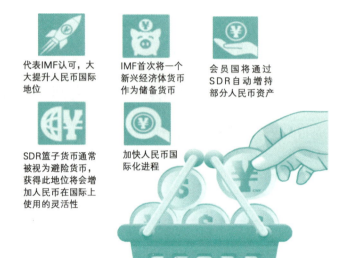

图 6-6　人民币加入 SDR 货币篮子的意义

(资料来源:新浪网,http://finance.sina.com.cn/money/bank/bank_hydt/20151118/081723792630.shtml。)

案例分析　1. 上网查一查,什么是特别提款权,国际货币基金组织是什么组织。
2. 总结人民币加入 SDR 的积极意义。

案例64 分析解答

(二) 金属货币制度

与各个历史阶段商品经济发展相适应,历史上曾先后出现过银本位制、金银复本位制、金本位制三种金属货币制度。

(1) 银本位制,是以白银作为本位币的货币制度。在这种制度下,银币为无限法偿货币;银币可以自由铸造、自由熔化;银币可以自由输出输入;辅币和银行券可以自由兑换银币或等量白银。由于银本身的价值不稳定,体重值小,金与银的比价逐渐拉大,不能适应大宗商品交易的需要,因而银本位制在世界各国推行的时间较短。

(2) 金银复本位制,是指金和银同为一国本位货币的制度。在这种制度下,金和银这两种铸币均可以自由铸造和熔化;具有无限法偿能力;均可以自由输出输入;辅币和银行券均能与之自由兑换。

(3) 金本位制,是以黄金作为本位货币的制度。有三种情况:

① 金币本位制,是典型的金本位制。在这种制度下,金币可以自由铸造;金币具有无限法偿能力;黄金可以自由输出输入;辅币和银行券可以自由兑换成金币。

② 金块本位制,又称生金本位制。它是没有金币流通,而由中央银行发行以金块为准备的银行券流通的货币制度。在这种货币制度下,国内不铸造、流通金币,黄金退居准备金地位,集中储存于政府,国家发行的纸币不能自由兑换黄金,只能按规定的含金量在一定数

额以上、一定用途内兑换金块。

③ 金汇兑本位制,又称虚金本位制。它是指国家规定金为本位币,但国家并不铸造和使用金币,只发行具有含金量的银行券,并且银行券在国内不能兑换黄金,只能兑换成外汇,然后用外汇到国外才能兑换黄金的制度。

案例65

假币主要识别方法

1. 纸张识别。人民币纸张采用专用钞纸,主要成分为棉短绒和高质量木浆,具有耐磨、有韧度、挺括、不易折断、抖动时声音发脆响等特点;而假币纸张绵软,韧性差,易断裂,抖动时声音发闷。

2. 水印识别。人民币水印是在造纸中采用特殊工艺使纸纤维堆积而形成的暗记,分满版水印和固定水印两种。如现行人民币1、5元券为满版水印暗记;10、20、50、100元券为固定人头像水印暗记。其特点是层次分明,立体感强,透光观察清晰。而假币特点是水印模糊,无立体感,变形较大,用浅色油墨加印在纸张正、背面,无须迎光透视就能看到。

3. 凹印技术识别。真币的技术特点是图像层次清晰,色泽鲜艳、浓郁,立体感强,触摸有凹凸感,如1元至100元券人民币在人物、字体、国徽、盲文点处都采用了这一技术。而假币图案平淡,手感光滑,花纹图案较模糊,并由网点组成。

4. 荧光识别。1990年版50、100元券人民币分别在正面主图景两侧印有在紫外光下显示纸币面额阿拉伯数字"50"或"100"和汉语拼音"WUSHI"或"YIBAI"的金黄色荧光暗记。而假币一般没有荧光暗记,个别虽有荧光暗记,但与真币比较,颜色有较大差异,并且纸张会有较明亮的蓝白荧光反应。

5. 安全线识别。真币的安全线是立体实物与钞纸融为一体,有凸起的手感。假币一般是印上或画上的颜色,如果加入立体实物,会出现与票面皱褶分离的现象。

此外,还可借助仪器进行检测,可用紫外线灯、放大镜等简便仪器对可疑票券进行多种检测。

(资料来源:中国会计网,http://www.canet.com.cn/cashier/640062.html。)

案例分析 1. 掌握识别真假币的方法。

2. 请上网查一查我国是如何处理假币的。

案例65 分析解答

(三) 信用货币制度

信用货币制度又称纸币制度,或不兑现的信用货币制度,即纸币本位制。它是20世纪30年代以来世界各国相继采用的现代货币本位制度,是货币制度发展的高级阶段。

信用货币制度是以不能兑换黄金也不以黄金做担保的信用货币作为本位货币的货币制度。

重要提示

纸币与货币的区别与联系见表6-2。

表6-2　纸币与货币的区别与联系

	区别(从五个方面区别)	联　系
货币	①货币是商品;②货币有价值;③货币有五种职能;④货币的本质是一般等价物;⑤货币是商品交换长期发展的产物	①纸币是货币的符号,纸币由货币发展而来;②纸币的发行量必须以流通中所需要的货币量为限度
纸币	①纸币不是商品;②纸币没有价值;③纸币只代替货币执行流通手段的职能;④纸币的本质是货币符号;⑤纸币是国家发行的	

注:①纸币代替金属货币后,人们通常把流通中的纸币称为货币;②货币发展的历程是金属货币→铸币→纸币→信用货币→电子货币;③纸币是在金属货币执行流通手段职能的过程中产生的,因为货币执行流通手段职能的时候,人们只关心它的实际购买力,并不关心它本身的价值,从而产生了没有价值的纸币。

即学即思　我国人民币制度是金属货币制度还是信用货币制度？人民币的单位"元"是什么含义？

(四)人民币制度

人民币制度从产生以来,伴随着我国经济和金融的不断发展而逐步趋于完善。概括其内容,主要包括以下几个方面:

(1)人民币主币的单位为"元",辅币的单位为"角"和"分";1元分为10角,1角分为10分。

(2)人民币没有含金量的规定,它属于不兑现的信用货币。人民币的发行保证是国家拥有的商品物资,黄金外汇储备主要是作为国际收支的准备金。

(3)人民币是我国唯一合法的货币,严禁伪造、变造和破坏。

(4)人民币的发行实行高度集中统一和严格的计划管理。中国人民银行是人民币唯一合法的发行机构并集中管理货币发行基金。

(5)人民币对外国货币的汇率由国家外汇管理局统一制定,每日公布,一切外汇买卖和国际结算都据此执行。人民币汇率采用直接标价法。

知识链接

数字人民币

数字人民币(e-CNY),是由中国人民银行发行的数字形式的法定货币,由指定运营机构参与运营并向公众兑换,以广义账户体系为基础,支持银行账户松耦合功能,与纸钞、硬币等价,具有价值特征和法偿性,支持可控匿名。

数字人民币有两个重点:①数字人民币是数字形式的法定货币;②数字人民币与纸钞和硬币等价。数字人民币主要定位于M_0,也就是流通中的现钞和硬币。数字人民币将与实物人民币长期并存,主要用于满足公众对数字形态现金的需求,助力普惠金融。

2021年7月,数字人民币试点已经有序扩大至"10+1",即"10个城市+1个冬奥会场景"。法定数字人民币的研发和应用,有利于高效地满足公众在数字经济条件下对法定货币的需求,提高零售支付的便捷性、安全性和防伪水平,助推中国数字经济加快发展。

认知3 信用与信用形式

一、信用的概念

信用是指经济上的一种借贷行为,它是以偿还和付息为条件的价值单方面的让渡。

信用活动的发生,具有三个基本构成要素。

(1) 债权人与债务人。信用活动的发生,形成债权债务关系,债权人为授信人,债务人为受信人。信用的发生要以授信人对受信人的偿还承诺信任为前提。

> **重要提示**
>
> 在现代经济活动中,对债务人的信用评价主要看其品德、能力和资本。其中,品德主要反映借款人的道德、名誉与行为标准;能力主要反映借款人使用资金经营事业的才干与技能,包括借款人的受教育程度、商业活动经验、经营能力及过去的信用状况;资本则主要反映借款人的资产负债状况、资产价值的稳定性与流动能力等。

(2) 时间间隔。信用活动的发生必然具有资金转移的时间间隔,这种时间间隔是构成货币单方面让渡与还本付息的基本条件,当然,其间隔的时间是可长可短的。

(3) 信用工具。信用关系的形成与发展有三个阶段:第一阶段的信用关系以口头承诺、账面信用为依据,尚未使用正式的信用工具;第二阶段的信用关系以正式的书面凭证为依据,如借贷契约、债务等,这些构成真正的信用工具;第三阶段为信用工具流动化的阶段,各种信用工具(如债券、票据)都可以在市场上流通转让,这是现代金融市场发展以后的高级信用阶段。

二、信用的主要形式

信用作为一种借贷行为,要通过一定形式表现出来。按信用主体划分,有商业信用、银行信用、国家信用、消费信用、国际信用和民间信用;按信用参与者划分,有直接信用和间接信用。

(一) 商业信用

商业信用是指工商企业之间相互提供的、与商品交易直接相联系的信用形式。商业信用的主要形式是赊销商品、延期付款、预付货款等。

知识链接

企业信用等级（表6-3）

表6-3 企业信用等级

信用等级	含 义
AAA	短期债务的支付能力和长期债务的偿还能力具有最大保障，经营处于良性循环状态，不确定因素对经营与发展的影响最小
AA	短期债务的支付能力和长期债务的偿还能力很强，经营处于良性循环状态，不确定因素对经营与发展的影响很小
A	短期债务的支付能力和长期债务的偿还能力较强，企业经营处于良性循环状态，未来经营与发展易受企业内外部不确定因素影响，盈利能力和偿债能力会产生波动
BBB	短期债务的支付能力和长期债务的偿还能力一般，目前对本息的保障尚属适当；企业经营处于良性循环状态，未来经营与发展受企业内外部不确定因素的影响，盈利能力和偿债能力会有较大波动
BB	短期债务的支付能力和长期债务的偿还能力较弱，企业经营与发展状况不佳，支付能力不稳定，有一定风险
B	短期债务的支付能力和长期债务的偿还能力较差，受内外部不确定因素的影响，企业经营较困难，支付能力具有较大的不确定性，风险较大
CCC	短期债务的支付能力和长期债务的偿还能力很差，受内外部不确定因素的影响，企业经营困难，支付能力很差，风险很大
CC	短期债务的支付能力和长期债务的偿还能力严重不足，经营状况差，促使企业经营及发展走向良性循环状态的内外部因素很少，风险极大
C	短期债务支付困难，长期债务偿还能力极差，企业经营状况一直不好，基本处于恶性循环状态，促使企业经营及发展走向良性循环状态的内外部因素极少，企业濒临破产

注：除AAA外，其余信用等级可用"＋""－"符号进行微调，表示略高或略低于本等级。

即学即思 上网查一查什么是债务链，什么是三角债，为什么会产生三角债。

1. 商业信用的特点

在现代市场经济条件下，商业信用有以下特点：

（1）信用的借贷双方都是企业，反映的是不同的商品生产企业或商品流通企业之间因商品交易而引起的债权债务关系。

（2）商业信用主要是以商品形态提供的信用，其资金来源是企业资金循环过程中的商品资金，是企业生产经营资金的一部分，而不是从生产过程游离出来的暂时闲置的货币资金。

（3）商业信用是一种直接信用。企业单位之间进行商品交易的同时也达成了延期付款或预付货款的协议，无须中介机构的介入。

即学即思 1. 请判断图6-7中的两种信用模式哪一个是直接信用，哪一个是间接信用。

2. 请上网查一查什么是间接信用。

图 6-7　两种信用模式

2. 商业信用的作用

商业信用是直接与商品生产和流通过程相联系的,直接为商品买卖融通资金的一种信用形式,它对于促进商品交换和商品价值的实现,加速企业资金周转,保证再生产过程顺利进行,起到了积极作用。

商业信用有其局限性。由于商业信用是直接信用,它的规模和期限受到企业资金规模和周转时间的限制;它还受到企业双方了解和信任程度的局限。

 案例 66

《最高人民法院关于限制被执行人高消费及有关消费的若干规定》(节选)

纳入失信被执行人名单的被执行人,人民法院应当对其采取限制消费措施。

被执行人为自然人的,被采取限制消费措施后,不得有以下高消费及非生活和工作必需的消费行为:

(一) 乘坐交通工具时,选择飞机、列车软卧、轮船二等以上舱位;

(二) 在星级以上宾馆、酒店、夜总会、高尔夫球场等场所进行高消费;

(三) 购买不动产或者新建、扩建、高档装修房屋;

(四) 租赁高档写字楼、宾馆、公寓等场所办公;

(五) 购买非经营必需车辆;

(六) 旅游、度假;

(七) 子女就读高收费私立学校;

(八) 支付高额保费购买保险理财产品;

(九) 乘坐 G 字头动车组列车全部座位、其他动车组列车一等以上座位等其他非生活和工作必需的消费行为。

被执行人为单位的,被采取限制消费措施后,被执行人及其法定代表人、主要负责人、影响债务履行的直接责任人员、实际控制人不得实施前款规定的行为。因私消费以个人财产实施前款规定行为的,可以向执行法院提出申请。执行法院审查属实的,应予准许。

(资料来源:全国法院切实解决执行难信息网,https://jszx.court.gov.cn/main/ExecuteDivision/1362.jhtml。)

案例分析　1. 向失信被执行人(俗称"老赖")发出限制高消费令的目的是什么?

2. 解决失信问题还应采取哪些社会性举措?

案例 66 分析解答

(二) 银行信用

银行信用是指银行等金融机构以货币形式提供的信用。银行信用主要包括两个方面:一是通过吸收存款,集中社会各方面的闲置资金;二是通过发放贷款及证券投资,对集中起来的闲置资金加以运用。银行信用是在商业信用基础上发展起来的一种更高层次的信用形式。

银行信用与商业信用相比具有以下特点：

（1）银行信用是以货币形态提供的。银行贷放出去的已不是在产业资本循环过程中的商品资本，而是从产业资本循环过程中分离出来的暂时闲置的货币资本，它克服了商业信用在数量和规模上的局限性。

（2）银行信用的借贷双方是货币资本家和职能资本家。由于提供信用的形式是货币，这就克服了商业信用在使用方向上的局限性。

（3）银行信用的实质是银行作为中介使货币资本家通过银行与职能资本家之间发生的信用关系。

（4）银行信用的期限比较灵活。银行信用的资金来源主要依靠吸收存款，各项存款的存放时间不一致，存放交错在一起形成银行账户上的稳定余额，为银行发放长期贷款提供了资金来源，可以提供短期信用，也可以提供长期信用。

普惠金融成效显著，全力夯实民生保障

中国银行业坚决落实党中央国务院决策部署和监管部门各项要求，坚守服务实体经济本源，积极发挥金融稳企业、保就业、促增长作用，努力缓解小微企业融资难、融资贵问题，不断增强小微企业和个体工商户活力。截至 2021 年末，中国银行业金融机构用于小微企业的贷款余额达到 50.0 万亿元，其中单户授信总额 1 000 万元及以下的普惠型小微企业贷款余额为 19.1 万亿元，同比增速 24.9%；银行业金融机构涉农贷款余额 43.21 万亿元，其中普惠性涉农贷款余额 8.88 万亿元，较年初增长 17.48%，超过各项贷款平均增速 6.18 个百分点。这些数据都反映出，2021 年以来国家对小微企业贷款的支持力度总体比上年有所加大。

（资料来源：中国银行业协会官网，https：//www.china‐cba.net/Index/show/catid/14/id/40628.html。）

案例分析

1. 什么是"普惠金融"？"普惠金融"实施的社会经济背景是什么？
2. 银行信用在解决小微企业贷款融资难、融资贵问题上的作用如何？

案例 67 分析解答

银行信用在信用规模、信用方向和范围、信用期限等方面都优于商业信用，更适应现代社会化大生产的需要，更加能满足市场经济发展的需要。随着现代银行制度的发展，银行信用也得到了广泛的发展，在社会化大生产和现代商品经济社会中，银行信用处于信用的主体地位。

（三）国家信用

国家信用，是指国家以债务人身份取得或以债权人身份提供的信用，通常指前者。国家信用的基本形式是发行政府债券，包括发行国内公债、国外公债、国库券等。国家信用的产生是由于通过正常的税收等形式不足以满足国家的财政需要。

国家信用的基本形式主要有：

(1) 公债。这是一种长期负债,一般在1年以上甚至10年或10年以上。通常用于国家大型项目投资或较大规模的建设。在发行公债时并不注明具体用途和投资项目。

(2) 国库券。这是一种短期负债,以1年以下居多,一般为1个月、3个月、6个月等。

(3) 专项债券。这是一种指明用途的债券,如中国发行的国家重点建设债券等。

(4) 财政透支或借款。公债、国库券、专项债券仍不能弥补财政赤字时,余下的赤字即向银行透支和借款。透支一般是临时性的,有的在年度内偿还。借款一般期限较长,一般隔年财政收入大于支出时(包括发行公债收入)才能偿还。有的国家(如中国)只将财政向银行透支和借款算为财政赤字,而发行国库券和专项债券则作为财政收入而不在赤字中标示。

国家信用与商业信用、银行信用不同,它与生产和流通过程没有直接的联系。国家借债的目的是弥补财政赤字和筹集重点建设项目资金。

国家信用也可称作财政信用,它既属于信用体系范畴,也属于财政体系范畴,其基本形式是国家公债。

(四) 消费信用

消费信用是工商企业、银行或其他金融机构以商品、货币或劳务的形式向消费者个人提供的信用,主要是为消费者购买耐用消费品如房屋、汽车等服务。

消费信用的主要形式有以下三种：

(1) 商品赊销,即零售商直接以延期付款的销售方式向消费者提供的信用。比如日常零星购买用信用卡方式进行结算,它是一种短期消费信用形式。

(2) 分期付款,即消费者先支付一部分货币,然后按合同分期摊还本息,或分期摊还本金,利息一次计算。这种方式主要用于购买耐用消费品,如汽车、住房等,属于中期信用。

(3) 消费贷款,即银行或其他金融机构直接向消费者个人或分期付款销售耐用品的工商企业发放的贷款。这种消费贷款分为信用贷款和抵押贷款两种。信用贷款仅凭借款人的信誉,不必提供抵押品；抵押贷款则要求借款人以固定资产、金融资产或其他财产作为贷款的抵押。

消费信用是在商品货币经济发展的基础上,为促进商品价值的实现而产生的一种信用形式。随着我国社会主义市场经济的发展,需求不足的矛盾逐步显现,消费信用对于促进消费品的销售与生产、推动技术进步与经济增长有着积极的作用。

(五) 国际信用

国际信用指一个国家的政府、银行及其他自然人或法人对别国的政府、银行及其他自然人或法人所提供的信用。国际信用与国内信用不同,表示的是国家间的借贷关系,债权人与债务人是不同国家的法人,直接表现资本在国家间的流动。

国际信用的主要形式有：出口信贷、银行信贷、国际租赁、补偿贸易、政府信贷、国际金融机构贷款等。

国际信用是国际经济关系的重要组成部分,直接影响国际经济贸易的发展,是各国扩大利用外资、加速国内建设的有效途径。

即学即思 请上网搜索什么是出口信贷、国际租赁、补偿贸易。

亚洲基础设施投资银行简介（图6-8）

图6-8 亚洲基础设施投资银行（简称亚投行，AIIB）简介

（资料来源：百度百科，https://baike.baidu.com/item/%E4%BA%9A%E6%B4%B2%E5%9F%BA%E7%A1%80%E8%AE%BE%E6%96%BD%E6%8A%95%E8%B5%84%E9%93%B6%E8%A1%8C/12007022？fr=ge_ala。）

案例分析 1. 请上网查一查：到目前为止，亚投行有多少成员国，开展了哪些业务，美国是什么态度。
2. 亚投行的功能是什么？中国倡议筹建亚投行的意义有哪些？

案例68 分析解答

（六）民间信用

民间信用是指居民个人之间以货币或实物所提供的信用。民间信用是一种古老的信用形式，主要是适应个人之间为解决生活或生产的临时需要而产生的。

民间信用的积极作用为：通过民间资金的调剂，进一步发挥分散在个人手中的资金的作用，加速资金运转，促进国民经济进一步繁荣；民间信用一般是在国家银行信用和信用社信用涉足不到和力不能及的领域发展起来的，特别是在个体商业、手工业、旅游和运输等行业，可起到拾遗补阙的作用。

民间信用毕竟是一种自发的、盲目的、分散的信用活动，是一种较为落后的信用形式，因此，在充分发挥民间信用积极作用的同时，也应防止其消极的一面。其负面作用主要有：一是风险大，具有为追求高盈利而冒险投机的盲目性；二是利率高，有干扰银行和信用社正常信用活动、扰乱资金市场的可能性；三是借贷手续不严，容易发生违约问题，造成经济纠纷，影响社会安定。

知识链接

江苏省高级人民法院针对民间借贷做出八点风险提示

1. 出借资金应当保存好证据。对于民间借贷的证明,包括借贷合意和款项交付两个要件,因此出借资金,最好出具书面借条,同时通过银行转账等方式固定款项交付的证据,以免事后就是否出借资金发生扯皮。

2. 慎重担当保证人。在借条上以保证人名字出现的,就应当承担保证责任,而非仅仅是见证人,在债务人违约不归还借款时,应当承担偿还责任。

3. 高利贷不受法律保护。民间借贷应当符合法律对利率的最高限制,出借人在出借资金时,约定高额利息的,对于年利率超过24%的不予保护。

4. 远离非法集资。借款人如果向社会不特定公众借款,数额较大的,可能构成非法吸收公众存款或集资诈骗等犯罪。出借人在出借款项时应当调查借款人的资信状况,审查借款人是否从事非法集资活动。特别是参与互联网借贷平台(P2P)借款交易中,应当加强资信审查,防止P2P平台公司卷款跑路。

5. 非法债务不受法律保护。因不正当男女关系引发的分手费、"找关系、托人情"引发的请托费用、因赌博引发的赌债等属于非法债务,即使签订借条,也不受法律保护。

6. 千万记住不要超过时效。出借人在借款到期后应当积极主张债权,如果出借人在借款期满后两年内从未主张过债权的,借款人可以以债权已过诉讼时效为由而不归还借款。

7. 签订商品房买卖合同担保借款要慎重。出借人应当采用抵押等法定的担保方式,担保债务的履行。出借人仅仅与借款人签订商品房买卖合同或者扣留房产证等方式担保借款的,一般应按民间借贷关系处理。当事人主张将买卖合同标的物拍卖,以偿还借款的,可以支持。

8. 虚假诉讼要追究法律责任。离婚诉讼中,配偶一方与第三人虚构债务,要求配偶他方承担责任的,不予支持。夫妻双方假借离婚逃避债务的,仍应对夫妻关系存续期间的债务承担责任。对于查明属于虚假诉讼的,法院可以采取罚款、拘留等强制措施,构成犯罪的,还应承担刑事责任。

(资料来源:央视网,http://news.cntv.cn/2015/08/12/ARTI1439373467907647.shtml。)

以上各形式的信用既相互独立又相互制约,从而构成一个完整的信用体系。它们的联系是多方面的甚至是交错的:银行通过购买政府债券以及办理政府债券的贴现,使得银行信用与国家信用联系起来;通过办理商业票据贴现,使得银行信用与商业信用联系起来;工商企业和银行都可提供消费信用,使得消费信用、银行信用、商业信用三者交叉在一起;民间信用同银行信用、消费信用、商业信用甚至国家信用都存在着相互制约、此消彼长的关系。

认知4 利息与利息率

民间借贷约定利率过高,法院是否支持

老李做生意需要资金周转,就打电话给好朋友老王向他借款100万元,并许诺每年支付给老王24%的年息。老王在2019年8月21日向老李的账户汇款100万元,双方在当天签订了借款合同,约定借期1年,到期还本付息。可到了2020年8月21日,老李以做生意失败为由并没有按照约定归还老王本金100万元和利息24万元。经协商无果后,老王在2020年8月24日将老李诉至法院,要求老李立即偿还本金100万元及利息24万元。法院判决结果如下:

1. 根据2020年8月20日正式实施《关于修改〈关于审理民间借贷案件适用法律若干问题的规定〉的决定》,民间借贷利率的司法保护上限从24%降至民间借贷合同成立时LPR(1年期)的4倍。

2. 老王要求老李偿还本金100万元的诉讼请求得到法院支持。

3. 利息部分只能按照当时借款合同成立的时间也就是2019年8月21日LPR(1年期)的4倍予以计算,即17%(4.25%×4),老李应支付老王17万元利息。

(资料来源:编者根据相关案例编写。)

案例分析
1. 请上网查一查民间借贷中的"LPR"是什么含义。
2. 2021年1月1日实施的《中华人民共和国民法典》严格规定禁止高利放贷。请关注相关条款,警惕"校园贷""套路贷"等社会问题。

案例69分析解答

一、利息的本质

利息是与信用相伴的范畴,它产生于借贷关系,是货币所有者因贷出货币而从借款人那里获得的报酬。

重要提示

某企业向银行借款100万元,一年后归还105万元,其中的5万元就是利息。这5万元的利息是企业为了取得货币使用权而付出的代价,或者说是银行让渡了100万元的资金使用权而应得的报酬。

银行等金融机构对企业、单位的贷款要收取利息,对它们的存款要支付利息,对居民储蓄存款也要支付利息。利息是银行等金融机构费用开支和利润的来源。银行利用贷款所得利息,支付存款利息及经营活动的费用,这两项的差额便构成其利润的来源。

利息实际上也就是借贷资金的"价格"。在借贷资金市场上,由借贷双方力量的共同作用形成借贷资金的"市场价格"。

利息的多少取决于三个因素:本金、存期和利息率水平。

利息的计算公式为:利息=本金×利息率×存款期限。

二、利息率及其种类

(一)利息率

利息率是指一定时期内利息额与所贷资金额的比率,简称利率。习惯上按照计算利息的时间把利率划分为年利率、月利率和日利率。年利率是以年为单位计算利息,通常以百分之几(分)计算;月利率是以月为单位计算利息,通常以千分之几(厘)计算;日利率是以日为单位计算利息,通常以万分之几(毫)计算,习惯叫"拆息"。

我国的习惯,不论是年息、月息、拆息都用"厘"做单位,如年息5厘,月息4厘,拆息2厘等。虽然都叫"厘",但年息的"厘"是指百分之一,5厘即5%;月息的厘是指千分之一,4厘即0.4%,折合年利率4.8%;拆息的厘是指万分之一,拆息2厘意味着日利率为0.02%,折合月利率0.6%,年利率7.2%。

三种利率之间可以换算,其换算公式为:年利率÷12=月利率;月利率÷30=日利率;年利率÷360=日利率。

计算利息有两种方法:单利和复利。

单利是指以本金为基数计算利息,所生利息不再加入本金计算下期利息。我国的银行存款利息都是按单利计算的。

例如,老李在银行存款100元,现在的年利率为12%,第一年年末,账户上应该是112元,第二年年末应该是124元,依此类推,第 n 年的存款应为 $100×(1+12\%×n)$ 元。

单利的计算公式为:

$$I = P \times r \times n$$
$$S = P + I = P(1 + r \times n)$$

其中,I 表示利息额,P 表示本金,r 表示利率,n 表示时间,S 表示本金与利息之和。

复利也称利滚利,计算时,要将每一期的利息加入本金一并计算下期的利息。

假如老李的账户上有100元,现在的年利为12%。第一年年末,账户上的钱应该是:

$$S_1 = 100 \times (1 + 0.12) = 112(元)$$

这112元就是100元在一年后的终值。最初的100元,在第一年年末生成了12元的利息,而这12元的利息在第二年年末又生成了1.44元的利息,即是对利息计息,因此叫复利。100元在第二年年末的终值为:

$$S_2 = 100 \times (1.12)^2 = 125.44(元)$$

第三年年末为:

$$S_3 = 100 \times (1.12)^3 = 140.49(元)$$

复利的计算公式为:

$$S_n = P(1+r)^n$$

这里 P 为本金，r 为利率，S_n 为本利和，n 为时间。

（二）利率的种类

利率可从不同的角度加以分类，常用的主要有以下几种。

1. 固定利率与浮动利率

固定利率是指在整个借贷期内不做调整的利率。其最大特点是简便易行，便于借贷双方准确计算成本与收益。在借贷期限较短或市场利率变化不大的条件下，一般用固定利率。

浮动利率是指在借贷期内随市场利率变化而定期调整的利率。一般调整期和调整依据由借贷双方在签订借贷协议时商定。

2. 名义利率与实际利率

名义利率是以名义货币表示的利息率，而不考虑货币价值本身的变化。实际利率则是名义利率剔除通货膨胀因素后的真实利率，用公式可表示为：

实际利率＝名义利率－物价上涨率

判断利率水平高低，不能只看名义利率，还须注意实际利率。有时也可能出现实际利率为负的情况。

3. 市场利率、官定利率、公定利率

市场利率与官定利率、公定利率是依据利率是否按市场规律自由变动的标准来划分的。随市场规律而自由变动的利率就是市场利率；由政府金融管理部门或者中央银行确定的利率，通常叫官定利率，也叫法定利率；由非政府部门的民间金融组织，如银行公会等所确定的利率是行业公定利率。公定利率对其会员银行具有约束性。官定利率和行业公定利率都不同程度地反映了非市场的强制力量对利率形成的干预。

4. 基准利率和非基准利率

按在利率体系中的地位和作用，利率可分为基准利率和非基准利率。基准利率是金融市场上具有普遍参照作用的利率，其他利率水平或金融资产价格均可根据这一基准利率水平来确定。基准利率具有市场性、基础性、传递性特征。它是带动和影响其他利率的利率，是决定利率政策和构成利率体系的中心环节，它的变动可预示利率体系的变动趋势，甚至在某种程度上影响人们的预期，有所谓的告示性效应。

非基准利率是指基准利率以外的所有其他利率。它们在利率体系中不处于关键地位，不起决定性作用。当然，对所有的非基准利率而言，它们各自的地位、作用也是有一定区别的。

我国再次下调金融机构人民币基准利率

中国人民银行决定，自 2015 年 10 月 24 日起，下调金融机构人民币贷款和存款基准利率，以进一步降低社会融资成本。其中，金融机构一年期贷款基准利率下调 0.25 个百分点至 4.35%；一年期存款基准利率下调 0.25 个百分点至 1.5%；其他各档次贷款及存款基准利率、人民银行对金融机构贷款利率相应调整；个人住房公积金贷款利率保持不变。具体见

表6-4。同时,对商业银行和农村合作金融机构等不再设置存款利率浮动上限,并抓紧完善利率的市场化形成和调控机制,加强央行对利率体系的调控和监督指导,提高货币政策传导效率。

表6-4 人民币存贷款基准利率调整表(2015年10月24日)

单位:%

	项 目		调整前利率	调整后利率
城乡居民和单位存款	活期存款		0.35	0.35
	整存整取定期存款	三个月	1.35	1.10
		半年	1.55	1.30
		一年	1.75	1.50
		两年	2.35	2.10
		三年	3.00	2.75
		五年	3.00	2.75
各项贷款	六个月以内(含六个月)		4.60	4.35
	一年以内(含一年)		4.60	4.35
	一至三年(含三年)		5.00	4.75
	三至五年(含五年)		5.00	4.75
	五年以上		5.15	4.90

(资料来源:中华网,https://news.china.com/domestic/945/20151023/20618554.html。)

案例分析 1. 请分析下调基准利率对居民消费、家庭理财、企业经营等有何影响。
2. 上网搜索2015年我国连续下调基准利率的经济社会背景。

案例70 分析解答

三、决定和影响利率的因素

(一) 决定利率的基本因素

马克思的利率决定论认为,利息率取决于平均利润率。马克思认为,利息是贷出资本家从借入资本的资本家那里分割来的一部分剩余价值。剩余价值表现为利润,因此利息量的多少取决于利润总额,利息率取决于平均利润率。

利息率与平均利润率是同方向运动的。也就是说,利率随着平均利润率的提高而提高,随着平均利润率的降低而降低。利率波动到底是多大? 其上下限为:平均利润率 > 利率 > 零。利率的上限必须低于平均利润率,否则工商企业借款经营将无利可图;利率的下限必须大于零,否则银行及其他金融机构贷款将无利可图。因而利率的变化范围是在平均利润率和零之间。

(二) 影响利率变动的因素

1. 借贷资金供求状况

这是影响市场利率最直接、最明显的因素。在市场经济条件下,利率作为特殊的商品——借贷资金的价格,其水平高低当然随资金供求状况的变动而变动。市场上借贷资金供应紧张时,利率就会上升;反之,利率就会下降。

2. 通货膨胀率

利率与通货膨胀率紧密相关,通货膨胀率提高时,利率水平也要相应提高。在通货膨胀条件下,如果名义利率不提高,实际利率必然下降,这会影响信贷资金的来源和贷款人的经济利益。若实际利率为零,则利率杠杆作用将消失;若实际利率出现负数,则会对经济生活产生消极影响。

一夜百变,国民党货币贬值惊人

国民党统治时期,国民党政府为了支撑岌岌可危的政权,只得大量地印刷钞票。因此,国民党政府发行的货币疯狂贬值,弄得民不聊生,怨声载道。中华人民共和国成立前夕,国民党为了搜刮民脂民膏,采取了无限制地投放货币的办法,疯狂掠夺。每天市场上的货币都是一贬千丈,可能早晨一麻袋货币可以换回一口袋大米,到了晚上,就只能换一盒火柴。例如:1937年6月,此时如果一个人有12亿元法币,这笔钱几乎等于国民党政府的货币发行总量;但是到1942年,则变成中储券6亿元,1945年10月又变成法币300万元;而到1948年8月国民党政府实行第二次币制改革时(用金圆券取代法币,按1∶300万比价收兑),只变成1元金圆券了,按当时物价可买5升米;从1948年8月到1949年5月,物价又上涨了6 441 326倍,1元金圆券的购买力只相当于9个月前的0.000 000 155元,这时连一粒米也买不到了,一粒米的价格已变成130金圆券了。

(资料来源:搜狐网,https://www.sohu.com/a/153569474_260616。)

案例分析 1. 国民党统治时期货币贬值的背景是什么?这说明了什么金融规律?
2. 上网搜索什么是通货膨胀。

案例71分析解答

3. 国家经济政策

利率水平要能适应国家对宏观经济调控的要求。如国家实行扩张性的货币政策,利率总水平就要下降;国家实行紧缩性的货币政策,利率总水平就要提高。对国家鼓励发展的产业如交通、能源等可制定优惠利率,以促进其快速发展。

4. 国际利率水平

在世界经济出现一体化的当代,国际金融市场利率水平及其变动趋势必然对本国利率水平有很强的"示范效应"。尽管我国实行外汇管制,但国际金融市场利率仍然会影响我国利率,在制定利率时应充分考虑这一因素。

四、利率的作用

利率是一个重要的经济杠杆,对宏观经济和微观经济运行都有着极为重要的作用。

(一) 调节宏观经济

利率是国家调节经济的重要杠杆。在市场经济条件下,利率具有抑制总需求的功能。当资金供给小于资金需求时,中央银行调高再贷款利率或再贴现利率,商业银行在借入成本增加的情况下,为保持其利润,同时提高存贷款利率。贷款利率的调高会使借款人减少,借款规模压缩;存款利率的调高则会使存款人增加,存款来源增加。这样,在资金供给增加的同时,资金需求却在减少,从而资金供求就会趋于平衡。当资金供给大于资金需求时,情况则相反。

运用利率杠杆还可以调节国民经济结构,促进国民经济更加协调地按比例发展。

(二) 约束和激励微观经济主体

利率的提高会使企业的成本提高,迫使企业压缩资金需求,缩小借款规模。企业不得不通过加速资金周转、提高资金使用效益等途径按期甚至提前归还借款。这就在客观上对企业起到约束和激励的作用,促使其努力提高经济效益和劳动生产率。

金融领域助力中小微企业纾困

小微企业融资呈现"量增、面扩、价降"的局面。2021年7月末,中小微企业法人贷款余额 72.4 万亿元,占全部企业贷款 65.7%,其中普惠小微贷款余额 17.8 万亿元,同比增长 29.3%。支持小微企业经营主体 3 893 万户,同比增长 29.5%。2021年7月新发放普惠小微贷款企业贷款利率 4.93%,较上年末下降 0.15 个百分点。

两项直达实体经济货币政策工具效果明显。全国银行业金融机构累计延期还本付息贷款 12.5 万亿,其中支持中小微企业延期还本付息 10.2 万亿。普惠小微信用贷款累计发放 6.1 万亿元,占同期累计发放的普惠小微贷款的 29%。

中小微企业融资便利性显著提升。人民银行建立完善了供应链金融政策框架和基础设施,完善了应收账款融资服务平台,建设供应链票据平台,提高了中小微企业应收账款的流转效率。

(资料来源:中华人民共和国中央人民政府网站,https://www.gov.cn/xinwen/2021 - 09/07/content_5635969.htm。)

案例分析
1. 根据资料分析金融业采取了哪些举措助力小微企业纾困。
2. 上网查一查什么是供应链金融政策。

案例72 分析解答

认知 5　金融机构与职能

2021 年中国金融机构 500 强

2021 年中国金融 500 强由 323 家银行、61 家证券公司、54 家保险公司、29 家金融租赁公司、14 家汽车金融公司、7 家信托公司和 12 家其他金融机构构成 (图 6-9)。2021 年金融 500 强门槛升至 302 亿元，工行以 35.17 万亿元的总资产稳居榜首，上榜的 500 家企业总资产规模约为 351 万亿。

(资料来源：环球网，https：//yrd. huanqiu. com/article/48iA5nVShXM。)

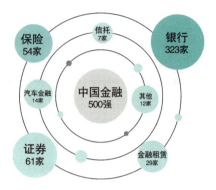

图 6-9　2021 年中国金融机构 500 强结构图

案例分析　1. 请从案例信息中总结我国的金融机构体系主要由哪些机构组成。

2. 我国的金融机构中银行的地位是什么？

案例 73 分析解答

一、金融机构体系

(一) 金融机构体系的概念

金融机构体系是指金融机构及其构成。凡是从事金融活动的经济组织，均可称为金融机构。

在现代市场经济国家中，金融机构体系主要由中央银行、商业银行、专业银行和其他金融机构组成。中央银行是金融体系的核心，商业银行是主体。整个体系呈现出两级化，中央银行处于领导地位，而商业银行和其他金融机构则为多元化发展。

(二) 我国的金融机构体系

我国目前的金融体系呈现出以中央银行为核心、国有商业银行为主体、多种金融机构并存发展的格局(图 6-10)。

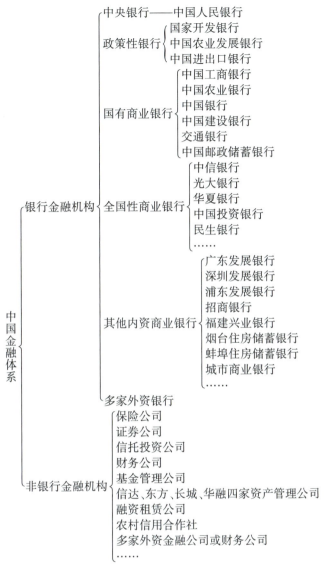

图6-10　中国金融机构体系

1. 中国人民银行

中国人民银行是我国的中央银行,是国务院管理全国金融事业的国家机关。作为中央银行,它具有货币发行、金融行政管理和政府银行的一般职能。

中国人民银行具有下列主要职责:制定和实施货币政策,保证货币币值稳定;依法对金融机构进行监督管理,维护金融业的合法、稳健运行;维护支付、结算系统的正常运行;持有、管理和经营国家外汇储备、黄金储备;代理国库和其他金融业务;代表我国政府从事有关的国际金融活动。

中国人民银行实行总分行制,总行设在北京,其分支机构按我国的行政区域与经济区域设置:在上海、南京、武汉、广州、沈阳、西安等地设立了9家分行;在部分省及省辖市设二级分行;在县与县级市设支行。其分支机构均为总行的派出机构,在所辖区域内履行中央银行的职责。

2. 商业银行

商业银行是以经营存款、放款和办理转账结算为主要业务，以盈利为主要经营目标的金融企业。商业银行是我国金融体系的主体部分。

我国商业银行可以经营下列业务：吸收公众存款，发放贷款；办理国内外结算，票据兑现，发行金融债券；代理发行、兑付、承销政府债券，买卖政府债券；从事同业拆借；买卖、代理买卖外汇；提供信用证服务及担保；代理收付款及保险业务；等等。

3. 政策性银行

政策性银行是由政府设立，以贯彻国家产业政策、区域发展政策为目的，不以营利为目标的金融机构。1994 年，我国组建了三家政策性银行，即国家开发银行、中国进出口银行和中国农业发展银行。

国家开发银行是直属国务院领导的政策性金融机构，其主要任务是建立稳定的资金来源，筹集和引导社会资金用于国家重点建设项目。其资金来源主要靠财政划拨与发行金融债券。其政策性业务主要委托其他银行代理。国家开发银行总部设在北京。

中国进出口银行是直属国务院领导的政策性金融机构，其主要任务是依据国家的产业政策与外贸政策，为机电产品和成套设备等资本性货物进出口提供政策性金融支持。中国进出口银行总部设在北京，没有分支机构，其资本金由国家财政拨付，其资金来源主要依靠在境内外发行金融债券筹集。

中国农业发展银行也是一家直属国务院领导的政策性金融机构，其主要任务是对农业基本建设、重点工程项目及农副产品生产流通提供金融支持。中国农业发展银行总部设在北京，其资本金由国家财政拨付，资金来源主要靠发行金融债券筹集。其业务主要委托农业银行分支机构办理。

4. 非银行金融机构

非银行金融机构是指不通过吸收存款筹集资金的金融机构。

知识链接

部分非银行金融机构业务比较（表 6-5）

表 6-5　部分非银行金融机构业务比较

非银行金融机构	主要负债	主要资产业务
证券公司	股票、债券	证券发行、交易、咨询
保险公司	保险费	长期证券、不动产抵押贷款
退休养老基金	雇主、雇员缴款	中长期证券
投资基金	股份、受益凭证	证券
信用社	股金、存款	消费贷款、工商业贷款
金融公司	票据、股票、债券	工商贷款、消费信贷

二、银行的性质和职能

（一）银行的产生和发展

银行是专门从事货币经营业务的机构,在保证经济与金融体系有效、稳定运行方面发挥着重要的作用。

银行是伴随着商品货币经济的发展而产生的。在社会生产力不断发展的过程中,以货币保管、货币兑换为起点,出现了货币的结算和汇兑,进而有了货币的贷款,早期的银行便产生了。

  知识链接

最早的银行

世界上最早的银行是意大利的威尼斯银行。1580年,威尼斯银行成立,这是世界上最早的银行,随后意大利的其他城市以及德国、荷兰的一些城市也先后成立了银行。

我国境内最早的银行如下。

第一家中国政府开的银行:1897年5月27日(光绪二十三年四月二十六日),中国通商银行成立。该行是由清政府督办、全国铁路大臣盛宣怀奏请清廷后成立的,总行设在上海。

中国第一家私营银行:日升昌票号是中国第一家专营存款、放款、汇兑业务的私人金融机构,日升昌票号成立于1823年(道光三年),开中国银行业之先河。

第一家外国人开的银行:1845年,英国的丽如银行首先在香港设立分行,同年该行又在广州建立它的机构;1848年(道光二十八年),该行在上海正式开办了东方银行分行(也叫丽如银行或金宝银行)。

在金属货币出现的初期,人们不仅将它作为流通手段,而且也将它作为财富的储藏手段。为了避免动荡带来的风险,人们把自己的财物托付给那些最受尊敬、最不易受损害的机构代为保管,这些机构主要是寺院。在金属货币大量集中以后,寺院利用保管的货币进行须还息的贷款,但这只是银行发展史上的一个萌芽阶段。

在前资本主义时期,由于封建割据,货币铸造分散,各种铸币的成色、重量、形状不统一,为适应商品交换发展的需要,逐渐从商人中分离出一些专门从事铸币兑换技术性业务的兑换商,他们从中收取一些手续费,形成了专门的货币兑换业。

随着地区或国家间贸易的进一步发展和扩大,为了避免长途携带和保管的风险,人们把货币交给兑换商代为保管,并委托他们办理支付、结算和汇款。兑换商的业务范围逐渐扩大,于是货币兑换业发展成了货币经营业。

货币经营业为商品经济的发展提供了极大的便利,得到发展的商品经济又促进了货币经营业的扩大,货币经营业者手中聚集的货币资金也因此不断增加。为了谋取更多的利润,货币经营者把手中的大量货币贷放出去,同时用支付存款利息的办法,广泛吸收社会上闲置的资金,以扩大贷款业务,开始了信贷业务的经营。这样,货币经营业就演变成经营存款、贷款结算业务的早期银行。

资本主义银行是通过两条途径产生和发展起来的:一是新兴的资产阶级按照资本主义

经营原则组织股份制银行;二是高利贷性质的早期银行逐渐适应新的条件转化为资本主义银行。1694年,在国家的帮助下,英国资产阶级建立了英格兰银行,这是一家按股份制原则建立的商业银行,被认为是近代资本主义银行诞生的标志。

19世纪末,资本主义从自由竞争阶段发展到垄断阶段,银行也发展成现代资本主义银行。现代银行是现代商品经济发展的产物,随着现代商品经济的发展,现代银行朝着组织集团化、业务多样化、机构全能化、资本国际化的方向不断发展。

（二）商业银行的性质和职能

商业银行是以营利为目的,以吸收社会公众的存款和发放贷款为主要业务活动,综合性、多功能的金融企业。

商业银行的性质主要有:

(1) 商业银行具有一般企业的基本特征。商业银行与其他企业一样,具有从事业务经营所需的自由资本,依法经营,照章纳税,自负盈亏,以利润为目标,所以,它与工商企业并无二致。

(2) 商业银行与一般工商企业又有所不同。工商企业所经营的是具有一定使用价值的商品,从事商品生产和流通。而商业银行是以金融资产和金融负债为经营对象,经营的是特殊商品——货币和货币资本。经营内容包括货币的收付、借贷及各种与货币运动有关或者与之相联系的金融服务。

(3) 商业银行作为金融企业,与其他金融机构又有所不同。商业银行的业务更综合,功能更全面,经营一切金融"零售"业务和"批发"业务,为客户提供所有的金融服务。而其他金融机构,如信托投资公司、保险公司等,业务经营的范围相对来说更为狭窄,业务方式更趋单一。

即学即思 请选择图6-11中的2~3个银行,说出银行图标的含义。

图6-11 部分商业银行标识

商业银行的职能是由它的性质决定的,商业银行作为金融企业,具有以下特定职能:

(1) 信用中介的职能。信用中介是商业银行最基本、最能反映其经营活动特征的职能。这一职能的实质是通过银行的负债业务,把社会上的各种闲散货币资金集中到银行里来,再通过资产业务,把它们投向社会经济各部门和单位,实现资本盈余和短缺之间的融通。它并不改变货币资金的所有权,改变的只是货币资金的使用权。这种使用权的改变,会对经济过程形成多层次的调节作用。

(2)支付中介的职能。商业银行通过存款在账户上的转移,代理客户支付,在存款的基础上,为客户兑付现款等,成为工商企业、团体和个人的货币管理者、出纳者和支付代理人,进而成为债权债务关系与支付的中心。

(3)信用创造的职能。商业银行是能够吸收各种存款的银行,利用它吸收的存款发放贷款,在支票流通和转账结算的基础上,贷款又转化为存款。在这种存款不提取现金或不完全提现的情况下,新增加了商业银行的资金来源,最后在整个银行体系形成了数倍于原始存款的派生存款。

(4)金融服务的职能。在现代经济生活中,金融服务已成为商业银行的重要职能。企业将许多原来属于自身的货币业务交给银行代为办理,如发放工资、代理支付其他费用等。个人消费也由原来的单纯钱物交换,发展为转账结算。现代社会生活从多方面给商业银行提出了金融服务的要求。

 知识链接

我国商业银行的分级(图6-12)

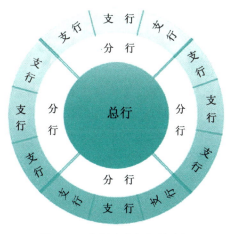

图6-12 我国商业银行的分级

(三)中央银行的性质和职能

中央银行是代表国家对金融活动进行监督管理、制定和执行货币政策的金融机构。中央银行的性质可概括表述为:中央银行是调节宏观经济、管理金融事业的特殊金融机构。

 知识链接

人民银行的历史

人民银行的历史可以追溯到第二次国内革命战争时期。1931年11月7日,在江西瑞金召开的"全国苏维埃第一次代表大会"上,通过决议成立"中华苏维埃共和国国家银行"

(简称苏维埃国家银行),并发行货币。1948年12月1日,以华北银行为基础,合并北海银行、西北农民银行,在河北省石家庄市组建了中国人民银行,并发行人民币。中国人民银行成为中华人民共和国成立后的中央银行,其发行的人民币成为法定本位币。

1949年2月,中国人民银行由石家庄市迁入北平。1949年9月,中国人民政治协商会议通过《中华人民共和国中央人民政府组织法》,把中国人民银行纳入政务院的直属单位系列,接受财政经济委员会指导,与财政部保持密切联系,赋予其国家银行职能,承担发行国家货币、经理国家金库、管理国家金融、稳定金融市场、支持经济恢复和国家重建的任务。

1. 中央银行是国家调节宏观经济的工具

中央银行处于一个国家金融体系的中心环节,是全国货币金融活动的最高权力机构。中央银行可以根据国家经济发展情况制定和执行货币政策,并利用其特殊的金融业务与金融监管职能,贯彻国家的金融政策意图,控制货币供应总量,同时调节贷款的投向和投量,进而适时调节经济发展,把国家宏观经济决策和宏观经济调节的信息传递到国民经济各部门、各单位。

2. 中央银行是特殊的金融机构

中央银行与其他金融机构相比,在业务经营上有着明显的特殊之处:① 不直接经营对工商企业的具体货币信用业务,不以营利为目的,它是为实现国家经济政策目标服务的;② 业务经营的直接对象是政府机构、商业银行及其他金融机构;中央银行通过与这些部门的往来,贯彻执行国家的货币政策和履行金融管理职能;③ 中央银行享有发行货币的特权,其吸收存款不是为了扩大贷款规模,而是为了调节货币供应量。

3. 中央银行是管理金融事业的国家机关

这主要表现在:① 中央银行是全国金融事业的最高管理机构,是代表国家管理金融的部门;② 中央银行代表国家制定和执行统一的货币政策,监督全国金融机构的业务活动;③ 中央银行的主要任务是代表国家运用货币政策对经济生活进行直接或间接的干预;④ 中央银行代表国家参与国际金融组织和国际金融活动。

4. 中央银行的基本职能是货币发行的银行、银行的银行和政府的银行

中央银行是货币发行的银行,这具有两方面的含义:一是指中央银行垄断银行券的发行权,中央银行发行的银行券作为现钞(纸币)在全国范围内流通;二是指中央银行作为货币政策的最高决策机构,在决定一国的货币供应量方面具有至关重要的作用。目前,世界上几乎所有国家的现金都由中央银行发行。

中央银行是银行的银行,只与商业银行和其他金融机构发生业务往来,而不直接面向工商企业单位和个人经办金融业务。

中央银行是政府的银行,为政府提供各种服务,并代表政府执行金融管理。其主要职能有以下四点。① 代理国库,即经办政府的财政预算收支,充当政府的出纳。政府的收入和支出都通过财政部在中央银行开设的各种账户进行。② 充当政府的金融代理人,代办各种金融业务。如代理国债的发行和还本付息;代理政府保管黄金及外汇储备或办理黄金及外汇的买卖业务;代表政府参加国际金融组织,出席国际会议,从事国际金融活动;充当政府顾问,提供有关金融方面的信息和建议;等等。③ 为政府提供资金融通,以弥补政府在特定时间内的收支差额。其融资方式有两类:一是直接向国家财政提供贷款或透支;二是在证券

市场上购买国债。④ 作为国家的最高金融管理当局,执行金融行政管理职能。其内容主要包括:制定有关金融政策和法规;依法对金融机构的设置、撤并、迁移等进行审批和注册;对金融机构的业务范围、清债能力、资产负债结构、存款准备交存等情况进行定期或不定期的检查;等等。

案例 74

我国存款保险制度发展历程(图 6-13)

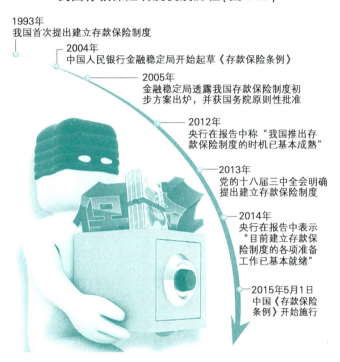

1993年 我国首次提出建立存款保险制度

2004年 中国人民银行金融稳定局开始起草《存款保险条例》

2005年 金融稳定局透露我国存款保险制度初步方案出炉,并获国务院原则性批准

2012年 央行在报告中称"我国推出存款保险制度的时机已基本成熟"

2013年 党的十八届三中全会明确提出建立存款保险制度

2014年 央行在报告中表示"目前建立存款保险制度的各项准备工作已基本就绪"

2015年5月1日 中国《存款保险条例》开始施行

图 6-13 我国存款保险制度发展历程

(资料来源:宣昌能,《中国存款保险制度的实施与展望》,《中国金融》2016 年第 9 期。)

案例分析 1. 上网搜索什么是存款保险制度,其作用有哪些。
2. 我国存款保险制度的核心内容是什么?

案例 74 分析解答

扫码看视频 6

单元七

货币流通

认知货币流通规律的基本知识;理解货币流通和商品流通的关系、通货膨胀的概念和特征;通过案例分析理解现阶段我国货币流通对助力实体经济发展的重要作用;养成敏锐观察金融货币政策的职业习惯,具有初步认识和分析社会经济活动中货币流通的信息和现象的专业技能。

 关键问题

1. 信用货币制度下的货币流通规律是什么?
2. 基础货币与货币供应量的关系如何?
3. 通货膨胀是什么?其对经济的影响有哪些?
4. 我国法定存款准备金制度的基本特征和作用有哪些?

 案例75

2022年6月中国货币供应量情况

2022年6月末,广义货币(M_2)余额258.15万亿元,同比增长11.4%,增速分别比上月末和上年同期高0.3个和2.8个百分点;狭义货币(M_1)余额67.44万亿元,同比增长5.8%,增速分别比上月末和上年同期高1.2个和0.3个百分点;流通中货币(M_0)余额9.6万亿元,同比增长13.8%。

2021年7月—2022年6月货币供应量情况如图7-1所示。

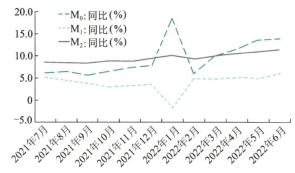

图7-1 2021年7月—2022年6月货币供应量情况

(资料来源：中华人民共和国国家发展和改革委员会网站，https://www.ndrc.gov.cn/fgsj/tjsj/ssjj/202207/t20220720_1331073.html。)

案例分析 1. 广义货币量与狭义货币量的区别是什么？
2. 从案例资料中你能分析出哪些货币流通信息？

案例75 分析解答

认知 1　货币流通形式

一、货币流通的概念

货币流通就是在商品经济条件下，货币作为流通手段和支付手段形成的货币连续不断的运动。其运动过程可表示为：货币（G）—商品（W）—货币（G）。

货币流通是为商品流通服务的。

> **重要提示**
> 商品流通是以货币为媒介的商品交换，表示为 W—G—W 的运动形式。在商品流通过程中，货币不断在商品所有者之间转手，其形式不外乎两种：一是在购买商品时一手交钱一手交货，即现货交易，货币发挥流通手段职能，直接媒介商品交换；二是先收货后交钱或先交钱后收货，即赊购或预购交易，货币发挥支付手段职能，作为商品交换的补充或前提环节，间接媒介商品交换，如工资的支付、财政的收支等货币收付，这些收付的货币已做过或将要做商品交换的媒介。

二、货币流通的形式

在现代信用制度下，货币有狭义（M_0）和广义（M_2）两种概念，货币流通也具有现金货币流通与存款货币流通、狭义货币流通与广义货币流通等不同形式。

（一）现金货币流通

现金是货币的一部分，是货币供应中最活跃的一个层次。现金货币流通是以纸币、铸币作为流通手段和支付手段所进行的货币收付。在我国实行现金管理的条件下，现金货币流通领域主要是与居民个人有关的货币收付和企事业单位间的小额货币收支。

> **重要提示**
>
> 各种货币形式的"流动性",也就是它们作为流通支付手段的方便程度是不同的。比如,你手中的现金,随时可以用于支付,购买力是最强的;而你在银行的存款特别是定期存款,用起来就没那么方便,它的购买力就差一些。
>
> 中央银行就是根据各种货币的这些不同特点,把它们分成不同的层次,以便对它们进行监测和控制。我国中央银行目前把货币供应量分成三个层次:M_0、M_1、M_2(图7-2)。

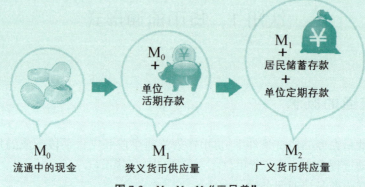

图7-2 M_0、M_1、M_2 "三兄弟"

> M_0 = 流通中的现金——别看我排行最小,可我能力最强! 想买什么就买什么,想什么时候买就什么时候买!
>
> M_1 = M_0 + 单位活期存款——我是老二 M_1! 虽然我被夹在中间,可是只要我愿意,我随时就能变成 M_0!
>
> M_2 = M_1 + 单位定期存款 + 居民储蓄存款——我是老大 M_2! 虽然有点儿行动不便,可我肚量最大,您要攒钱得靠我!

我国人民币现金货币以中国人民银行为中心进行流通,通过商业银行和其他金融机构的业务活动,经过不同渠道进入流通,并经过不同渠道回到各商业银行和其他金融机构,最后流回中国人民银行,退出流通。

人民币从中国人民银行现金发行库直接进入商业银行和其他金融机构现金业务库的过程,称为现金发行;再由商业银行和其他金融机构现金业务库通过不同渠道进入流通领域,即形成企事业单位库存现金和居民手持现金的过程,称为现金投放;随着企事业单位和个人用现金进行各种支付,流通中的现金流回商业银行和其他金融机构的过程,称为现金归行;商业银行和其他金融机构将超过其业务库存限额的现金送缴中国人民银行发行库的过程,称为现金回笼。

 知识链接

现金投放与回笼(图7-3)

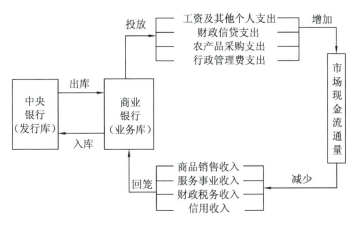

图 7-3 现金投放与回笼

(二) 存款货币流通

存款货币流通也叫非现金流通,是银行转账结算引起的货币流通,具体表现为存款人在银行开立存款账户的基础上,通过在银行存款账户上划转款项的办法所进行的货币收付行为。因此,存款货币流通必须以各企业、单位在银行开立存款账户为条件。

通过转账结算进行的存款货币流通主要适用于大额商品交易或其他大额货币的收支,是当代各国货币流通的主要形式。随着科学技术的进步和信用制度的发展,存款货币流通在整个货币流通中所占的比重也越来越大。

 知识链接

"三票一卡"为主体的银行转账结算体系

1988年以来,中国人民银行不断改革支付结算,建立了以"三票一卡"为主体的结算体系。目前可供企业单位选择的结算方式包括银行汇票、银行承兑汇票、商业承兑汇票、银行本票、支票、信用卡、汇兑、委托收款、托收承付、国内信用证等。从近几年的银行结算实践看,开办情况好的有支票、银行汇票、汇兑、委托收款,比较好的有银行承兑汇票、信用卡、托收承付,比较差的为银行本票、商业承兑汇票,至今几乎未开办的为国内信用证结算方式。同时,国家还鼓励网上支付业务的开展。

存款货币流通和现金货币流通共同构成国民经济中统一的货币流通,即国民经济中货币流通总额=现金流通额+转账结算额。

现金货币流通与存款货币流通在一定条件下可以相互转化,其转化结果引起现金货币量和存款货币量此增彼减。现金货币流通量的减少必然导致存款货币流通量的增加,现金货币流通量增加则存款货币流通量必然减少。

(三) 广义货币流通

在现代信用货币制度下,现金货币和存款货币实际上都是由银行信贷提供的,银行信贷的扩张与收缩直接影响货币供给量的增加与减少。广义货币流通实际上就是银行信用的投放与回笼所形成的货币运动,既包括存款货币流通,也包括现金货币流通。

存款货币流通具体表现为存款货币在银行存款人各存款账户之间的等量转移,整个过程是在银行体系内部账面上进行的。只要这种转移不涉及银行信贷总规模,存款货币流通的结果就只是银行与企业间等量债务、债权的此增彼减,除了存款货币与现金货币相互转化外,并不引起存款货币进入或退出流通。但是,无论是存款货币还是现金货币的流通,一旦涉及银行信贷的投放和回笼,则必然引起包括存款货币和现金货币在内的广义货币流通总量增加或减少。例如,当借款人归还银行贷款时,若用现金货币归还,则流通中现金量减少;若用银行存款货币归还,则存款货币减少。反之,当借款人从银行获得贷款时,若直接提取现金,则流通中现金增加;若转入借款人在银行的存款户,则存款货币增加。银行的其他信贷投放与回笼都有同样规律,所以,银行信贷投放与回笼是存款货币和现金货币流通的总渠道。

无论是现金货币还是存款货币,都是由银行信贷渠道提供的,只要银行运用资金,如发放贷款,票据贴现,买入金银、外汇和有价证券,流通中货币总量都会随着这些运用量的增加而等量增加;只要银行资金运用量减少,如收回贷款,贴现票据到期收回票款,卖出金银、外汇和有价证券,流通中货币总量都会相应减少。

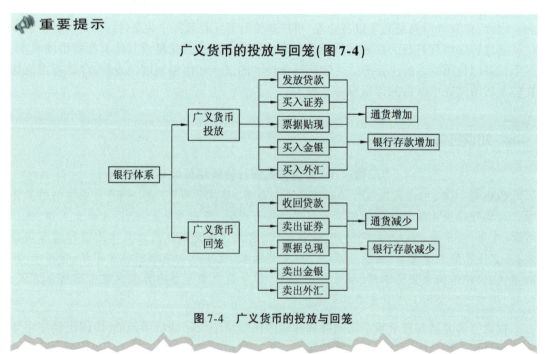

图7-4 广义货币的投放与回笼

认知2 货币供应量

一、货币供应量的概念

货币供应量,是指一国在某一时点上为社会经济运转服务的货币存量,它由包括中央银行在内的金融机构供应的存款货币和现金货币两部分构成。

货币供应量也叫货币流通量、流通中货币量、货币存量。

> **重要提示**
> 货币供应量不能理解为货币发行量,因为货币发行量通常是指现钞发行的发生额。货币供应量也不能理解为货币投放量,因为货币投放包括现金和信贷投放。货币供应量是指包括存款等在内的广义货币的投放发生额减去回笼后的结存额,它是个存量概念。

二、决定货币供应量的因素

在现代信用制度下,决定一国货币供给的基本因素是银行信贷收支和财政收支状况。银行信贷是货币流通的总闸门和调节器,在一定时期内,货币供应量的多少直接取决于银行信贷收支。同时,财政收支对银行信贷的收支也具有重要影响。

(一)银行信贷收支与货币供应量的关系

银行信贷包括商业银行信贷和中央银行信贷,两者与货币供应既相联系,又有区别。

1. 商业银行信贷收支与货币供应量的关系

商业银行信贷收支与货币供应量的关系主要表现在两个方面:一是商业银行信贷收支是货币供应的总闸门和调节器。商业银行是现代货币供给的主体。在现代银行信用制度和信用货币流通条件下,流通中的货币,无论是现金货币还是存款货币,都是通过银行信用渠道,即通过银行信贷收支进入流通和退出流通的。商业银行的信贷收支直接影响货币供应量的增减,因此,一国货币管理部门通过对商业银行信贷收支的控制和调节,可以起到控制和调节货币供给量的作用。二是商业银行具有创造信用(货币)的职能。在现代信用制度下,所谓创造信用也就是创造包括 M_0、M_1 和 M_2 在内的货币供应量。商业银行扩张信贷规模主要是发行贷款,同时也就创造了存款货币。在创造出存款货币的基础上,通过存款人提取现金,一部分存款货币又可以转化为现金货币。在现代信用货币流通制度下,流通中货币供给量随着商业银行信贷规模的变动而消长,适当的商业银行信贷规模是合理货币供给量的前提。

知识链接

原始存款、派生存款、货币(信用)创造

原始存款是指银行以现金形式吸收的、能增加其准备金的存款。

派生存款是指由商业银行发放贷款、办理贴现或投资等业务活动引申而来的存款。

货币创造就是派生存款产生的过程，即商业银行吸收存款、发放贷款，形成新的存款额，最终导致银行体系存款总量增加的过程。

货币创造必须具备两大基本条件。

(1) 准备金制度：准备金的多少与派生存款量直接相关。存款准备金率提高，银行可用的资金就减少，派生存款量也相应减少；反之，存款准备金率降低，银行可用资金就增加，派生存款量也相应增加。

(2) 非现金结算制度：在现代信用制度下，银行向客户贷款是通过增加客户在银行存款账户的余额进行的，客户则是通过签发支票来完成其支付行为。因此，银行在增加贷款或投资的同时，也增加了存款额，即创造出了派生存款。如果客户以提取现金方式向银行取得贷款，就不会形成派生存款。

2. 中央银行信贷收支与货币供给量的关系

中央银行并不直接向社会提供货币供给量，它与货币供给量的关系主要体现在中央银行信贷调控与商业银行信贷收支的关系上，即主要是通过中央银行信贷调控影响商业银行信贷收支，进而影响货币供给量。中央银行对商业银行信贷能力的影响主要表现在以下几方面。

一是中央银行调整法定存款准备金率影响商业银行信贷能力。当中央银行提高法定存款准备金率时，商业银行法定准备金存款增加，超额准备金存款减少，贷款和投资能力降低，货币供给量减少；反之，当中央银行降低法定存款准备金率时，商业银行超额准备金增加，可用于贷款和投资的资金增加，信贷能力提高，货币供给量增加。

案例76

2018年以来央行降准情况

2018年以来，人民银行15次下调存款准备金率，共释放长期资金约11.8万亿元(图7-5)。其中，2018年4次降准释放资金约3.65万亿元，2019年3次降准释放资金约2.7万亿元，2020年3次降准释放资金约1.75万亿元，2021年2次降准释放资金约2.2万亿元，2022年2次降准释放资金1.03万亿元，2023年1次降准释放资金超过5 000亿元。降准政策的实施，优化了金融机构的资金结构，满足了银行体系特殊时点的流动性需求，加大了对中小微企业的支持力度，降低了社会融资成本，推进了市场化、法治化"债转股"，鼓励了广大农村金融机构服务当地、服务实体，有力地支持了疫情防控和企业复工复产，发挥了支持实体经济的积极作用。

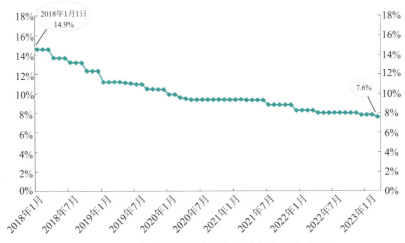

图 7-5　2018 年以来我国法定存款准备金率变动情况

（资料来源：中国人民银行网站，http：∥www.pbc.gov.cn/rmyh/4027845/index.html。）

案例分析

1. 中央银行下调法定存款准备金率为什么能释放长期资金？
2. 从图 7-5 看，我国法定存款准备金率的变动趋势是什么？

案例 76 分析解答

> **重要提示**
>
> **基础货币与货币供应量的关系**
>
> 基本原理：货币供应量（M_2）= 基础货币（B）× 货币乘数（K）。其中，基础货币是流通中现金和银行的准备金之和；货币乘数是货币供应量与基础货币间的倍数关系，指单位基础货币所生成的货币供应量，货币乘数主要受流通中现金对存款的比率和准备金对存款的比率（存款准备金率）的影响。流通中现金对存款的比率受公众行为影响。存款准备金率是法定存款准备金率与超额存款准备金率之和，法定存款准备金率由央行确定，超额存款准备金率由金融机构行为决定。

二是中央银行对商业银行发放和收回贷款（包括再贴现）影响商业银行信贷能力。当中央银行对商业银行发放贷款或再贴现票据时，商业银行在中央银行超额准备金存款增加，可用资金头寸增加，信贷能力增强，货币供给能力增强。而当中央银行从商业银行收回贷款时，商业银行在中央银行的超额准备金存款减少。当中央银行再贴现的票据到期时，票据付款人要用其在商业银行的存款兑付，这时商业银行客户存款减少，商业银行在中央银行的超额准备金也减少。无论中央银行从商业银行收回贷款还是再贴现票据到期兑付，都会使商业银行在中央银行随时可用的超额准备金存款减少，因而其对工商企业和个人的贷款能力降低，货币供给能力降低。

三是中央银行通过调控其黄金、外汇储备影响商业银行信贷能力。中央银行增加黄金、外汇储备时，无论黄金与外汇来自商业银行还是企业，都会增加商业银行超额准备金；反之,中央银行减少黄金、外汇储备时,无论购买者是企业还是商业银行,也都会减少商业银行的超额准备金。

四是中央银行在公开市场买卖有价证券影响商业银行的信贷能力。当中央银行从商业银行买进有价证券时,直接将证券价款转入商业银行在中央银行的准备金存款账户,直接影响商业银行超额准备金存款,提高商业银行信贷能力和货币供给能力;商业银行从中央银行买进证券的情况则与之相反。

重要提示

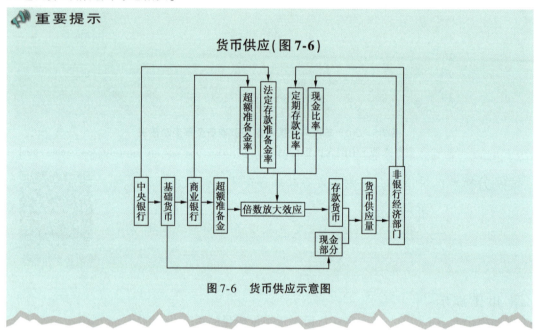

图7-6 货币供应示意图

(二)财政收支与货币供给量的关系

财政收支与货币供给量具有密切关系,表现在财政收支必然引起相应的银行信贷收支。因为在现代信用货币制度下,一方面,中央银行代理或经理国库业务,国家财政收入都要通过商业银行,最后划转中央银行,形成中央银行的信贷收入和资金来源,国家财政的一切支出,都要通过中央银行的财政金库存款拨付,划转到商业银行开户的各单位去;另一方面,财政支出使中央银行财政金库存款减少,造成中央银行信贷支出和信贷资金的减少,同时,接受财政拨款的单位在商业银行的存款增加,因而构成商业银行信贷收入和资金来源的增加。

财政借款变动也影响货币供给量。如果财政出现赤字,必然表现为财政借款大于财政存款,或财政出现透支,从而引起货币供给量的增加。

认知3 货币需求量

一、货币需求的概念

货币需求是指在一定时间和空间范围内,社会各部门在既定的收入或财富范围内能够而且愿意以货币形式持有的金融资产的数量。货币需求是一个存量概念,货币需求以收入或财富为前提,现实中的货币需求包括现金和存款货币的需求,人们对货币的需求既包括执行流通手段和支付手段职能的货币需求,也包括执行价值贮藏手段职能的货币需求。

在信用货币制度下,货币需求一般体现为名义货币需求和实际货币需求两类。

  重要提示

名义货币需求,是指社会各经济部门当时所实际持有的货币单位的数量;实际货币需求,是指名义货币数量扣除物价变动因素之后的那部分货币余额,它等于名义货币需求除以物价水平。名义货币需求与实际货币需求的根本区别在于是否剔除了通货膨胀或通货紧缩所引起的物价变动的影响。

二、影响货币需求量的因素

马克思的货币需求理论是通过货币流通规律揭示出来的。马克思在分析了商品流通与货币流通的关系后,揭示了著名的货币流通规律。

货币流通规律是决定商品流通过程中货币需求量的规律。决定流通中货币需求量(M)的因素有三个:待实现的商品数量(Q)、商品价格水平(P)、货币流通速度(V)。

用公式表示为:$M = PQ/V$,具体见图 7-7。

图 7-7　货币流通公式图解

马克思的货币流通公式不仅表达了决定货币需求量的因素,即商品数量、商品价格水平和货币流通速度,同时也反映了货币需求量与其决定因素之间的关系。这些关系表现在以下两个方面。

一是货币需求量与商品数量、商品价格水平进而与商品价格总额成正比。商品价格总额是决定货币需求量的最根本的因素。商品价格总额越大,需要的货币量越多;反之就越少。当价格水平一定时,商品价格总额取决于商品数量,商品数量越多,商品价格总额越大,需要的货币量就越多;反之就越少。因而货币需求量与商品数量、价格水平呈正比例关系。

二是货币需求量与货币流通速度成反比。货币流通速度是单位货币在一定时期内在商品交易者之间的转手次数。在商品价格总额一定的条件下,货币的流通次数增加,需要的货币量就会减少;货币的流通次数减少,需要的货币量就会增加。货币需求量与货币流通速度成反比例关系。

影响货币需求量的主要因素有：① 收入；② 价格；③ 利率；④ 货币流通速度；⑤ 金融资产的收益率；⑥ 企业与个人对利润与价格的预期；⑦ 财政收支状况；⑧ 其他因素。

知识链接

西方现代经济理论学派货币需求理论

居民、企业等持有货币是出于不同的动机，这些动机分为交易性货币需求、预防性货币需求和投机性货币需求等。

交易性货币需求是居民和企业为了交易的目的而形成的对货币的需求。居民和企业为了顺利进行交易活动就必须持有一定的货币量。交易性货币需求是由收入水平和利率水平共同决定的。

预防性货币需求是指人们为了应付意外事故而形成的对货币的需求。预防性货币需求与利息率有密切的关系，当利率低时，持有货币的成本低，人们就会持有较多的货币以预防意外事件的发生；当市场利率足够高时，人们可能试图承担预防性货币减少的风险，将这种货币的一部分变为生息资本，以期获得较高的利息。

投机性货币需求是由于未来利息率的不确定，人们为了避免资本损失或增加资本利息，及时调整资产结构而形成的货币需求。

认知 4　通货膨胀

国民党统治时期我国法币通货膨胀情况（图 7-8）

日期	价格
1949年4月21日下午	1 800 000元/石
1949年4月21日上午	1 400 000元/石
1949年4月17日	1 200 000元/石
1949年4月16日	600 000元/石
1949年4月3日	250 000元/石
1949年3月29日	160 000元/石
1949年2月5日	90 000元/石
1949年1月10日	13 500元/石
1949年1月6日	1 000元/石
1949年1月4日	860元/石
1948年11月7日	700元/石
1948年4月8日	450元/石

图 7-8　国民党统治时期我国法币通货膨胀情况

（资料来源：百度文库原创力文档知识共享平台，https：//max.book118.com/html/2016/1015/59240704.shtm。）

案例分析　1. 请根据资料计算一下1949年法币通胀率是多少。
　　　　　2. 上网搜索国民党统治时期的法币历史。

案例77 分析解答

一、通货膨胀的定义

通货膨胀是指在一定时期内一般物价水平持续上涨的现象。理解通货膨胀的定义,应注意以下几点。

第一,通货膨胀所指的物价上涨不是指个别商品或劳务价格的上涨,而是指价格总水平的上涨。

第二,通货膨胀不是指一次性或短期的价格总水平的上升,而是指一般物价水平持续上升,且成为不可逆转的趋势。

第三,通货膨胀与纸币流通相联系,是纸币流通条件下的特有现象。

重要提示

通货膨胀率

通货膨胀率是指物价指数总水平与国民生产总值实际增长率之差,即通货膨胀率＝物价指数总水平－国民生产总值实际增长率。

二、通货膨胀的类型

通货膨胀的类型如图7-9所示。

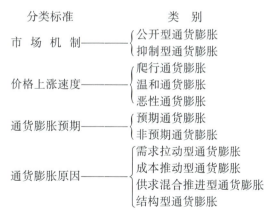

图7-9　通货膨胀分类

（1）公开型通货膨胀,是指在市场经济功能发挥得比较充分的前提下,价格对供求的反应很灵敏。过度需求一定会通过价格的变动来平衡,当商品市场出现缺口时,商品价格会上涨。

（2）抑制型通货膨胀,是指在政府控制商品价格和货币工资时,过度需求不能通过价格上涨被吸收,需求压力没有消除,只是被压抑了。其表现形式是黑市、排队、凭票购买等,一旦政府控制放松,商品的价格和货币工资会上升。

凭票购物

粮票和布票是计划经济的产物,是抑制型通货膨胀的具体体现。20 世纪 50 年代初,我国粮食短缺。中央政务院于 1953 年 10 月发布命令:全国实行粮食计划供应,采取凭证定量售粮办法,于是"粮票"出现了。北京从 1960 年 8 月起在全市饮食业实行凭票用餐,食油、禽、蛋、肉、豆制品、蔬菜也实行限量供应,还增发了补助豆票、糕点票,高级脑力劳动者补助油票,节日补助油票。这一时期票据种类繁多,除了粮票、油票、布票外,有些地方还发放过煤球票、冰棍票、烟酒糖票、豆腐票等。20 世纪 90 年代以来,粮食供求走向市场,粮票消亡成为历史的必然。继各省市地方粮票逐步取消之后,1993 年 5 月,北京最后停止使用粮票,粮票全面退出历史舞台。

(资料来源:王贞,《票证的记忆》,《北京档案》2018 年 10 期;中央人民政府网站,https://www.gov.cn/jrzg/2008-11/22/content_1156705.htm。)

案例分析 1. 根据资料分析抑制型通货膨胀的特点。
2. 上网搜索粮票、布票、糖票、煤票的样式。

案例78 分析解答

(3)温和或缓行通货膨胀,指通货膨胀率低,而且呈较为稳定、缓慢的上涨,物价较为稳定,货币不会有明显的贬值。

(4)恶性通货膨胀,指通货膨胀率在 3 位数以上,物价连续狂涨,货币价值不断下降,人们不愿持有纸币,或抢购物资,或持有外币,已对经济社会生活产生极其不利的影响,甚至引发政局动荡。

(5)需求拉动型通货膨胀,是指商品和劳务的总需求超过商品和劳务的总供给所造成的过度需求拉动了物价的普遍上升(图 7-10)。需求拉动型通货膨胀是一种最常见的通货膨胀,这种通货膨胀是由于货币供给过度增加导致需求过剩而产生的,是太多的货币追逐太少的商品的结果。

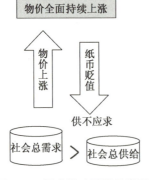

图 7-10 需求拉动型通货膨胀

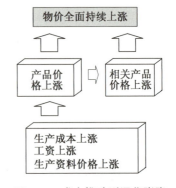

图 7-11 成本推动型通货膨胀

(6)成本推动型通货膨胀,是指在总需求不变的情况下,由于生产要素价格(包括工资、租金、利润以及利息)上涨,致使生产成本上升,从而导致物价总水平持续上涨的现象(图 7-11)。

（7）结构型通货膨胀，是指在总需求和总供给大体处于平衡状态时，由于经济结构因素所引起的物价持续上涨。结构型通货膨胀通常是由部门结构之间的某些特点引起的，一些部门在需求方面或成本方面的变动，往往通过部门之间相互看齐的过程而影响其他部门，从而引起一般物价水平的上涨。

案例79

2022年美国正在承受40年未遇的高通胀

2022年5月，美国居民消费价格指数（CPI）、工业品出厂价格指数（PPI）同比涨幅分别达到8.6%和10.8%，均处于40多年来的高位。2022年6月食品的价格同比上涨10.4%，汽油价格同比上涨59.9%，电和燃气的价格同比也分别增长了19.7%和13.7%。日常生活必需品价格都在提高。美国通胀呈现出三个特点：一是涨价范围广。当前从生产到消费、从商品到服务，美国各个领域的价格全面上涨。二是涨价速度猛。截至2022年5月，美国CPI同比涨幅已连续6个月超过7%，核心CPI已连续5个月维持在6%以上。三是通胀预期久。通胀持续"爆表"使得美国通胀持久化的预期得到强化。

（资料来源：央视网，https：//tv.cctv.cn/2022/08/11/VIDEFT9v4npCJYU77ss21vsv220811.shtml。）

案例分析 1. 请查一查什么是居民消费价格指数（CPI），什么是工业品出厂价格指数（PPI）。
2. 根据案例材料，你认为美国的通货膨胀属于何种类型的通货膨胀？

案例79 分析解答

三、通货膨胀对社会经济的影响

（一）通货膨胀对生产的影响

1. 通货膨胀使社会生产的正常比例受到破坏

通货膨胀期间，物价上涨是不平衡的，某些商品价格上涨较快，于是生产这些商品的部门的利润率就特别高，大量的资本就会流向这些部门，并使这些部门的生产扩大；反之，某些部门的商品价格上涨较慢，这些部门的生产就会缩减。我国在引入市场机制条件下，通货膨胀也会破坏社会再生产的比例。通货膨胀使企业的投资向加工工业倾斜。这是因为加工工业产品的投资相比基础工业所需投资较少，投资回收快，比较容易避免通货膨胀的损害。而我国基础工业产品本来就处于短缺状态，企业投资向加工工业倾斜会使这种不合理的产业结构更加不合理。

2. 通货膨胀使生产性投资减少，不利于生产长期稳定发展

从一个经济周期看，通货膨胀刺激生产较难，提高物价比较容易。当通货膨胀预期形成后，企业由于利润率下降，不愿投资于生产领域，而是将资金投向金融市场，因为后者获利机会和数量要大得多。因此，在通货膨胀条件下，不但不能产生大量资金投资生产领域的效果，而且原已在生产领域的资金也会被抽出而流向流通领域和金融市场，其结果是生产性投

资减少,生产萎缩。

(二) 通货膨胀对流通的影响

1. 通货膨胀使流通领域原有的平衡被打破,使正常的流通受阻

由于通货膨胀引起的物价上涨是不均衡的,商品就会冲破原有的渠道,改变原有的流向,向价格上涨更快的地方流动,这就打乱了企业之间原有的购销渠道,破坏了商品的正常流向。

2. 通货膨胀在流通领域制造或加剧供给与需求的矛盾

在通货膨胀情况下,人们抢购惜售,投机者大搞囤积居奇,使本来供需平衡的市场变得不平衡。市场供需的失衡,反过来推动物价水平的不断上涨。

(三) 通货膨胀对分配的影响

1. 通货膨胀使得单位货币购买力下降

由于物价的上涨一般都先于工资的增长,依靠固定工资生活的人员自然就减少了实际收入而成为受害者。在通货膨胀中得到好处的主要是从事商业活动的单位和个人,特别是在流通领域中哄抬物价、变相涨价、"搭车"提价的单位和个人。

2. 通货膨胀改变了社会成员原有财富的占有比例

社会成员的财富如果是以实物资产保存的,当其所持有的资产物价上涨率大于物价总水平上涨率时,该成员将是受益者;当其所持有的资产物价上涨率小于物价总水平上涨率时,该成员将是受损者。

对以货币形式(如存款)负债的人,通货膨胀减少了其实际债务,因而这类人是受益人。如果把社会成员分为居民个人、企业和政府三个部门,由于居民个人在总体上是货币多余者,处于净债权地位,企业和政府是货币不足者,处于净债务地位,因而在通货膨胀条件下,居民个人是受损者,而企业和政府则是受益者。

(四) 通货膨胀对消费的影响

在通货膨胀条件下,物价上涨,币值下降,人们通过分配而获得的货币收入就不能购买到相等的消费资料,实际上是减少了居民的收入,意味着居民消费水平下降,而消费水平的下降,又限制了下一阶段的发展。另外,由于物价上涨的不平衡性,高收入阶层和低收入阶层所受的损失不一致,会加剧社会成员之间的矛盾。同时,通货膨胀造成市场混乱,投机分子的囤积居奇又加剧了市场供需之间的矛盾,使一般消费者的损失更大。

四、通货膨胀的治理

(一) 实行紧缩性货币政策和财政政策

通货膨胀是货币供给量超过必要量、总需求超过总供给引起的,应采取措施紧缩总需求,也就是要紧缩消费支出、投资支出和政府支出,促使总需求接近总供给,以稳定物价。紧缩总需求主要有以下途径:

（1）采取紧缩性货币政策。要制止通货膨胀，首先要减少货币供给量的增长，即把货币供给量增长率降到与经济增长率相适应，这样物价才有可能稳定。政府控制货币供给量，就可有效地防止通货膨胀。

（2）采取紧缩性财政政策。削减政府预算，压缩政府投资，可以直接减少社会总投资需求。还可以通过增加税收来增加政府收入，以弥补财政赤字，最终可以抑制社会总需求的膨胀。

（二）实施收入政策

针对成本推动型通货膨胀，应该采取以管制物价和工资为内容的收入政策，即由政府拟定物价和工资标准，劳资双方共同遵守，其目的是一方面降低通货膨胀率，另一方面不至于造成大规模的失业。

（三）实施供应政策

造成通货膨胀主要有两方面因素：一方面是需求的膨胀，另一方面则是供给的相对短缺。因此，治理通货膨胀可以从两方面入手：抑制需求膨胀，促进供给增加。

 知识链接

通货膨胀与通货紧缩

通货紧缩作为通货膨胀的反现象，表现为物价的普遍持续下降，货币供给量的连续下降，有效需求不足，经济全面衰退。通货膨胀与通货紧缩的区别见表7-1。

表7-1　通货膨胀与通货紧缩的区别

	通货膨胀	通货紧缩
实质	社会总需求大于社会总供给	社会总需求小于社会总供给
原因	纸币的发行量超过流通中实际需要的货币量	纸币的发行量少于流通中实际需要的货币量
危害	直接引起物价上涨，纸币贬值，经济秩序混乱，生活水平下降，影响社会稳定	直接引起物价下跌，影响企业生产和投资的积极性，市场销售困难，影响经济的长远发展，失业率上升

注：适度的通货膨胀有利于刺激经济增长和缓解就业压力。

扫码看视频7

单元八

金融市场

掌握金融市场的含义和一般特征；认知金融市场的种类和功能；认知我国金融市场构成体系，能通过案例分析感受和理解中国金融市场发展成就，提升对中国金融市场发展特色的认同感；能初步运用金融市场基本知识，观察和分析社会金融实践活动的现象和本质。

1. 金融市场的概念是什么？有哪些构成要素？基本种类有哪些？
2. 中国金融市场构成体系是什么样的？
3. 中国各类金融市场的基本特征是什么？
4. 中国金融市场的建设发展成就有哪些？

人民银行发布 2021 年 2 月股票市场运行情况（图 8-1）

图 8-1　2021 年 2 月股票市场运行情况

（资料来源：雪球网，https://xueqiu.com/1694220181/174976481。）

案例分析 1. 查一查股票市场的功能是什么，我国有哪些股票市场。
2. 案例资料中的"上证综指"是什么？该指数变化的经济含义是什么？

案例 80 分析解答

认知 1 金融市场要素

一、金融市场的概念

金融市场是资金融通市场，是指资金供应者和资金需求者双方通过信用工具进行交易而融通资金的市场，广而言之，是实现货币借贷和资金融通、办理各种票据和有价证券交易活动的市场。市场的基本分类如图 8-2 所示。

图 8-2 市场基本分类

金融市场的资金融通方式有两种（图 8-3）：

一是直接融资，即资金供求双方不经过金融中介机构直接进行票据、证券的买卖及货币的借贷以融通资金。例如政府通过发行国债、公司通过发行公司债券和股票来筹集资金，就是直接融资的表现形式。

二是间接融资，即资金供求双方不直接接触，而是由资金盈余部门将资金先提供给金融中介机构，再由金融中介机构将资金提供给资金短缺部门。例如，个人把钱存入银行，银行再把钱贷给企业，就是间接融资的表现形式。

以上两种融资方式构成了现代金融市场的基本内容。

图 8-3 金融市场的融资方式

二、金融市场的构成要素

一个完善的金融市场，一般包括以下基本要素。

（一）金融市场交易的主体，即参加者

金融交易同其他交易一样，要有交易双方，即货币资金的供给者和需求者，也就是金融市场业务活动的参加者，一般有政府、企业、金融中介机构、家庭和个人。

（1）政府：既是资金的需求者又是金融市场的管理者。政府是一国金融市场上主要的资金需求者，从中央政府到地方政府，为了建设公共工程，为了弥补财政赤字，一般都通过发行国库券和公债等方式筹集所需资金，从而使政府主要以资金需求者的身份在发行市场上活动。对金融市场的监管，政府主要是授权给相应的监管机构，有时也直接出面对金融市场施加影响，如政策的制定与实施等。

（2）企业：既是资金的需求者又是资金的供给者。金融市场是企业筹集各种资金，运用闲置资金进行金融投资的理想场所。因此企业在金融市场上具有资金需求者和资金供给者的双重身份。

（3）金融中介机构：既是资金的需求者和供给者，又是市场的中介。金融中介机构是短期金融市场的主要投资者，它们通过同业拆借、票据贴现、抵押贷款以及买进短期债券等方式向市场提供资金；金融中介机构要向市场提供资金，首先要筹集资金，即利用吸收存款、拆借资金、出售短期债券、再贴现等筹集资金；金融中介机构又是交易市场的媒介，即通过吸收存款、发放贷款获取利息收入。

（4）家庭和个人：主要是资金供应者。家庭和个人在金融市场上既是资金需求者又是资金的供应者，但主要是资金供应者。这是因为，尽管家庭和个人经常需要借入资金用于提前消费、大额消费和投资等，但大多数家庭和个人或是出于节俭，或是为了预防不测、养老和子女教育等，往往将收入和支出相抵后的剩余用于间接投资，即储蓄或购买有价证券。家庭和个人的投资具有分散性，使得金融市场具有广泛的参与性和多样性。

 知识链接

斧头型、锤子型、铁锹型家庭理财法

斧头型理财：稳扎稳打好投资。采用这种理财方式的家庭属于求稳型的理财家庭。这种家庭的收入不是太高，理财观念比较传统，承受风险能力较差，家庭理财要求绝对稳健，宜采用储蓄占40%、国债占30%、银行理财产品占20%、保险占10%的投资组合，正好像一把斧头。储蓄是"斧头"最锋利的部分，支持着家庭资产的稳妥增值；国债和银行理财产品放在中间，收益较高，也很稳妥，为"斧头"增添力量；保险的比率虽然只有10%，但可以帮家庭渡过难关。

锤子型理财：小风险换大收益。采用这种理财方式的家庭属于中等收入家庭，能够承受一定风险，可以采用储蓄占40%、债券占20%、人民币理财占20%、基金或股票投资占20%的投资组合。这种投资组合储蓄比例较大，而其他投资的比例相同，在结构上呈现一把锤子的形状。40%的储蓄就是"锤头"，债券、人民币理财、开放式基金加起来就是一个"锤柄"。"锤头"是最有力量的部分，而"锤柄"可以通过三四种产品的组合，来增加整个锤子的力量。

铁锹型理财：高风险带来高收益。采用这种理财方式的家庭属于高收入家庭，抗风险能力较强，可以采取开放式基金占50%、房产占50%的投资组合。这种组合比较单一，如同一把铁锹。目前开放式基金持有者依然能实现8%的年平均收益。房产作为一种适合高收

入家庭的投资方式目前仍颇具魅力,选准好的地段进行中长期投资,年收益非常高。关键还要看投资者的理财观念、理财水平和风险承受力。

(二)金融市场交易的客体,即货币资金

各类金融市场交易的主体参与金融市场的目的,无非是交易货币资金而实现自身对利润的追求。资金供给者"卖"出货币资金是为了获取利息或红利;资金需求者"买"进货币资金是为了获取比支付利息或红利更多的利润收入;金融中介机构提供各种服务,是为了获取手续费收入或赚取差价收入。所以,货币资金成为金融市场交易的对象。

(三)金融市场交易的媒介,即金融工具

金融工具即金融商品,是金融市场上交易的对象,包括国家债券、金融债券、企业债券、股票、大额可转让存单、本票、汇票、支票等。通过金融商品的买卖,资金在供给者和需求者之间得以融通。

(四)金融市场交易的价格,即利率

在金融市场上,利率是货币资金商品的"价格",其高低主要由社会平均利润率和资金供求关系决定;反过来,它又对资金供求和流向起着调节和引导作用。也就是说,每一种金融工具的买卖,实际上都是货币资金的借贷,由此而形成的利率则成为金融商品的价格,它必然要随着市场货币资金供求状况的变化而波动。利率的波动既反映着市场资金供求状况,同时又是引导市场资金流向的信号。

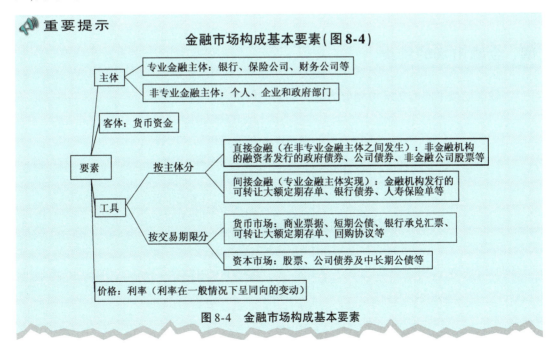

图8-4 金融市场构成基本要素

三、金融市场的功能

金融市场通过组织金融资产、金融产品的交易,可以发挥多方面的功能,见表8-1。

表 8-1　金融市场的功能

功能	介绍
资金融通功能	它提供一个场所,将资金提供者手中的富余资金转移到那些资金需求者手中。
风险分配功能	在转移资金的过程中,同时将实际资产预期现金流的风险重新分配给资金提供者和资金需求者。 金融市场在实现风险分配功能时,金融中介机构是必不可少的。金融机构创造出风险不同的金融工具,可以满足风险偏好不同的资金提供者。
价格发现功能	金融市场上的买方和卖方的相互作用决定了证券的价格,也就是金融资产要求的报酬率。 这个由竞争形成的价格,引导着资金流向效率高的部门和企业,使其得到发展,而效率低的部门和企业得不到资金,会逐步萎缩甚至退出。竞争的结果,促进了社会稀缺资源的合理配置和有效利用。
调节经济功能	金融市场为政府实施宏观经济的间接调控提供了条件。政府可以通过实施货币政策对各级经济主体的行为加以引导和调节。
节约信息成本功能	如果没有金融市场,那么每一个资金提供者寻找适宜的资金需要者,每一个资金需要者寻找适宜的资金供应者,其信息成本是非常高的。

四、金融市场的种类

金融市场按不同的标准可划分为许多不同的种类,如图 8-5 所示。

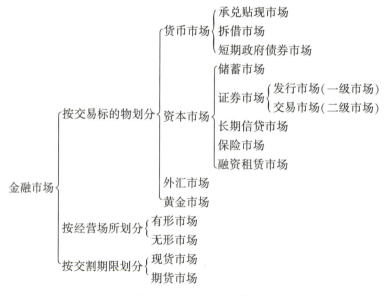

图 8-5　金融市场分类

(1)货币市场,又称为短期金融市场,是指期限在一年以内的资金借贷及短期有价证券的交易市场。它的期限短,流动性高,风险小,交易的目的主要是解决短期资金周转的供求需要,如同业拆借市场、票据贴现市场等。

(2)资本市场,又称为长期金融市场,是指期限在一年以上的资金借贷及长期有价证券的交易市场。它的偿还期限长甚至无期限,风险较大,其筹集资金的目的主要是进行固定资产投资,如证券市场等。

(3)外汇市场,就是指外汇买卖活动的市场,它既包括本国货币与外国货币之间的买卖,也包括不同的外国货币之间的买卖。

(4)黄金市场,是指集中进行黄金买卖和金币兑换的交易市场。

(5)发行市场,又称为一级市场或初级市场,是指新发行的证券从发行者手中出售给投资者的市场。

(6)交易市场,又称为二级市场或次级市场,是指买卖已发行证券的市场,是投资者之间进行金融交易的市场。

(7)有形市场,指有固定的场地、在组织严密的特定交易场所中进行金融交易活动的市场。例如股票的买卖,对股民来说,是在证券公司的营业大厅中进行的,而股票的交易是在证券交易所完成的。

(8)无形市场,是指没有固定的交易场地,通过电话、电报、电传、电脑网络等进行金融交易活动的市场。有形市场和无形市场不能截然划分,两者能够相互衔接,相互转化。

(9)现货市场,是指交易双方达成协议或成交后,当天或在三天以内进行交割的金融交易场所。

(10)期货市场,是指交易双方达成协议或成交后,不立即交割,而在未来的一定时间内,如1个月、2个月或3个月后进行交割的金融交易场所。

知识链接

互联网金融(图8-6)

互联网与金融的结合掀起了全民理财的热潮,低门槛与便捷性让资金快速流动。互联网金融发展正向着移动化、产业化、社交化、社会化的"四化"趋势发展。

图8-6 互联网金融

即学即思 什么是互联网金融？请上网搜索"众筹""数字货币""第三方支付""P2P""保险+证券"的含义。

认知2 货币市场

货币市场是融资期限在一年以内的短期资金交易市场。在这个市场上，用于交易的工具主要有银行票据、可转让大额定期存单、政府发行的国库券等。

货币市场的主要特征如下：

（1）融资期限短。货币市场是提供短期借贷的市场，其交易的金融工具的偿还期一般为1年或1年以下，期限短的只有1天，以3~6个月居多。

（2）融资的目的主要是满足短期资金周转的需要，货币市场的资金供给主要是资金所有者的暂时闲置资金，资金需求一般用于满足流动资金的临时不足。

（3）参与者主要是机构投资者。由于货币市场的融资期限短、交易额大，一般投资者难以涉及。

（4）金融工具具有较强的"货币性"。货币市场交易活动所使用的金融工具期限短，具有较强的流动性，风险较小，随时可在市场上转换成现金而接近于货币，所以有时把货币市场称为短期资金市场。

货币市场根据交易对象不同，可分为以下几种。

一、同业拆借市场

同业拆借市场是指银行等金融机构相互之间进行资金融通活动的市场。通俗地讲，就是金融机构相互借钱的市场，参加者都是金融机构。银行等金融机构在业务经营过程中，往往会出现所谓时间差、空间差。某些银行今天的资金暂时有余，明日则可能不足，另外一些银行则相反，即出现时间差；或者是某地银行出现多余资金，而其他地方的银行的资金面临不足，即出现空间差。这就产生了银行等金融机构同业之间的资金拆借交易。

同业拆借市场的特点表现在：

（1）期限短。

（2）拆借资金都很大。

（3）拆借利率由融资双方根据资金供求关系及其他因素自由议定，日拆利率每天不同，甚至每时不同，这个利率是货币市场松紧程度的指示器，所以被货币市场上的观察家所关注。

（4）拆借可以通过中介机构进行，也可以由拆借双方直接联系，洽谈成交。

（5）同业拆借一般不须提供担保品，属于信用拆借，一般用于一日或几日内的拆借，拆出和收回都通过中央银行的电子资金转账系统直接转账完成。也有担保拆借，多采用购回协议的方式，即拆入方提供短期票据或政府债券作为担保，拆出方买进这些有价证券，当拆期届满还款时,以相反的方向进行证券的买卖,并加上利息。

即学即思 观察图 8-7 中 6 个月银行间同业拆借利率走势;登录中国人民银行网站查一查不同期限的银行同业拆借利率是多少[隔夜(O/N)、1 周(1W)、2 周(2W)、3 周(3W)、1 个月(1M)、2 个月(2M)、3 个月(3M)、4 个月(4M)、6 个月(6M)、9 个月(9M)、1 年(1Y)等]。

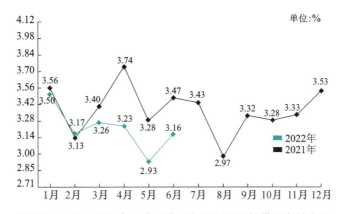

图 8-7 2021—2022 年 6 个月全国银行间同业拆借利率对比图

(资料来源:中国人民银行网站,http:∥www.pbc.gov.cn/zhengcehuobisi/125207/125213/125440/3876551/index.html。)

二、票据市场

票据市场包括票据承兑市场和票据贴现市场。

票据承兑市场是指授予承兑保证、创造承兑汇票的市场。

 **重要提示**

承兑是指汇票付款人承诺在汇票到期日支付汇票金额的一种票据行为。由企业承兑的汇票叫商业承兑汇票,由银行承兑的汇票叫银行承兑汇票。银行承兑汇票具有付款人和承兑银行的双重保证,可随时在市场上转让流通,是银行和客户都乐于接受的金融工具。

票据贴现市场是指对未到期的票据进行贴现,为客户提供短期资金融通的市场。在票据贴现市场上办理贴现业务的机构主要有商业银行、贴现公司、中央银行等,可用以贴现的票据主要是经过背书的本票和经过承兑的汇票。票据贴现可以分为三种,分别是贴现、再贴现和转贴现。

重要提示

贴现是指票据持有人持未到期的票据向商业银行兑取现款以获得短期融资的行为,它反映企业与商业银行之间的关系;再贴现是指商业银行将其贴现收进的未到期的票据卖给中央银行的票据转让行为,它反映中央银行与商业银行之间的关系;转贴现是指商业银行将其贴现收进的未到期的票据卖给其他商业银行或贴现公司的票据转让行为,它反映商业银行与商业银行之间的关系。

 知识链接

票据的种类(表8-2)

表8-2 票据的种类

票据	定 义	特 征	分 类
本票	出票人签发的,承诺自己在见票时无条件支付确定的金额给收款人或者持票人的票据	出票人必须具有支付本票金额的可靠资金来源,并保证支付。本票出票人的资格由中国人民银行审定	本票按票面是否载明受款人姓名,可分为记名本票和不记名本票;按票面有无到期日可分为定期本票和即期本票
支票	出票人签发的,委托办理支票存款业务的银行或者其他金融机构在见票时无条件支付确定的金额给收款人或者持票人的票据	开立支票存款账户和领用支票,应当有可靠的资信,并存入一定的资金。支票可以支付现金,也可以转账,用于转账时,应当在支票正面注明	支票中专门用于支取现金的为现金支票,只能用于支取现金;支票中专门用于转账的为转账支票,只能用于转账,不得支取现金
汇票	出票人签发的,委托付款人在见票时或者在指定日期无条件支付确定的金额给收款人或者持票人的票据	汇票的出票人必须与付款人具有真实的委托付款关系,并且具有支付汇票金额的可靠资金来源	按承兑人的不同,商业汇票又可分为商业承兑汇票和银行承兑汇票。前者是由收款人或付款人签发,由作为付款人的企业承兑的远期汇票;后者是由收款人或付款人出票,经付款人委托其开户银行承兑,银行允诺承担最后付款责任的远期汇票

三、可转让大额定期存单市场

可转让大额定期存单,简称存单,是由银行业存款类金融机构面向非金融机构投资人发行的记账式大额存款凭证。简而言之,就是银行发行的金额较大的存款产品。存单的出现推动了商业银行利用货币市场借入资金满足贷款增长的需要。

 知识链接

定期存款与可转让大额定期存单的区别（表 8-3）

表 8-3　定期存款与可转让大额定期存单的区别

定期存款	可转让大额定期存单
定期存款是记名的，不能转让，不能在金融市场上流通	存单是不记名的，能在金融市场上流通
定期存款的金额是不固定的，有大有小，有整有零	存单的金额是固定的，而且是大额整数
定期存款在没有到期前可以提前支取，不过损失了应得的较高利息	存单不能提前支取，只能到期支取
定期存款的期限多为长期	存单的期限多为短期，14 天到 1 年不等，超过 1 年的比较少
定期存款的利率大多是固定的	不管存单的利率是固定的还是浮动的，在次级市场上转让时，须按当时市场利率水平计算

 案例 81

2022 年中国工商银行可转让大额存单产品及利率（表 8-4）

表 8-4　2022 年中国工商银行可转让大额存单产品及利率

产品名称	中国工商银行 2022 年第二期个人大额存单 – 新客（可转让）
发行期	2022 年 1 月 1 日—2022 年 12 月 31 日
起息日	发行期内购买当日起息
产品期限	1 年/2 年/3 年
产品起存金额	20 万元
交易级差	0.01 元
产品利率	2.10%/2.70%/3.35%
发售渠道	柜面、自助终端、网银、手机银行
支持介质	存折、存单、综合账户卡
可转让类型	可转让
转让渠道	网上银行、手机银行
销售客群	我行新开立客编 6 个月以内的新客户
付息方式	到期一次还本付息
提前支取计息方式	支持全额提前支取，支持部分提前支取，部分提前支取后剩余本金须大于起存金额；提前支取时按照支取日我行活期存款挂牌利率计息
其他因素	支持质押贷款；发行期内如遇央行利率调整，已购买账户的利率不变

（资料来源：银行信息港网，https：//mip.yinhang123.net/cxck/cunkuanlilv/2775036.html。）

案例分析 根据资料分析中国工商银行可转让大额存单产品的主要特点,包括期限、面值、利率、转让渠道、流通性等方面。

案例81分析解答

四、国库券市场

国库券市场即国库券发行与流通所形成的市场。国库券是为解决国库资金周转困难而发行的短期债务凭证,其主要特点有:

(1) 风险小。国库券以政府的征税权做后盾,以财政收入作为还款保证,几乎不存在信用违约风险,是金融市场上风险最小的信用工具。

(2) 流动性强。因为国库券是短期的,利率风险和市场风险小,有异常活跃的二级市场。

(3) 税负轻。我国及西方国家的国库券收益实行减免税政策。

基于以上特点,国库券成为货币市场上最受欢迎的金融工具之一。国库券市场不仅成为投资者的理想场所,而且也成为政府调节财政收支和中央银行进行公开市场操作以调节货币供应量的重要基地。

五、证券回购市场

证券回购是指债券持有人在卖出一笔债券的同时,与买方签订协议,约定一定期限和价格买回同一笔债券的融资活动。证券回购市场是短期的金融商品交易市场,与同业拆借市场、票据市场共同构成货币市场的基本组成部分。证券回购实质上是一种以证券作为担保的短期融资方式。

买卖双方签订的回购协议有两种常见的方式:一种方式是证券的卖出和买回采用相同的价格,协议到期时以约定的收益率支付费用;另一种方式是买回证券的价格高于卖出时的价格,其差额就是对方的收益额。回购协议市场一般为无形市场,双方通过电话等方式进行交易,商业银行、证券公司及非银行金融机构是回购市场的主要参与者,买卖的对象主要是证券,主要有股票和债券。

认知3 资本市场

案例82

多层次体系"从有到优",资本市场谱写普惠金融"中国策"

党的十八大以来,中国资本市场已形成涵盖沪深主板、创业板、科创板、北交所、新三板、区域性股权市场的多层次市场体系,步入"从有到优"的发展阶段,为经济转型升级引入了金融"活水"。

2018年,设立科创板试点注册制改革宣布推出,开启了多层次资本市场改革发展、提升"硬科技"企业质效的新篇章。2019年,以分层管理为核心的新三板综合改革启动,新三板精选层于次年设立。2020年,创业板改革并试点注册制正式落地,"三创四新"企业得到更大的资本市场支持。2021年,北京证券交易所开市运行,"打造服务创新型中小企业主阵地"的总体目标为资本市场探寻普惠金融"中国策"指明了方向。与此同时,科创板制度规则持续完善,深市主板中小板合并,多层次资本市场完善布局、更趋成熟,中国特色现代资本市场的普惠金融之路站上新的起点。

(资料来源:中国证券网,https://news.cnstock.com/news,yw-202208-4937019.htm。)

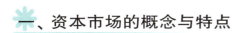 1. 请查一查什么是沪深主板、创业板、科创板、新三板。
2. 北交所是何时建立的?与沪深证券交易所有何不同?

案例82 分析解答

一、资本市场的概念与特点

资本市场是融资期限在一年以上的长期资金交易的市场。此类市场的功能是沟通资金供需,化储蓄为投资。交易的对象主要是政府中长期公债、公司债券和股票等有价证券以及银行中长期贷款。

资本市场的主要特点有:

(1) 融资期限长,至少一年,最长可达数十年,甚至没有期限。

(2) 融资的目的主要是解决长期投资性资金的需要。新筹措的长期资金主要用于弥补固定资本,扩大生产能力,如开办新企业、更新改造或扩充厂房设备、国家长期建设性项目的投资等。

(3) 资金交易量大。

(4) 作为交易工具的有价证券,与短期金融工具相比,收益高但流动性较差,价格变动幅度大,有较大风险。

 案例83

中国资本市场发展三十年成就:履行社会责任,服务实体经济

中国资本市场经历30余年蓬勃发展,已初步形成多层次市场体系。发展的本质,是人民对美好生活的向往。盘点资本市场30余年取得的伟大成就如下。

公司数量:截至2020年9月,上市公司数量已经从当年的上交所"老8股"增长为4 000余家,年均增长率达25%。

市值发展:截至2020年9月,中国上市公司总市值已超70万亿元。

覆盖行业:按照证监会行业分类,4 000余家上市公司云集在19大类行业当中。其中不少上市公司已经成长为各自细分行业的领军者。

区域分布:4 000余家上市公司的"出生地"遍及全国。除港澳台外,我国22个省、5个自治区、4个直辖市都有上市公司的身影。

社会责任:越来越多的上市公司通过精准扶贫、保护环境等方式传播价值理念,履行社会责任,并进行了诸多创新。

这30年,中国的资本市场从当初的"试试"探索发展到了现在具备枢纽功能(图8-8)。

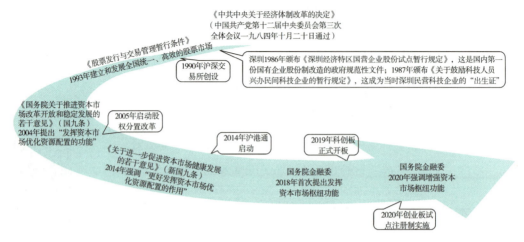

图 8-8　中国资本市场从"试试"探索到具备枢纽功能

（文字资料来源：每日经济新闻， https：//baijiahao.baidu.com/s?id=1680544553414389213&wfr=spider&for=pc；图片资料来源：新浪财经头条，https：//cj.sina.com.cn/articles/view/6184495078/1709fe7e6019010v46?autocallup=no&isfromsina=no。）

案例分析
1. 请根据案例资料查阅中国资本市场发展的重要节点和事件。
2. 请上网查一查你就读学校的所在市有哪些公司是上市公司。

案例 83 分析解答

二、资本市场的内容

资本市场主要包括长期资金借贷市场、股票市场、债券市场和投资基金市场。

（一）股票市场

股票市场是指股票发行和转让流通的场所，包括股票发行市场和流通市场，如图 8-9 所示。

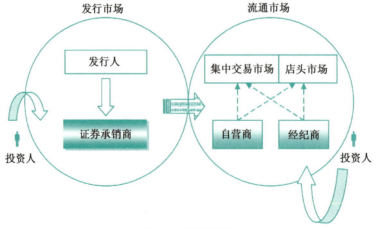

图 8-9　股票市场

1. 股票发行市场

股票发行市场是通过发行新的股票筹集资本的市场。发行股票是股票市场一切活动的起点,因而股票发行市场又称为"一级市场"或"初级市场"。

(1) 发行市场的特点。一是无固定场所,可以在投资银行、信托投资公司和证券公司等处发行,也可以在市场上公开出售新股;二是没有统一的发行时间,由股票发行者根据自己的需要和市场行情走向自行决定何时发行。

(2) 发行市场的主体。发行市场的主体由股票发行者、股票承销商和股票投资者构成。

(3) 股票发行方式。股票的发行方式也是多种多样的,根据不同的分类方法,可以概括如下:

① 根据发行的对象不同,可分为公募发行与私募发行。

公募发行又称公开发行,是指事先没有特定的发行对象,向社会广大投资者公开推销股票的方式。采用这种方式,可以扩大股东的范围,分散持股,防止囤积股票或被少数人操纵,有利于提高公司的社会性和知名度,为以后筹集更多的资金打下基础,也可增加股票的适销性和流通性。公开发行可以采用股份公司自己直接发售的方法,也可以支付一定的发行费用通过金融中介机构代理。

私募发行,是指发行者只对特定的发行对象推销股票的方式。通常在两种情况下采用:一是股东配股,又称股东分摊,即股份公司按股票面值向原有股东分配该公司的新股认购权,动员股东认购。这种新股发行价格往往低于市场价格,事实上成为对股东的一种优待,一般股东都乐于认购。二是私人配股,又称第三者分摊,即股份公司将新股票分售给股东以外的本公司职工、往来客户等与公司有特殊关系的第三者。

② 根据推销出售股票的方式不同,可分为直接发行与间接发行。

直接发行又叫直接招股,是指股份公司自己承担股票发行的一切事务和发行风险,直接向认购者推销出售股票的方式。

间接发行又称间接招股,是指发行者委托证券发行中介机构出售股票的方式。

③ 根据投资者认购股票时是否缴纳股金,可分为有偿增资、无偿增资和搭配增资。

有偿增资,是指认购者必须按股票的某种发行价格支付现款方能获得股票的一种发行方式。

无偿增资,是指认购者不必向股份公司缴纳现金就可获得股票的发行方式,发行对象只限于原股东。

搭配增资,是指股份公司向原股东分摊新股时,股东仅须支付发行价格的一部分就可获得一定数额股票的方式。

 知识链接

股票种类

一、按股东权利分类,股票可分为普通股、优先股

1. 普通股。普通股是随着企业利润变动而变动的一种股份,是股份公司资本构成中最普通、最基本的股份。普通股的基本特点是其投资收益(股息和分红)不是在购买时约定,而是事后根据股票发行公司的经营业绩来确定。公司的经营业绩好,普通股的收益就高;反

之,若经营业绩差,普通股的收益就低。在我国上交所与深交所上市的股票都是普通股。

2. 优先股。优先股是相对于普通股而言的,是股份公司发行的在分配红利和剩余财产时比普通股具有优先权的股份。优先股的主要特征有:一是优先股通常预先定明股息收益率,一般也不能参与公司的分红,但优先股可以先于普通股获得股息;二是优先股的权利范围小。优先股股东一般没有选举权和被选举权。优先股的索偿权先于普通股。

二、我国股票按注册地和投资者不同分类

A股,是指在中国境内注册、在中国境内上市的公司发行的,用人民币标明面值,并用人民币购买的股票。

B股,是指在中国境内注册、在中国境内上市的公司发行的,用人民币标明面值,并用外币购买的股票。

常见的股票还有蓝筹股、H股、N股、S股等。

蓝筹股,是指表现很好的股票。风险较小,收益也较低。

H股,是指在中国境内注册、在中国香港上市的公司发行的股票。

N股,是指在中国境内注册、在纽约上市的公司发行的股票。

S股,是指在中国境内注册、在新加坡上市的公司发行的股票。

2. 股票流通市场

股票流通市场是已经发行的股票按时价进行转让、买卖和流通的市场,包括交易所市场和场外交易市场两部分。由于它是建立在发行市场基础上的,因此又称作"二级市场"或"次级市场"。

(1) 股票流通市场的功能。股票流通市场的存在和发展为股票发行者创造了有利的筹资环境,投资者可以根据自己的投资计划和市场变动情况随时买卖股票。对于投资者来说,通过股票流通市场的活动,可以使长期投资短期化,在股票和现金之间随时转换,增强了股票的流动性和安全性。

(2) 股票交易方式。转让股票进行买卖的方法和形式称为交易方式,它是股票流通交易的基本环节。现代股票流通市场的买卖交易方式种类繁多,主要有以下三类。

① 现货交易,亦称现金现货。它是指股票的买卖双方,在谈妥一笔交易后马上办理交割手续的交易方式,即卖出者交出股票,买入者付款,当场交割,钱货两清。它是证券交易中最古老的交易方式。最初证券交易都是采用这种方式进行的。后来,由于交易数的增加等多方面的原因,当场交割具有一定困难。因此,在以后的实际交易过程中采取了一些变通的做法,即成交之后允许有一个较短的交割期限,以便大额交易者备款交割。各国对此规定不一,有的规定成交后第二个工作日交割;有的规定得长一些,允许成交后四五天内完成交割。究竟成交后几日交割,一般都是按照证券交易的规定或惯例办理。

现货交易有以下几个显著的特点。第一,成交和交割基本上同时进行。第二,现货交易是实物交易,即卖方必须实实在在地向买方转移证券,没有对冲。第三,在交割时,购买者必须支付现款。由于在早期的证券交易中大量使用现金,所以,现货交易又被称为现金现货交易。第四,交易技术简单,易于操作,便于管理。一般说来,现货交易是投资,它反映了购入者有进行较长期投资的意愿,希望能在未来的时间内,从证券上取得较稳定的利息或分红等收益,而不是为了获取证券买卖差价的利润而进行的投机。

② 期货交易,是指买卖双方成交后,按契约中规定的价格延期交割。期货的期限一般

为15～90天。期货交易是相对于现货交易而言的。现货交易是成交后即时履行合约的交易,期货交易则将订约与履行的时间分离开来。在期货交易中买卖双方签订合同,并就买卖股票的数量、成交的价格及交割期达成协议,买卖双方在规定的交割时期履行交割。比如,买卖双方今日签订股票买卖合约而于30日后履约交易就是期货交易。在期货交易中,买卖双方签订合约后不用付款也不用交付证券,只有到了规定的交割日买方才交付货款,卖方才交出证券。结算时是按照买卖契约签订时的股票价格计算的,而不是按照交割时的价格计算。在实际生活中,由于种种原因,股票的价格在契约签订时和交割时常常是不一致的。当股票价格上涨时,买者会以较少的本钱带来比较大的利益;当股票价格下跌时,卖者将会取得较多的好处。所以,这种本小利大的可能性,对买者和卖者都有强烈的吸引力。

期货交易根据合同清算方式的不同又可分为两种:第一种是在合同到期时,买方须交付现款,卖方则须交出现货,即合同规定的股票;第二种是在合同到期时,双方都可以做相反方向的买卖,并准备冲抵清算,以收取差价而告终。上述第一种方法通常称为期货交割交易;第二种方法通常称作差价结算交易。这两种交易方法的总和又称为清算交易。

> **重要提示**
>
> 投资者进行期货交易的目的可以分为两种。第一,以投机为目的。在这种条件下,买方与卖方都是以预期价格的变动为基础或买或卖。买方期望到期价格上升,准备到期以高价卖出,谋取价差利润;卖方期望证券价格下跌,以便到期以较低的价格买进,冲销原卖出的期货合同,并赚取价差利润。第二,以安全为目的。在这种情况下的期货交易就是买卖双方为避免股票价格变动的风险而进行的期货股票买卖。

③ 信用交易,又称垫头交易,是指证券公司或其他金融机构提供信用,使投资人可以从事买空、卖空的一种交易制度。在这种方式下,股票的买卖者不使用自己的资金,而通过交付保证金得到证券公司或其他金融机构的信用,即由证券公司或其他金融机构垫付资金,进行买卖交易。

信用交易对客户来说最主要的好处有两点:

一是客户能够以超出自身所拥有的资金力量进行大宗的交易,甚至手头没有任何证券的客户从证券公司借入,也可以从事证券买卖,这样就大大便利了客户。

二是具有较大的杠杆作用。这是指信用交易能给客户提供以较少的资本获取较大的利润的机会。

(3) 股票流通市场的结构。股票的流通市场主要由交易所市场和场外交易市场构成,此外还包括第三市场和第四市场。

① 交易所市场是股票流通市场最重要的组成部分,也是交易所会员、证券自营商或证券经纪人在证券市场内集中买卖上市股票的场所,是二级市场的主体。具体来说,它具有固定的交易场所和固定的交易时间,接受和办理符合有关法律规定的股票上市买卖,使原股票持有人和投资者有机会在市场上通过经纪人进行自由买卖、成交、结算和交割。证券公司也是二级市场上重要的金融中介机构之一,其最重要的职能是为投资者买卖股票等证券,并提供为客户保存证券、为客户融资融券及提供证券投资信息等业务服务。

知识链接

证券交易所与证券公司的区别

证券交易所和证券公司是两个不同的概念,不可混淆。证券交易所的业务主要是提供证券集中交易的场所和设施,本身并不参与证券交易,不能决定证券价格。证券交易所主要有两种组织形式:公司制和会员制。我国上海证券交易所和深圳证券交易所采用会员制组织形式,北京证券交易所采用公司制组织形式。由于证券交易所是由会员组成的,它只给会员提供交易场所。

证券公司是成为交易所会员的证券商。证券公司可以进入交易市场参与交易。一般而言,投资者只和证券公司有直接联系,如果需要买卖股票,可到证券公司办理委托。证券商的业务员在受理委托后,便会立即通知在证券交易所内的驻场交易员。驻场交易员接到委托通知后,按一定方式在场内依照委托要求进行公开申报,完成交易。目前,我国在上海、深圳和北京设立了证券交易所,各地证券公司则分别是三个证券交易所的会员。

② 场外交易市场,又称店头市场或柜台市场。它与交易所共同构成一个完整的证券交易市场体系。场外交易市场实际上是由千万家证券商组成的抽象的证券买卖市场。在场外交易市场内,每个证券商大都同时具有经纪人和自营商双重身份,随时与买卖证券的投资者通过直接接触或电话、电报等方式迅速达成交易。作为自营商,证券商具有创造市场的功能。证券商往往根据自身的特点,选择几个交易对象。作为经纪证券商,证券商替顾客与某证券的交易商进行交易。在这里,证券商只是顾客的代理人,不承担任何风险,只收少量的手续费作为补偿。

重要提示

场外交易市场与证券交易所的主要不同点是:第一,它的买卖价格是证券商之间通过直接协商决定的,而证券交易所的证券价格则是公开拍卖的结果;第二,它的证券交易不是在固定的场所和固定的时间内进行,而是主要通过电话成交;第三,在证券交易所内仅买卖已上市的股票,而在场外交易市场则不仅买卖已上市的股票,同样也买卖未上市的股票(图8-10)。

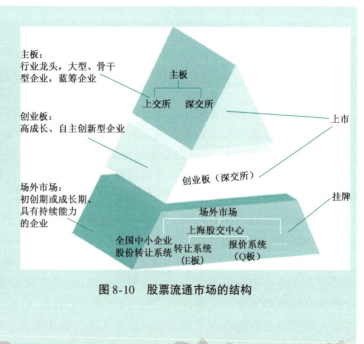

图8-10 股票流通市场的结构

总之,场外交易市场具有三个特点:一是交易品种多,上市和不上市的股票都可在此进行交易;二是它是相对的市场,不挂牌,可以自由协商价格;三是它是抽象的市场,没有固定的场所和时间。

 知识链接

股票交易术语

牛市

牛市也称多头市场,指市场行情普遍看涨、延续时间较长的大升市。

熊市

熊市也称空头市场,指行情普遍看淡、延续时间相对较长的大跌市。

多头

预期未来价格上涨,以目前价格买入一定数量的股票,等价格上涨后,高价卖出,从而赚取差价利润的交易行为。其特点为先买后卖。

空头

预期未来行情下跌,将手中股票按目前价格卖出,待价格下跌后买进,获取差价利润的交易行为。其特点为先卖后买。

利多

对多头有利,能刺激股价上涨的各种因素和消息,如银根放松、GDP 增长加速等。

利空

对空头有利,能促使股价下跌的因素和消息,如利率上升、经济衰退、公司经营亏损等。

反弹

股票价格在下跌趋势中因下跌过快而回升的价格调整现象,回升幅度一般小于下跌幅度。

斩仓(割肉)

在买入股票后,股价下跌,投资者为避免损失扩大而低价(赔本)卖出股票的行为。

套牢

预期股价上涨而买入股票,结果股价却下跌,又不甘心将股票卖出,被动等待获利时机的出现。

对敲

这是股票投资者(庄家或大的机构投资者)的一种交易手法。具体操作方法是在多家营业部同时开户,以拉锯方式在各营业部之间报价交易,以达到操纵股价的目的。

盘整

通常指价格变动幅度较小、比较稳定、最高价与最低价相差不大的行情。

筹码

投资人手中持有一定数量的股票。

踏空

投资者因看淡后市卖出股票,之后该股股价却一路上扬;或未能及时买入股票,因而未能赚得利润。

跳水

股价迅速下滑,幅度很大,大大低于前一交易日的最低价。

阴跌

股价进一步退两步,缓慢下滑,如阴雨连绵,长期不止。

洗盘

这是主力操纵股市、故意压低股价的一种手段。具体做法是,为了拉高股价、获利出货,先有意制造卖压,迫使低价买进者卖股票,以减轻拉长压力,通过这种方法可以使股价容易拉高。

平仓

平仓是在股票交易中,多头将所买进的股票卖出,或空头买回所卖出的股票的行为。

多头陷阱

为多头设置的陷阱,通常发生在指数或股价屡创新高,并迅速突破原来的指数区且达到新高点,随后迅速下滑,跌破以前的支撑位,结果使在高位买进的投资者严重被套。

空头陷阱

为空头设置的陷阱,通常出现在指数或股价从高位区以高成交量跌至一个新的低点区,并造成向下突破的假象,使恐慌性抛盘涌出后迅速回升至原先的密集成交区,并向上突破原压力线,使在低点卖出者踏空。

建仓

投资者开始买入看涨的股票。

护盘

股市低落、人气不足时,机构投资大户大量购进股票,防止股市继续下滑的行为。

跳空与回补

股市受强烈的利多或消息影响,开盘价高于或低于前一交易日的收盘价,股价走势出现缺口,称为跳空;在股价之后的走势中,将跳空的缺口补回,称为回补。

(二) 债券市场

债券市场是发行和买卖债券的场所。债券市场是金融市场的一个重要组成部分。根据不同的分类标准,债券市场可分为不同的类别。最常见的分类有以下几种:

(1) 根据债券的运行过程和市场的基本功能,债券市场可分为发行市场和流通市场。

债券发行市场,又称一级市场,是发行单位初次出售新债券的市场。债券发行市场的作用是将政府、金融机构、工商企业等为筹集资金向社会发行的债券分散发行到投资者手中。

债券流通市场,又称二级市场,指已发行债券买卖转让的市场。债券一经认购,即确立了一定期限的债权债务关系,但通过债券流通市场,投资者可以转让债权,把债券变现。

(2) 根据市场组织形式,债券流通市场可分为场内交易市场和场外交易市场。在证券交易所内买卖债券所形成的市场,就是场内交易市场;在证券交易所以外进行债券交易的市场,就是场外交易市场。

(3) 根据债券发行的地点,债券市场可分为国内债券市场和国际债券市场。国内债券市场的发行者和发行地点同属一个国家,而国际债券市场的发行者和发行地点不属于同一个国家。

知识链接

中国债券市场品种发展历程（表8-5）

表8-5　中国债券市场品种发展历程

年份	政府信用债券	金融债	企业信用债
1981	国债	—	—
1984	—	—	企业债
1985	—	特种贷款金融债	—
1986	—	—	—
1989	—	—	短期融资券
1992	—	—	城投债
1994	—	政策性金融债（摊派发行）、以一年期定存为基准的浮动利率债券	—
1996	贴现国债、央行融资券、人民银行利用国债开展公开市场操作	特种金融债	—
1998	—	政策性金融债（市场化招标发行）	—
2000	—	—	以一年期定存为基础的浮动利率企业债
2001	—	非银行金融机构债	—
2002	央行票据、商业银行柜台发行的记账式国债	—	—
2003	—	境内美元债	中小企业集合债
2004	凭证式国债（电子记账）	商业银行次级债、证券公司短期融资券、以7天回购利率为基准的浮动利率金融债	—
2005	—	商业银行普通债、国际机构债（熊猫债）	信贷资产支持证券、企业资产支持证券
2006	储蓄国债	—	可转债
2007	特别国债	以上海银行间同业拆放利率（Shibor）为基准的浮动利率金融债	公司债、以Shibor为基准的浮动利率企业债、短期融资券
2008	—	—	可交换债、中期票据
2009	地方政府债	—	中小企业集合票据
2010	政府支持机构债	—	企业资产支持票据
2011	—	—	非公开定向债务融资工具
2012	—	—	中小企业私募债

续表

年份	政府信用债券	金融债	企业信用债
2012	—	—	可续期债券
2014	—	证券公司短期公司债券、保险公司次级债、三农专项金融债、商业银行柜台发行的政策性金融债	永续中期票据、项目收益债、项目收益票据
2015	定向承销地方政府债	专项金融债	非公开发行的项目收益债券
2016	自贸区发行的地方政府债	绿色金融债，特别提款权(SDR)计价债券，扶贫专项金融债，环境、社会和治理(ESG)主题债券	绿色企业债、绿色资产支持证券、"双创"公司债、项目集合企业债券、ESG主题债券
2017	地方政府专项债券创新品种	—	企业债券的专项债券品种、市场化债转股专项企业债券
2018	跨市场交易铁道债	—	政府和社会资本合作(PPP)项目专项债券、"一带一路"债券、优质企业债券
2019	在澳门发行的人民币国债、在商业银行柜台发行的地方政府债	无固定期限资本债券、"债券通"绿色金融债、以贷款市场报价利率(LPR)为基准的浮动利率金融债	以LPR为基准的浮动利率超短期融资券、信贷资产支持证券、企业资产支持证券
2020	"抗疫"特别国债	"抗疫"主题金融债	"疫情防控"主题的公司债、债务融资工具、资产支持证券
2021	—	转股型资本债券、小微企业专项金融债券	碳中和债券、社会责任债券、可持续发展债券、可持续发展挂钩债券、科技创新债券、高成长债券

认知4 外汇市场与黄金市场

一、外汇市场

重要提示

外汇,即国外汇兑,主要是指外国货币,还同时包括以外国货币表示的用以进行国际结算的支付手段。外汇包括外国货币(钞票、铸币等)、外币有价证券(政府公债、国库券、公司债券、股票等)、外币支付凭证(票据、银行存款凭证等)以及其他可以在国外兑现的凭证。

外汇具有以下几个特点:
1. 外汇必须以外国货币来表示。
2. 在国外必须能得到偿付。
3. 必须是可以自由兑换的货币。

目前在外汇市场上交易量比较大的外汇品种主要有:美元、欧元、日元、英镑、港币等。

外汇市场就是外汇买卖活动的总称。它既包括本国货币与外国货币之间的买卖,也包括不同的外国货币之间的买卖。外汇市场又有广义和狭义之分。广义的外汇市场是银行同业之间的外汇买卖活动和银行与客户间外汇买卖活动的总称,其中前者称为外汇批发买卖,后者称为外汇零售买卖。狭义的外汇市场仅指银行同业间的外汇买卖活动,即银行间外汇交易市场。

(一)外汇市场的参与者

外汇市场的参与者主要有:

(1)外汇银行,即经过国家批准或中央银行指定的经营外汇业务的银行。

(2)外汇经纪人,即在外汇市场上专门为交易双方买卖外汇的中间人。

(3)客户,是指外汇市场上各种外汇供应者和需求者,主要包括进出口商、外债本息偿还者、国际旅游者、外汇投机商等。

(4)中央银行。中央银行参与外汇交易,一是为了执行外汇政策,影响外汇汇率,保持本币汇率的稳定;二是为了管理、干预和监督外汇市场,保证经济活动的顺利进行。

(二)外汇市场上的外汇交易方式

外汇市场上主要有三种外汇交易方式:

(1)外汇现货交易,或称为现汇交易,是指外汇买卖双方在成交后的两个营业日内办理交割手续的外汇交易方式。

(2)外汇期货交易,是指外汇买卖双方成交后,按合同的规定,在约定的到期日按约定的汇率进行交割的外汇交易方式。这种交易方式是一种预约性交易,预约的交割期一般为1~6个月,最长的为1年。

(3)套汇交易,是指在不同的时间(交割期限)、不同的地点(外汇市场)利用汇率或利率上的差异进行外汇买卖,以防范汇率风险和谋取套汇收益的外汇交易活动。

知识链接

世界著名外汇市场

伦敦外汇市场,是全球最大的外汇交易市场,交易量占全球交易量的80%~90%。1979年,英国政府宣布取消外汇管制,促成了其进一步扩大和发展。它是欧洲美元交易的中心。

纽约外汇市场,是美国规模最大的外汇市场,仅次于伦敦外汇市场。它是世界美元交易的结算中心。

东京外汇市场,是世界上第三大外汇市场,成为欧洲日元的交易中心。

瑞士苏黎世外汇市场,是世界上第四大外汇市场。值得注意的是,苏黎世外汇市场没有外汇经纪人。

其他还有几个比较大的外汇市场,如新加坡外汇市场、中国香港外汇市场等。

二、黄金市场

黄金市场是指集中进行黄金买卖和金币兑换的交易市场。目前,世界各国实行不兑现信用货币制度。黄金虽已退出货币流通领域,但由于历史原因和其稀缺性,黄金在经济生活中仍有重要而特殊的地位。它不仅是国际贸易和国家间其他经济往来的最后支持手段,而且是最重要的价值储藏手段。因此,黄金买卖既是国家调节国际储备资产的重要手段,也是居民调整个人财产储藏形式的一种方式,黄金市场在国际金融市场中始终占有重要地位,发挥着重要的作用。

重要提示

在长期的社会历史发展中,黄金不但被人类用作装饰,而且还被赋予了货币价值功能。直到20世纪70年代,黄金才从直接的货币作用中分离出来,即黄金非货币化。但作为贵金属,黄金目前依然是世界主要的国际储备。人们通常把被加入了金属银而没有其他金属的熟金称为"清色金",而把被掺入了银和其他金属的黄金称为"混色金"。K金是混色金成色的一种表示方式,含金量4.166 6%为1K。黄金按K金成色高低可以表示为24K、22K、20K和18K等,24K黄金的含金量为99.998%,基本视为纯金,22K黄金含量为91.665%。黄金成色还可以直接用含量百分比表示,通常采用将黄金重量分成1 000份的表示法,如金件上标注9 999的含金量为99.99%,而标注为586的含金量为58.6%。

黄金市场可分为国际性黄金市场和区域性黄金市场。目前属于国际性黄金市场的主要有伦敦、苏黎世、纽约和中国香港,即世界四大黄金市场。

黄金市场的交易方式有现货交易和期货交易两种。世界四大黄金市场中,伦敦和苏黎世黄金市场主要办理现货交易,而纽约和中国香港黄金市场主要是期货交易黄金市场。

案例 84

建设国际一流的黄金市场:上金所(SGE)的 10 个第一

上海黄金交易所(SGE)自 2002 年成立以来,经历 20 年的建设,基本建成了多层次、立体化的黄金市场体系,国际一流的贵金属交易定价中心、清算结算中心、仓储物流中心、登记托管中心、咨询服务中心等五大中心。谱写了中国黄金史上的 10 个"第一"。

市场规模上实现了 2 个"第一":2021 年,黄金现货交易量和交割量分别为 3 912.45 吨和 8 127.86 吨,在场内黄金现货交易和交割规模上均居世界第一。

风险防控上实现了 2 个"第一":上金所是第一家加入中国人民银行支付清算系统的金融基础设施,是第一个被反洗钱金融行动特别工作组(FATF)纳入反洗钱义务主体的特定非金融机构。

市场影响上实现了 3 个"第一":上金所发布了全球第一个以人民币计价的黄金基准价格;推出了"上海金"金锭标准,成为第一个获此殊荣的金融领域企业标准;创设了第一个国际性黄金市场峰会,向全球市场输出"中国价格",传递"中国声音"。

市场创新上实现了 3 个"第一":上金所在中国(上海)自由贸易试验区推出了第一个国际化金融类资产交易平台,联合上交所和深交所推出了第一个"跨市场、跨系统、跨品种"黄金交易型开放式指数基金(ETF)产品,同时也是国内第一个推出夜市服务的金融基础设施。

(资料来源:新浪财经百家号,https://baijiahao.baidu.com/s?id=1725415633042308463&wfr=spider&for=pc。)

案例分析 1. 上网搜索上海黄金交易所(SGE)的概况。
2. 什么是黄金储备?为什么要进行黄金储备?

案例 84 分析解答

扫码看视频 8

单元九

国际收支

学习目标

认知国际收支、外汇、汇率、外汇储备的基本知识;了解我国的现行国际收支体系、汇率机制;理解国际收支平衡的基本原理;能够根据案例资料认知我国国际收支、外贸、人民币国际化所取得的成就,养成敏锐观察和收集国家外贸外汇政策信息的习惯;初步具备灵活运用专业知识分析我国国际金融实践活动的专业能力。

关键问题

1. 什么是国际收支?中国国际收支包含哪些内容?
2. 什么是国际收支平衡表?什么是国际收支顺差、逆差?
3. 什么是汇率、外汇储备?
4. 我国外贸、人民币国际化取得了哪些成就?

案例85

2021年中国国际收支及外汇储备

2021年,我国国际收支延续基本平衡格局,外汇储备稳定在3.2万亿美元左右(图9-1)。经常账户顺差3 173亿美元,与国内生产总值之比为1.8%,继续处于合理均衡区间。其中,货物贸易顺差进一步增加,体现疫情下我国产业链、供应链等相对优势;受疫情影响,服务贸易

图9-1 中国国际收支主要结构

逆差维持低位。跨境双向投融资保持活跃,非储备性质的金融账户顺差382亿美元。其中,直接投资顺差处于高位,主要是外资继续看好中国市场和经济良好发展潜力;证券投资双向交易活跃并延续顺差,说明我国金融市场对外开放逐步加深,人民币资产对外资吸引力增

强;其他投资为逆差,主要是境内主体增加对外存款、贷款等。2021年末,我国对外金融资产和负债较2020年末分别增长5%和11%,对外净资产2.0万亿美元。截至2021年12月末,中国外汇储备规模为32 502亿美元。

(资料来源:国家外汇管理局网站,https:∥www.safe.gov.cn/safe/2022/0325/20772.html。)

案例分析

1. 从资料看,我国国际收支由哪些内容组成?
2. 上网查一查,什么是外汇储备?外汇储备由哪些资产构成?

案例85 分析解答

认知1 国际收支概要

一、国际收支的含义

(一)国际收支的概念

国际收支是一国对外交往关系的集中体现,一般被定义为:一个国家或地区在一定时期内与其他国家或地区之间由于各种经济交易和交往所引起的货币收付或以货币表示的财产的转移,是一国在一定时期(通常为一年)同其他国家为清算到期的债权债务所发生的外汇收支的总和。

案例86

2022年上半年货物外贸进出口情况

2022年上半年,在以习近平同志为核心的党中央坚强领导下,我国高效统筹疫情防控和经济社会发展,着力稳定宏观经济大盘,外贸进出口实现稳步增长。据海关统计,2022年上半年我国货物贸易进出口总值19.8万亿元人民币,同比增长9.4%。其中,出口11.14万亿元,增长13.2%;进口8.66万亿元,增长4.8%。对主要贸易伙伴进出口保持增长。2022年上半年,我国对东盟、欧盟、美国分别进出口2.95万亿、2.71万亿和2.47万亿元,分别增长了10.6%、7.5%和11.7%。同期,我国对"一带一路"沿线国家、《区域全面经济伙伴关系协定》(RCEP)贸易伙伴进出口分别增长17.8%和5.6%。

(资料来源:中华人民共和国中央人民政府网站,https:∥www.gov.cn/xinwen/2022－07/13/content_5700802.htm。)

案例分析

1. 请根据案例资料分析货物外贸进出口与国际收支有何关系。
2. 根据案例资料计算我国外贸进出口是顺差还是逆差,对外汇储备是增加因素还是减少因素。

案例86 分析解答

(二) 国际收支的内容

国际收支具体包括以下内容:

(1) 一个国家或地区在一定时期内与其他国家或地区之间的商品、劳务和收益交易。

(2) 一个国家或地区的货币、黄金、特别提款权的所有权的变动和其他变动,以及一个国家或地区在一定时期内与其他国家或地区之间的债权、债务的变化。

(3) 无偿转移以及在会计上需要对上述不能相互抵消的交易和变化加以平衡的对应记录。

二、国际收支平衡表

(一) 国际收支平衡表的概念

国际收支平衡表是反映一定时期一国同外国的全部经济往来的收支流量表。国际收支平衡表是对一个国家与其他国家进行经济技术交流过程中所发生的贸易、非贸易、资本往来以及储备资产的实际动态所做的系统记录,是国际收支核算的重要工具。

重要提示

国际收支平衡表的记账原理

国际收支平衡表按照"有借必有贷,借贷必相等"的复式记账原则来系统记录每笔国际经济交易。这一记账原则要求对每一笔交易要同时进行借方记录和贷方记录,贷方记录资产的减少、负债的增加,借方记录资产的增加、负债的减少。

案例87

2021年中国国际收支概况

2021年中国国际收支概况见表9-1。

表9-1 2021年中国国际收支平衡表(概览表)

项　　目	行次	亿元	亿美元	亿SDR
1. 经常账户	1	20 445	3 173	2 231
贷方	2	250 060	38 780	27 248
借方	3	−229 616	−35 607	−25 017
1. A 货物和服务	4	29 810	4 628	3 255
贷方	5	229 166	35 543	24 979
借方	6	−199 355	30 915	21 724
1. A.a 货物	7	36 261	5 627	3 956
贷方	8	207 348	32 159	22 599
借方	9	−171 087	−26 531	−18 644
1. A.b 服务	10	−6 451	−999	−701

续表

项　　目	行次	亿元	亿美元	亿SDR
贷方	11	21 817	3 384	2 380
借方	12	−28 268	−4 384	−3 080
1.B 初次收入	13	−10 430	−1 620	−1 140
贷方	14	17 724	2 745	1 924
借方	15	−28 154	−4 365	−3 064
1.C 二次收入	16	1 064	165	116
贷方	17	3 171	492	346
借方	18	−2 107	−327	−230
2. 资本和金融账户	19	−9 732	−1 499	−1 054
2.1 资本账户	20	6	1	1
贷方	21	17	3	2
借方	22	−11	−2	−1
2.2 金融账户	23	−9 738	−1 500	−1 055
资产	24	−52 405	−8 116	−5 690
负债	25	42 667	6 616	4 635
2.2.1 非储备性质的金融账户	26	2 417	382	266
2.2.1.1 直接投资	27	13 296	2 059	1 445
资产	28	−8 247	−1 280	−901
负债	29	21 543	3 340	2 346
2.2.1.2 证券投资	30	3 242	510	361
资产	31	−8 129	−1 259	−881
负债	32	11 371	1 769	1 241
2.2.1.3 金融衍生工具	33	715	111	78
资产	34	1 153	179	126
负债	35	−438	−68	−48
2.2.1.4 其他投资	36	−14 837	−2 298	−1 617
资产	37	−25 028	−3 873	−2 713
负债	38	10 191	1 576	1 096
2.2.2 储备资产	39	−12 154	−1 882	−1 320
3. 净误差与遗漏	40	−10 713	−1 674	−1 177

（资料来源：国家外汇管理局网站，http://www.safe.gov.cn/shaanxi/2022/0411/1212.html。）

案例分析　1. 国际收支平衡表中主要项目有哪些？

2. 查一查，资料中 SDR 是什么信息？你从平衡表中解读到哪些信息？

案例87 分析解答

(二) 国际收支平衡表的内容

国际收支平衡表的内容主要包括：

（1）经常项目（经常账户）。该项目主要反映一国与他国之间实际资源的转移，是国际收支中最重要的项目。经常项目包括货物（贸易）、服务（无形贸易）、收益和经常转移（单方面转移）四个项目。经常项目顺差表示该国为净贷款人，经常项目逆差表示该国为净借款人。

（2）资本和金融项目（资本和金融账户）。该项目反映的是国际资本流动，包括长期或短期的资本流出和资本流入，是国际收支平衡表的第二大类项目。资本项目包括资本转移和非生产、非金融资产的收买或出售，前者主要是投资捐赠和债务注销，后者主要是土地和无形资产（专利、版权、商标等）的收买或出售。金融项目包括直接投资、证券投资（间接投资）和其他投资（包括国际信贷、预付款等）。储备资产包括外汇、黄金、分配的特别提款权（SDR）以及在基金组织的储备头寸等。

知识链接

特别提款权（SDR）是以国际货币基金组织为中心，利用国际金融合作的形式而创设的新的国际储备资产。它是国际货币基金组织（IMF）按各会员国缴纳的份额分配给会员国的一种记账单位，1970年正式由IMF发行。各会员国分配到的SDR可作为储备资产，用于弥补国际收支逆差，也可用于偿还IMF的贷款，又被称为"纸黄金"。

（3）净误差与遗漏。为使国际收支平衡表的借方总额与贷方总额相等，编表人员人为地在平衡表中设立该项目，来抵消净的借方余额或净的贷方余额。

即学即思 1. 为什么会出现净误差与遗漏？请举例说明。
2. 上网搜索什么是在基金组织的储备头寸，有何作用。

重要提示

国际收支平衡表项目关系

国际收支总差额＝经常账户差额＋资本与金融账户差额＋净误差与遗漏

国际收支总差额＋储备资产变化＝0

各项差额＝该项的贷方数字减去借方数字

三、国际收支的失衡及调节

(一) 国际收支的失衡及其影响

国际收支平衡表是按复式簿记（借贷记账法）原理编制的，所以一国的国际收支在账面上或形式上总是平衡的。实际上，一国的国际收支经常处于不平衡的状态，不是出现顺差，就是出现逆差。问题的关键是怎样判断一个国家的国际收支是否平衡。

判断一国的国际收支是否平衡,主要看其自主性交易的收支能否相抵。如果一国国际收支通过自主性交易就能实现基本平衡,是真正的平衡;反之,如果自主性交易出现了差额,需要通过调节性交易来弥补或轧平,则认为是国际收支不平衡或失衡。

重要提示

一个国家(或地区)与其他国家(或地区)之间交易的类型(表9-2)

表9-2 一个国家(或地区)与其他国家(或地区)之间交易的类型

交易类型	定义	包含项目	区别
自主性交易	企业、单位和个人由于自身的需要而进行的交易	(1) 经常项目 (2) 资本项目的长期资本收支	自主性交易系由商业经营、单方面支付和投资的需要所引起,与国际收支其他项目的大小无关;调节性交易则是因为国际收支其他项目出现差额需要去弥补才采取的交易
调节性交易	在自主性交易产生不平衡时所进行的用以调节收支的弥补性交易	(1) 资本项目中短期资本流动 (2) 国际储备项目	

一国的国际收支能否保持基本平衡,对该国的经济和政治有着重要影响。如果一国的国际收支连年出现巨额逆差,就会造成该国黄金、外汇储备减少,本币币值下跌,短期资本大量外流,削弱该国的经济实力,以致发生国际支付危机;反之,如果一国的国际收支连年出现大量的顺差,也会对该国经济产生消极的影响,因为长期大量的顺差,会使本国货币币值坚挺,对外汇率上升,影响出口商品在国际市场上的竞争能力。

一国国际收支恢复平衡的过程如图9-2所示。

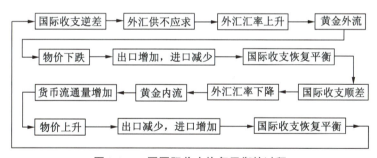

图9-2 一国国际收支恢复平衡的过程

(二)国际收支的调节

1. 调整利率

如果一国的国际收支出现了长期的巨额逆差,政府可以调高利率,采用信用紧缩政策,使国内投资减少、国内经济增长趋缓、国内商品和出口商品价格降低,在汇率不变的情况下,就可以增加出口商品在国际市场上的竞争能力,出口相应增加,进口减少,贸易项目中的逆差也随之缩小。反之,如果一国国际收支出现了长期的巨额顺差,政府可以调低利率,采用信用扩张政策,使国内投资增加、就业率上升,从而使整个国民经济都活跃起来,商品价格也不断上涨,在汇率不变的情况下,必然会削弱出口商品在国际市场上的竞争能力,于是出口减少,进口增加,原来的顺差就会减少。

调整利率对资本流动也有直接影响。市场利率提高,可以吸引国际游资流入,并限制国内资金流出,有利于缩小资本项目的逆差;而市场利率降低,则会促使国内资金流出,抑制国外资本的流入,起到缩小或消灭顺差的作用。

2. 调整汇率

在实行固定汇率的条件下,常采用货币法定贬值或法定升值的办法来调节国际收支。例如,实行货币法定贬值,可以促进出口、限制进口,达到缩小国际收支逆差的目的。

即学即思 1. 什么是汇率?什么是固定汇率?
2. 汇率有哪些种类?

3. 财政政策

财政政策主要是指采取增加或缩减财政支出和调整税率的方式来调节国际收支的政策。当一国国际收支发生逆差时,政府可以削减公共支出,或提高税率以增加税收,使市场上通货紧缩,物价下跌。在汇率不变的情况下,这类政策有利于出口,不利于进口,起到逐步减少国际收支逆差的作用。当国际收支出现顺差时,政府则可以增加公共支出,或降低税率、减少税收,以刺激投资和消费,从而带动物价上涨。在汇率不变的情况下,这类政策可以鼓励进口、抑制出口,起到逐步缩小顺差的作用。

即学即思 什么是税率?我国税率种类有哪些?具体说明税率变化对进出口的影响。

4. 外汇管制

外汇管制,也叫外汇管理,是指一国政府对外汇的收、支、存、兑和汇率等实行直接的行政性干预。它是调节国际收支比较直接的措施。当国际收支发生逆差时,可以通过外汇管制来控制国内对外汇的供给和需求,达到增加外汇收入、减少外汇支出的目的。

知识链接

中国特色的外汇管制(图9-3)

中国居民最多可以携带等值于5 000美元的外币,或者20 000元人民币出境。
一年最多可以汇款50 000美元,或者30万元人民币出境。

携带超过等值于5 000美元外币入境须向海关申报,出境则须到人民银行开外汇携带证。

图9-3 中国特色的外汇管制

5. 贸易管制

贸易管制是政府采用的对进出口贸易进行直接限制以改变国际收支平衡状况的政策。在国际收支出现逆差时，贸易管制的主要内容是"奖出限入"，如对出口给予补贴、退税及低利率或政府担保的信贷支持等，对进口实行许可证制、配额制及提高关税等。

6. 外汇储备

保持一定的外汇储备也是调节外汇收支的重要手段。比如，当外汇收支出现逆差时，动用外汇储备，可缓和外汇供求紧张的状况。但是，外汇储备并非越多越好。如果外汇储备规模过大，则会增加对货币流通和市场的压力，而且还将蒙受外币贬值的巨大损失。特别像我国这样一个资金短缺的发展中国家，如果外汇储备过大，让宝贵的外汇资源为他人所用，并不是一种明智的做法。

认知2　外汇与汇率

外汇牌价

中国银行2022年8月14日外汇牌价（部分）见表9-3。

表9-3　中国银行2022年8月14日外汇牌价（部分）

更新时间：2022-08-14　10:30:00　　　　　以100单位外币/人民币

货币名称	代码	现汇买入价	现钞买入价	现汇卖出价	现钞卖出价	中行折算价
欧元	EUR	689.43	668.01	694.52	696.75	695.50
美元	USD	673.03	667.56	675.88	675.88	674.13
英镑	GBP	815.58	790.23	821.58	825.22	821.86
港币	HKD	85.85	85.17	86.19	86.19	85.99
日元	JPY	5.033 6	4.877 2	5.070 7	5.078 5	5.066 3

（资料来源：中国银行网站，https://www.boc.cn/sourcedb/whpj/。）

案例分析　1. 你能看懂上述外汇牌价的含义吗？请以美元（USD）举例说明。

2. 请你算出当天人民币对美元的汇率。

案例88 分析解答

一、外汇

外汇是以外币表示的用于国际结算的支付手段和资产。《中华人民共和国外汇管理条例》第一章第三条规定,本条例所称外汇,是指下列以外币表示的可以用作国际清偿的支付手段和资产：① 外国货币,包括纸币、铸币；② 外币支付凭证,包括票据、银行存款凭证、邮政储蓄凭证等；③ 外币有价证券,包括政府公债、国库券、公司债券、股票、息票等；④ 特别提款权、欧洲货币单位；⑤ 其他外汇资产。

> **重要提示**
>
> **外汇与外币**
>
> 外汇与外币是两个既相互联系又相互区别的范畴。外汇包括外币,但外汇不等于外币,外汇中还包括其他内容,外汇的主要内容是外币支付凭证。外汇包括外币,但并非各国货币都是外汇。通常情况下,只有可以自由兑换的外币才是外汇,因为外汇的实质是国际支付手段,如果某种货币不能自由兑换,它也就不能成为国际支付手段。

1. 具体说明目前哪些外币是世界范围内可自由兑换的货币。
2. 目前人民币是可自由兑换的货币吗？

二、汇率

（一）汇率的概念及标价方法

汇率(又称外汇利率、外汇汇率或外汇行市)是指两种货币之间的兑换比率,亦可视为一个国家的货币对另一种货币的价值。它是衡量两国(或地区)货币价值大小的标准。

世界各国所采用的汇率标价方法可归纳为三种：直接标价法、间接标价法和美元标价法。

直接标价法是以一定单位(1、100、1 000、10 000)的外国货币为基准来计算应收或应付多少本国货币的汇率标价方法。通俗地说,就是一定数额的外币值多少本币。这种方法为世界大多数国家所采用,我国人民币汇率采用的就是这种表示法。

2022 年 4 月至 8 月人民币对美元的汇率中间价走势(图 9-4)

2022 年 4 月 28 日,1 美元 = 6.562 8 元人民币;2022 年 8 月 12 日,1 美元 = 6.741 3 元人民币。

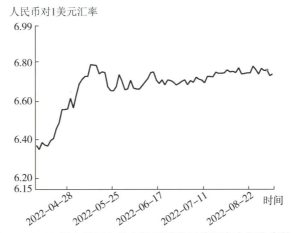

图 9-4　2022 年 4 月至 8 月人民币对美元的汇率中间价走势图

（资料来源：中国人民银行网，http://www.pbc.gov.cn/rmyh/108976/109428/index.html。）

案例分析　1. 请解读人民币对美元的汇率变动。
2. 如果按照间接标价法，请画出此阶段人民币对美元中间价走势图。
3. 上网查一查，中间价是如何确定的，今日的人民币对美元中间价是多少。

案例 89 分析解答

间接标价法是以一定单位（1、100、1 000、10 000）的本币为基准来计算应收或应付多少外币的汇率标价方法。通俗地说，就是一定数额的本币值多少外币。英国一直采用这种表示法。1978 年以后，纽约外汇市场也开始采用这种表示法。

美元标价法是对美国以外的国家而言的，是在进行国家间外汇交易时所采用的一种标价法。从 20 世纪 50 年代起，西方大银行开始采用这种表示方法，即各国均以美元为基准来衡量各国货币的价值。非美元外汇买卖时，则根据各自对美元的比率计算出买卖双方货币的汇价。

（二）汇率的种类

汇率可以从不同角度进行分类，如从银行对客户买入外汇的角度来划分，汇率可分为买入汇率、卖出汇率和中间汇率三种。我国外汇指定银行公布的外汇牌价表中有外汇买入价、外汇和现钞卖出价及现钞买入价三种价格。买入汇率是银行买入外汇时使用的价格，卖出汇率是银行卖出外汇时使用的价格。买入汇率和卖出汇率的算术平均值为中间汇率，中间汇率常用来衡量和预测某种货币汇率变动的幅度和趋势。现钞买入价是银行买入外钞的价格，低于外汇买入价，因为要扣除运往国外的运费和保险费。

按外汇交易方式划分，外汇买卖分为即期外汇交易和远期外汇交易两种，在即期外汇交易中使用的汇率为即期汇率，在远期外汇交易中使用的汇率为远期汇率。报纸、新闻中公布的每日外汇行情为即期汇率。

其他汇率分类方法有：按外汇管制松紧程度，可划分为官定汇率和市场汇率；按汇率的计算方法，可划分为基础汇率和套算汇率；按银行汇兑方式，可划分为电汇汇率、信汇汇率和票汇汇率；按外汇买卖对象，可划分为银行间汇率和商业汇率。

即学即思 请上网搜索各种汇率的概念及其使用范围。

三、汇率变动对进出口的影响

在市场经济条件下，汇率与进出口贸易有着密切的联系。简单地说，本国货币汇率下跌，有利于出口，不利于进口；本国货币汇率上升，有利于进口，不利于出口。这是因为，本币汇率下跌即本币对外贬值，出口商品所得的外汇收入将能比贬值前换得较多的本币，如果本币对内不相应贬值的话，这无疑增加了出口商的利润；而进口商为支付货款兑换货币时，却要付出较多的本币，从而增加了成本。本币汇率上升对进出口商的影响刚好相反。

汇率与进出口的这种关系使汇率成为各国调节经济的一种手段。但是，影响进出口的因素是多方面的：既有货币因素，也有非货币因素；既有国内因素，也有国际因素。汇率调节对进出口能不能产生影响、能产生多大影响，都要视具体情况而定。

在汇率受市场供求因素影响比较大的条件下，进出口贸易的发展状况也会影响市场汇率的变化。通常在出口大于进口，出现较大贸易顺差的情况下，市场外汇供应就会比较充裕，从而产生使本币汇率上升的动力；反之，当进口大于出口，出现较大的贸易逆差时，外汇市场上往往会求大于供，从而使本币汇率受到向下的压力。

此外，汇率对资本流入和流出，尤其是短期资本流动有一定的影响。本币汇率上升，外国货币兑换本国货币的数量就会减少，从而有利于资本流出，不利于资本流入；本币汇率下跌，外国货币兑换本国货币的数量就会增加，从而有利于资本流入，不利于资本流出。

由于长期资本的流动主要是经济投资，以风险和利润的权衡为决策核心，因此，汇率变动对长期资本变动影响较小。

但是，短期资本主要是在金融市场上做投机性交易，拥有汇率贬值国家的金融资产无疑要承担资本贬值的损失，因此，当一国汇率下跌时，外国投机者会竞相抛售所拥有的该国金融资产，转兑外汇，这种行为会加剧外汇供求的紧张状况，引起汇率的进一步下跌。

SDR 新货币篮子生效，人民币权重升至 12.28%

2022年8月1日，《中国证券报》刊发文章《新特别提款权货币篮子生效，人民币权重升至12.28%》。文章称，新的特别提款权（SDR）货币篮子于8月1日生效，人民币权重由10.92%上调至12.28%，升幅为1.36个百分点（图9-5）。人民币在SDR货币篮子中的权重进一步提升，将有助于提升人民币资产对全球资金的吸引力，充分反映了国际社会对中国经济和金融市场发展的认可和信心。

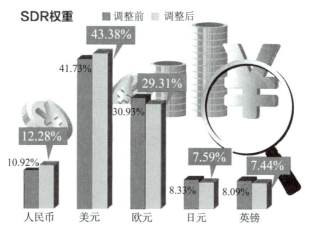

图9-5 五大国际货币在SDR货币篮子中的权重变化

（文字资料来源：新华社新媒体百家号，https：∥baijiahao.baidu.com/s？id＝1739967747187375571&wfr＝spider&for＝pc；图片资料来源：新浪财经百家号，https：∥baijiahao.baidu.com/s？id＝1732941377006603979&wfr＝spider&for＝pc。）

案例分析
1. 查一查案例资料中的"SDR 新货币篮子"是什么。
2. 登录中国人民银行网站查阅有关人民币国际化的年度报告，了解人民币国际化进程。

案例 90 分析解答

扫码看视频 9

单元十

财政政策与货币政策

认知财政政策和货币政策的基本知识和主要类型;了解财政政策和货币政策的工具运用、相互协调运用的形式;通过案例资料能阅读、分析、理解中国现行财政政策和货币政策的运用对经济社会发展的促进作用,提升对现行财政政策和货币政策敏感的职业素养;具备初步观察国家财政与货币政策背景和目标、分析社会经济活动发展状态的专业能力。

1. 财政政策和货币政策的概念、类型分别是什么?两者对经济社会的调控作用是什么?
2. 财政政策和货币政策的工具有哪些?两者协调配合的方式及适应性是怎样的?
3. 中国现行的财政政策和货币政策是什么?政策目标是什么?形成了哪些重要成就?

中国 2023 年将继续实施积极的财政政策和稳健的货币政策

2023年3月5日,国务院前总理李克强在第十四届全国人民代表大会第一次会议上做《政府工作报告》,报告中指出:

2023年要坚持稳字当头、稳中求进,面对战略机遇和风险挑战并存、不确定难预料因素增多,保持政策连续性稳定性针对性,加强各类政策协调配合,形成共促高质量发展合力。积极的财政政策要加力提效。赤字率拟按3%安排。完善税费优惠政策,对现行减税降费、退税缓税等措施,该延续的延续,该优化的优化。做好基层"三保"工作。稳健的货币政策要精准有力。保持广义货币供应量和社会融资规模增速同名义经济增速基本匹配,支持实体经济发展。保持人民币汇率在合理均衡水平上的基本稳定。

(资料来源:中国政府网,https://www.gov.cn/zhuanti/2023lhzfgzbg/index.htm。)

案例分析 1. 资料中积极的财政政策和稳健的货币政策是什么含义？
2. 2023 年实施积极的财政政策表现在哪些方面？

案例 91 分析解答

认知 1　财政政策

一、财政政策的含义

（一）财政政策的概念

财政政策是指国家根据一定时期政治、经济、社会发展的任务而规定的财政工作的指导原则，通过财政支出与税收政策的变动来影响和调节总需求。财政政策是国家整个经济政策的组成部分。它由税收政策、支出政策、预算平衡政策、国债政策等构成一个完整的体系。

在市场经济条件下，财政政策运用得当与否，关系到能否保证经济的持续、稳定和协调发展。在我国历史上，曾经出现过"量入为出""耕三余一"以稳定经济的财政政策、"轻徭薄赋"以鼓励经济发展的财政政策和"重本抑末"以调节社会经济结构的财政政策。

即学即思 请上网搜索"量入为出""耕三余一""轻徭薄赋""重本抑末"等财政政策的基本含义。

（二）财政政策的分类

根据财政政策是否具有调节经济周期的作用来划分，可分为自动稳定的财政政策和相机抉择的财政政策；根据财政政策在调节国民经济总量方面的不同功能，可分为扩张性财政政策、紧缩性财政政策和中性财政政策。各类政策的含义和内容见表 10-1。

表 10-1　财政政策类型

划分依据	类　型	含　义	内容/作用方式
是否具有调节经济周期的作用	自动稳定的财政政策	指财政制度本身存在一种内在的、不需要采取其他干预行为就能自动调节经济运动的机制，该机制又称为财政"自动稳定器"	如个人所得税和企业所得税的累进所得税的自动稳定作用
	相机抉择的财政政策	指政府根据一定时期的经济社会状况，主动灵活地选择不同类型的反经济周期的财政政策工具，干预经济运行行为，实现财政政策目标	（1）汲水政策 （2）补偿政策
在调节经济总量和结构中的不同功能	扩张性财政政策	通过财政分配活动来增加或刺激社会总需求的政策，一般在总需求不足时采用	如减少税收、增加支出

续表

划分依据	类型	含 义	内容/作用方式
在调节经济总量和结构中的不同功能	紧缩性财政政策	通过财政分配活动减少或抑制社会总需求的政策,一般在总需求大于总供给情况下采用	如增加税收、减少支出
	中性财政政策	亦称均衡性财政政策,是指在经济稳定增长时期,政府通过实施使财政收支基本平衡或者动态平衡的财政政策,以保持经济的持续稳定发展	(1) 通过发行公债的数量和发行对象的选择进行调控 (2) 通过流转税和差别税率进行调控 (3) 通过投资规模和结构调整进行调控

 重要提示

扩张性财政政策和紧缩性财政政策

扩张性财政政策,又称积极财政政策,也称松的财政政策。由于财政减收增支在预算上表现为财政赤字,因此扩张性财政政策也称赤字财政政策;我国称为积极财政政策。政府在社会存在严重失业、经济衰退时,采取减少税收、增加政府支出的政策,目的在于增加就业,促进经济回升,直至实现充分就业和经济的稳定增长。紧缩性财政政策,又称紧的财政政策。由于财政增收减支在预算上体现为财政结余,所以紧缩性财政政策也可称为盈余性财政政策。紧缩性财政政策是在社会总需求超过总供给且出现了较严重的通货膨胀时实行的增加税收(包括提高税率和开征新税)和减少财政支出的政策,旨在抑制通货膨胀、稳定物价和稳定经济。

二、财政政策目标和手段

(一) 财政政策目标

1. 充分就业

充分就业是指合乎法律规定条件、有能力工作的人都可以找到有报酬的工作。

 知识链接

失 业

失业,即达到就业年龄、具备工作能力、谋求工作但未得到就业机会的状态。对于就业年龄,不同国家往往有不同的规定,美国为16周岁,中国为18周岁。在经济生活中,一般存在四种失业。(1) 季节性失业。它是指某些行业生产中由于季节和气候变化等因素而造成的失业。(2) 摩擦性失业。它是指由于劳动力市场的正常活动而造成的失业。(3) 结构性失业。它是指由于经济结构发生了变化,现有劳动力的知识、技能、观念、区域分布等不适应这种变化,与市场需求不匹配而引发的失业。在产业结构调整步伐加快的现代社会,这种失业日趋增加。(4) 周期性失业。它是指由于经济的周期性波动造成的失业。在上述几类失业中,财政政策的主要作用在于熨平经济周期,减少周期性失业。

2. 物价稳定

稳定物价就是要抑制住通货膨胀，避免通货紧缩，维持币值的稳定。物价稳定一般指价格总水平的稳定。由于财政分配对社会总需求和总供给具有重要影响，因此，防止和抑制通货膨胀与通货紧缩、实现价格稳定，成为财政政策的主要目标之一，如图10-1所示。

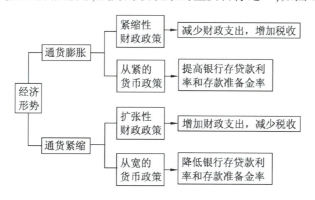

图 10-1　通货膨胀与通货紧缩下的财政政策

3. 经济增长

经济增长就是要求经济发展保持一定的速度，不能停滞或下降。在实现经济增长过程中，财政可以通过引导劳动、资本、技术等各项生产要素的合理配置，起到有力的促进和推动作用。因此，促进经济增长成为财政政策的基本目标。

4. 公平分配

公平分配是指一国社会成员的收入分配在一定社会道义规范下既有差距，又均衡协调。在市场经济条件下，收入分配实行按生产要素分配原则，必然产生贫富悬殊和两极分化，形成潜在的社会问题，影响社会稳定。财政作为参与国民收入分配与再分配的手段，理应把实现收入公平分配作为自己的政策目标。

即学即思　根据前几个单元的学习，你认为财政可采取哪些举措推进公平分配？从税收视角分析，你能举出多少财政利用税收手段促进公平分配的例子？

5. 国际收支平衡

国际收支出现逆差会影响本国汇率的稳定，进而威胁到整个经济系统的安全，所以许多国家把国际收支平衡作为追求的目标，并且强调把这一目标建立在经常性项目保持盈余的基础上。

（二）财政政策手段

财政政策手段，也称财政政策工具，是指国家为实现一定财政政策目标而采取的各种财政手段和措施。它主要包括财政收入（主要是税收）、财政支出、国债和政府投资。财政政策工具可分为收入政策工具和支出政策工具。收入政策工具主要是税收。支出政策工具分为购买性支出政策和转移性支出政策，其中，购买性支出政策又有公共工程支出政策和消费性支出政策之别。

即学即思　根据前几个单元的学习，你认为财政政策工具有哪些？这些工具是怎样实现财政政策目标的？例如，税收是重要的财政政策工具，从推动经济增长的目标分析，如何运用税收工具？

三、财政政策对经济社会的调控作用

（一）促使社会总供求的平衡

（1）通过预算收支规模调节社会总供给与总需求的平衡关系。由于财政收支过程实质上是把一部分社会产品集中到国家手中再分配出去的过程，因而预算收支规模的增减变化及其平衡状态必然影响社会总供给与总需求的平衡关系。

（2）通过税收杠杆调节社会总需求与总供给。通过税收杠杆的灵活作用，如提高或降低流转税、所得税，就可能对社会供给和需求进行有效调节，使之大体平衡。

（3）通过财政投资调节供需平衡。财政投资，从当前看直接构成社会总需求的一部分，但从长远看则可增加供给。因此，财政投资具有调节供给与需求的双重功能，主要是增加供给。

（4）通过公共支出调节社会总供给与总需求。国家可以通过增减购买支出、转移支出发挥公共支出的杠杆作用，调节总供给与总需求。

（二）协调不同主体利益之间的矛盾

一是在国民收入分配过程中，通过财政的一收一支，改变社会集团和成员在国民收入中占有的份额，调整社会分配关系。

二是通过支出政策、税收政策、预算政策、补贴政策等，从各个方面协调人们的物质利益关系。例如，调整税负的分配，对收入的变动、相应的个人与企业的生产经营活动以及各经济主体的行为均会产生重大影响。

（三）克服市场经济的固有缺陷

社会主义市场经济也存在着自身所固有的缺陷，需要政府干预加以弥补，从而体现财政的宏观调控作用。财政应解决市场不能解决或解决不好的问题，如公共产品、外溢性、垄断、信息不完全、通货膨胀和经济失衡、收入分配不公等。

（四）促进国民经济的稳定发展

一是反周期性调节。经济发展总是处于由平衡到不平衡再到平衡的过程之中，经济波动由此产生。在繁荣和衰退的变化过程中，财政政策自动地进行反周期性调节：在繁荣时期，随着国民收入水平的提高，税收收入自动增加，而转移支出自动下降，相对地减少了居民的可支配收入，减轻了通货膨胀压力；在衰退时期，随着国民收入水平的下降，税收收入自动减少，而转移支出自动增加，相对地增加了居民的可支配收入，增加了有效需求。

二是补偿性调节。根据总供给等于总需求的原则，一定的国民收入水平来自一定数额的有效需求（总支出）。当私人部门支出不足，以至于有降低国民收入水平之虞时，政府通过财政措施，或增加公共支出，或减少税收收入，以维持总需求不变；反之，如果私人部门支出过多,有产生通货膨胀的危险时,政府或是减少公共支出,延缓公共投资,或是增加税收,以吸引社会的剩余购买力,从而促进国民经济稳定发展。

2023年积极的财政政策关键词

赤字率:财政政策加力提效赤字率按3%安排。2023年,我国积极的财政政策要加力提效,扩大财政支出规模,保持必要的支出强度。全国一般公共预算支出安排275 130亿元,增长5.6%。适当提高财政赤字率,按3%安排,比上年提高0.2个百分点。全国财政赤字38 800亿元,比上年增加5 100亿元。

加力:加大中央对地方转移支付力度。根据预算报告,2023年,中央对地方转移支付安排100 625亿元,增长3.6%。还将一次性安排支持基层落实减税降费和重点民生等专项转移支付5 000亿元。

加大:在全国一般公共预算支出中,民生的投入占比很大,教育、医疗、社会保障等民生领域的投入持续加大。幼有所育、学有所教、劳有所得、病有所医、老有所养、住有所居、弱有所扶,民生财政不断助力织牢织密全球最大的民生保障网。

(资料来源:中华人民共和国财政部网站,http://www.mof.gov.cn/zhengwuxinxi/caijingshidian/cctv/202303/t20230309_3871510.htm。)

案例分析 结合本案例的相关资料信息,请查阅《关于2022年中央和地方预算执行情况与2023年中央和地方预算草案的报告》,理解2023年积极的财政政策要解决的经济社会的主要问题有哪些。

案例92分析解答

认知2 货币政策

《2023年第一季度中国货币政策执行报告》解读

报告指出,总的看,2023年以来货币政策坚持稳健取向,实现了较好的调控效果,有力支持经济发展恢复向好。货币信贷合理增长,一季度新增人民币贷款10.6万亿元,同比多增2.27万亿元;3月末人民币贷款、广义货币(M2)、社会融资规模存量同比分别增长11.8%、12.7%和10.0%。信贷结构持续优化,3月末普惠小微贷款和制造业中长期贷款余额同比分别增长26.0%和41.2%。企业融资和个人消费信贷成本稳中有降,3月新发放企业贷款加权平均利率为3.95%,较去年同期下降0.41个百分点,个人住房贷款加权平均利率为4.14%,较去年同期下降1.35个百分点。人民币汇率双向浮动,在合理均衡水平上保持基本稳定,3月末人民币对美元汇率中间价为6.871 7元,较上年末升值1.4%。

（资料来源：中国人民银行网站，http：//www.pbc.gov.cn/zhengcehuobisi/125207/125227/125957/4883187/4882440/index.html。）

案例分析 1. 从资料分析我国2023年货币政策目标是什么。

2. 从资料看，2023年第一季度新增人民币贷款10.6万亿元，在货币政策中，增加贷款的货币政策中间工具有哪些？

案例93 分析解答

一、货币政策的含义

（一）货币政策的概念

货币政策是指中央银行为实现其特定的经济目标而采取的各种控制和调节货币供应量或信贷规模的方针和措施的总和。运用货币政策所采取的主要措施包括：控制货币发行，控制和调节对政府的贷款，推行公开市场业务，改变存款准备金率，调整再贴现率，选择性信用管制，直接信用管制，等等。

（二）货币政策的构成要素

货币政策的构成要素主要包括货币政策最终目标、货币政策中介目标、货币政策工具和货币政策传导机制等内容，如图10-2所示。

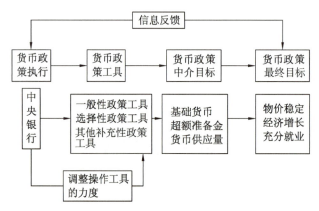

图10-2 货币政策的构成要素

1. 货币政策最终目标

货币政策最终目标是货币政策的制定者通过实施货币政策所希望达到的最终结果。中国货币政策的最终目标是：保持货币币值稳定，并以此促进经济增长和充分就业。货币币值稳定包括货币对内币值（物价）稳定和对外币值（汇率）稳定两个方面。

即学即思 财政政策目标有哪些？与货币政策目标有何区别和联系？

2. 货币政策中介目标

中国中央银行货币政策的中介目标是货币供应量。所谓货币供应量，是指在某个时点上全社会承担流通手段和支付手段职能的货币存量。货币供应量的变化代表着社会购买力的变化。

> **即学即思** 货币供应量是如何确定的？货币是如何供应的？

3. 货币政策工具

货币政策工具是中央银行为实现货币政策目标而使用的各种策略手段。货币政策工具可分为一般性政策工具、选择性政策工具和其他补充性政策工具三类，如图10-3所示。

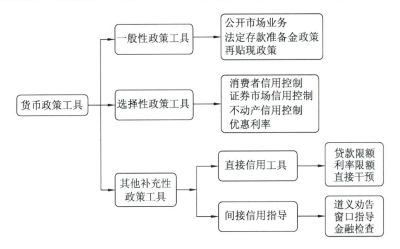

图 10-3　货币政策工具

（1）一般性政策工具。它是针对整个宏观经济的，主要目标是调控货币供应量。这类货币政策工具主要包括公开市场业务、法定存款准备金政策和再贴现政策"三大法宝"。

公开市场业务是指中央银行在金融市场公开买卖有价证券和银行承兑票据，从而起到调节货币存量的作用。

法定存款准备金政策是指商业银行等金融机构按照国家规定的比率，将所吸收的存款的一部分交存中央银行，本身不得使用，应交存的比率称为法定存款准备金率。

所谓再贴现政策，是中央银行通过提高和降低再贴现率的办法来影响一般商业银行信用量，进而达到扩张信用或收缩信用目的的措施。

（2）选择性政策工具。这是中央银行针对某些特殊的经济领域或特殊用途的信贷而采用的信用调节工具，主要包括消费者信用控制、证券市场信用控制、不动产信用控制、优惠利率等。

（3）其他补充性政策工具。主要包括直接信用工具和间接信用指导两类。

直接信用工具是指中央银行从质和量两个方面以行政命令或其他方式对商业银行等金融机构的信用活动进行直接的控制，如利率限额、贷款限额和直接干预等。

间接信用指导是指中央银行通过道义劝告、窗口指导和金融检查等办法对商业银行与其他金融机构的信用变动方向和重点实施间接指导。

> **即学即思** 上网搜索道义劝告和窗口指导的含义。试举例说明。

4. 货币政策传导机制

货币政策传导机制是指中央银行根据货币政策最终目标，运用货币政策工具，通过金融机构的经营活动和金融市场传导至企业和居民，对其生产、投资和消费等行为产生影响的过程如图10-4所示。

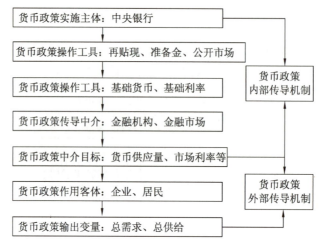

图10-4　货币政策传导机制

二、货币政策对经济的调控作用

（一）货币政策类型

货币政策分为两类：扩张性货币政策（积极货币政策）和紧缩性货币政策（稳健货币政策）。

在经济萧条时，中央银行采取措施降低利率，由此引起货币供给增加，刺激投资和净出口，增加总需求，称为扩张性货币政策。

反之，经济过热、通货膨胀率太高时，中央银行采取一系列措施减少货币供给，以提高利率、抑制投资和消费，使总产出减少或放慢增长速度，使物价水平控制在合理水平，称为紧缩性货币政策。

> **重要提示**
>
> **货币政策的选择**
>
> 扩张性货币政策是通过提高货币供应增长速度来刺激总需求。在这种政策下，取得信贷更为容易，利息率会降低。因此，当总需求与经济的生产能力相比很低时，使用扩张性货币政策最合适。
>
> 紧缩性货币政策是通过削减货币供应的增长率来降低总需求水平。在这种政策下，取得信贷较为困难，利息率也随之提高。因此，在通货膨胀较严重时，采用紧缩性货币政策较合适。

（二）货币政策对经济的调控作用

1. 货币政策调节社会供求总量

当社会总需求大于总供给，经济增长速度过快，形成通货膨胀的压力时，中央银行应采取紧缩性货币政策，即紧缩银根，减少货币供应量，以抑制总需求膨胀的势头。为此，中央银行选择的政策工具主要是：提高法定存款准备金率、提高贴现率、在公开市场上抛售政府债券等。

当总需求不足，失业率上升，经济增长乏力甚至出现经济衰退时，中央银行应采取扩张性货币政策，即放松银根，扩大货币供应量，以刺激有效需求的增长。为此，中央银行选择的政策手段主要是：降低法定存款准备金率、降低贴现率、在公开市场上购进政府债券等。

即学即思 根据案例93，请你对2023年的货币政策类型做出描述。

2. 货币政策调节社会供求结构

货币政策对产业结构的调整有两种方法：一是直接控制贷款项目和数量，即政策性银行同有关部门一起，根据国家制定的产业政策，确定贷款项目，据以发放贷款。采用这种调控方法，国家能确切地把握支持哪些部门、限制哪些部门，会很快看到效果。二是利用利率杠杆调节企业的行为。利用利率杠杆调控的过程是：商业银行通过利率升降影响企业的经济利益，诱导企业的投资方向和经营方向，从而达到调整产业结构的目标。也就是说，贷款利率决定着投资者的积极性，银行根据产业政策，对不同类型的贷款制定不同利率，从而引导企业主动地调整投资方向。

3. 货币政策调节国际收支

货币政策通过调节市场供求来调节国际收支，这可以从进出口贸易和资本流动得到实现。如果一国的国际收支呈现长期巨额顺差的状态，政府就可通过降低银行利率，刺激国内投资和总需求的扩大。由于需求增加，价格上涨，出口会有所减少，而进口则会相应增加，因而顺差也会随之减少，使国际收支趋于平衡。反之，如果一国的国际收支呈现长期巨额逆差的状态，则可以通过调高利率，紧缩信用，压缩社会总需求，减少国内消费，增加出口和减少进口，从而减少逆差，使国际收支趋于平衡。

调整利率对资本流动也会产生一定影响。在国际收支顺差的条件下，降低利率，使本国利率低于其他国家，会引起本国资本的外流和国外资本内流减少，从而起到减少顺差的作用。在逆差的条件下，提高利率，使本国利率高于其他国家，会减少资本外流并促使外部资本的流入，从而起到减少逆差的作用。

2022 年上半年中国货币政策大事记(节选)(表 10-2)

表 10-2　2022 年上半年中国货币政策大事记(节选)

时间	中国货币政策大事记录
1 月 17 日	人民银行下调常备借贷便利(SLF)利率。其中,隔夜利率从 3.05% 下调至 2.95%,7 天利率从 3.2% 下调至 3.1%,1 个月利率从 3.55% 下调至 3.45%。
1 月 20 日	人民银行授权全国银行间同业拆借中心公布贷款市场报价利率(LPR),1 年期 LPR 为 3.7%,5 年期以上 LPR 为 4.6%。
1 月 29 日	人民银行面向公开市场业务一级交易商开展 2022 年第一期央行票据互换(CBS)操作,费率为 0.10%,中标量为 50 亿元,期限 3 个月。
2 月 15 日	人民银行开展中期借贷便利(MLF)操作,操作金额为 3 000 亿元,利率为 2.85%。
2 月 21 日	人民银行在香港发行 250 亿元人民币央行票据,其中 3 个月期央行票据 100 亿元,1 年期央行票据 150 亿元,中标利率分别为 2.50% 和 2.70%。
3 月 8 日	2022 年将依法向中央财政上缴结存利润,总额超过 1 万亿元,主要用于留抵退税和增加对地方转移支付,支持助企纾困、稳就业保民生。
3 月 22 日	人民银行在香港发行 50 亿元人民币央行票据,期限为 6 个月,中标利率为 2.60%。
3 月 29 日	人民银行面向公开市场业务一级交易商开展 2022 年第三期央行票据互换(CBS)操作,费率为 0.10%,中标量为 50 亿元,期限 3 个月。
4 月 15 日	人民银行开展中期借贷便利(MLF)操作,操作金额为 1 500 亿元,利率为 2.85%。
4 月 25 日	人民银行下调金融机构存款准备金率 0.25 个百分点(不含已执行 5% 存款准备金率的金融机构)。同时,对没有跨省经营的城商行和存款准备金率高于 5% 的农商行,再额外多降 0.25 个百分点。
5 月 15 日	人民银行下调金融机构外汇存款准备金率 1 个百分点,由 9% 下调至 8%。
5 月 23 日	人民银行在香港发行 250 亿元人民币央行票据,其中 3 个月期央行票据 100 亿元,1 年期央行票据 150 亿元,中标利率分别为 2.49% 和 2.80%。
6 月 15 日	人民银行开展中期借贷便利(MLF)操作,操作金额为 2 000 亿元,利率为 2.85%。
6 月 29 日	人民银行联合有关部门支持国家开发银行、中国农业发展银行分别设立金融工具共 3 000 亿元,用于补充包括新型基础设施在内的重大项目资本金。

(资料来源:中国人民银行网站,http://www.pbc.gov.cn/goutongjiaoliu/113456/113469/4628810/index.html。)

案例分析　1. 查一查:常备借贷便利(SLF)利率、人民币票据是什么?

2. 议一议:2022 年上半年中国货币政策采取了哪些政策工具?

案例 94 分析解答

4. 货币政策调节微观经济主体行为

货币政策调节微观经济主体行为主要表现为：

（1）货币政策松动→利率下降→储蓄存款增长率降低→现金流通量增大→当期社会商品购买力增加。

（2）货币政策紧缩→利率上升→储蓄存款增长率提高→现金流通量减少→当期社会商品购买力下降。

（3）货币政策紧缩→需求趋于疲软→企业销售额下降→盈利相应减少→企业留利减少→企业职工资金发放量减少→职工货币收入水平下降。

（4）货币政策松动→需求趋于旺盛→企业销售额上升→盈利相应增加→企业留利增多→企业职工资金发放量增多→职工货币收入水平提高。

认知3　财政政策与货币政策的协调

一、财政政策与货币政策配合的必要性

国民经济的运行需要财政政策和货币政策的协调配合。虽然两者都是稳定宏观经济的工具，其目标具有某些一致性，如两者在宏观调控中的作用是一致的，且作用机制都是通过调节企业、居民的投资活动和消费活动而达到政策目标，但由于财政政策与货币政策存在着差异性，从而使两者调节范围、目标的侧重点、运用的政策手段及时效性各自有其特点：

（一）货币政策与财政政策调节的范围不同

货币政策和财政政策都是以调节社会总需求为基点来实现社会总供求平衡的政策，但两者的调节范围不尽相同。货币政策主要是通过影响流通中的货币量来实现的，主要发生在流通领域；财政政策主要在分配领域实施调节。正是这种调节范围的不同，使得不论是货币政策还是财政政策，对社会总供求的调节都有局限性。

（二）货币政策与财政政策目标的侧重点不同

货币政策与财政政策都对总量和结构进行调节，但在资源配置和经济结构上，货币政策的重点是调节社会需求总量，具有总量特征；财政政策比货币政策更强调资源配置的优化和经济结构的调整，具有结构特征。

（三）货币政策与财政政策运用的政策手段不同

货币政策的主要手段是公开市场业务、法定存款准备金政策、再贴现政策、信用控制等；财政政策的主要手段是税收、政府公共支出、政府转移支出等。

（四）货币政策与财政政策的时滞不同

在政策制定上，货币政策的变动通常由中央银行决定；财政政策的变动，需要通过立法

机构,经过立法程序。在政策执行上,货币政策在中央银行决策之后,可以立即付诸实施;财政政策措施通过立法之后,还要交给有关执行单位具体实施。因此,财政政策的决策时滞一般比货币政策要长。但是,从效果时滞来看,财政政策则可能优于货币政策。财政政策直接影响消费总量和投资总量,从而直接影响社会的有效需求;而货币政策主要是通过利率水平和货币供应量的变化引导经济活动的改变,对社会总需求的影响是间接的。从这一点分析,货币政策比财政政策对经济运行产生影响所需的时间要长。

因此,在具体政策的确定和实施过程中,财政政策与货币政策必须相互配合,并采用不同的搭配模式才能达到预期的目的。

二、财政政策与货币政策协调配合的模式

财政政策与货币政策的配合,就是指同时调整财政政策和货币政策手段、方法和方向,以适当的方式共同完成既定的政策目标。财政政策与货币政策配合的基本模式主要有9种,见表10-3。

表10-3 财政、货币政策配合的9种基本模式

政策类型		财政政策		
		松(扩张性)	中性(稳健性)	紧(紧缩性)
货币政策	松	社会总需求严重不足,商品价值实现普遍困难,生产能力和资源得不到充分利用,失业严重	社会总需求不足,供给过剩,企业投资不足,主要经济比例结构无大问题	社会总供求大体平衡,但公共消费偏旺,生产能力及资源方面增产潜力不足
	中	社会总需求略显不足,供给过剩,经济结构有问题,主要是公共消费不足,公用事业及基础设施落后(投资不足)	社会总供求基本平衡,经济结构合理,经济社会发展健康,发展速度适中	社会总需求大于社会总供给,经济比例结构无大问题,财政支出规模过大,非生产性积累与消费偏高
	紧	社会总需求大体平衡,公用事业及基础设施落后,生产力布局不合理	社会总需求过大,有效供给不足,经济效益较差,已出现通货膨胀,但财政在保障社会公共需要方面正常	社会总需求大大超过了社会总供给,发生了严重的通货膨胀

(一)"双松"政策:松的财政政策和松的货币政策

松的财政政策主要通过减少税收或增加支出等手段来增加社会总需求;松的货币政策主要通过降低法定存款准备金率、利息率等来扩大信贷规模,增加货币供给。在社会总需求严重不足、生产能力和生产资源大量闲置的情况下,宜选择这种政策组合,从而刺激经济增长,扩大就业。但调控力度过大、过猛,也可能带来严重的通货膨胀。

(二)"双紧"政策:紧的财政政策和紧的货币政策

紧的财政政策是通过增税、削减政府支出等手段,限制消费和投资,从而抑制总需求;紧

的货币政策通过提高法定存款准备金率、贴现率、收回再贷款等措施,使利率上升,以缩小货币供给量,抑制总需求的过速增长。这种组合可以治理需求膨胀和通货膨胀。但调控力度过大、过猛,也可能会造成通货紧缩、经济停滞甚至滑坡。

(三)"一紧一松"政策:紧的财政政策和松的货币政策

紧的财政政策可以抑制社会总需求,防止经济过热,控制通货膨胀;松的货币政策可以保持经济的适度增长。因此,这种政策搭配的经济效应是:在保持一定经济增长率的同时尽可能地避免总需求膨胀和通货膨胀。但由于执行的是松的货币政策,货币供给量的总闸门处在相对松动的状态,所以难以防止通货膨胀。

(四)"一松一紧"政策:松的财政政策和紧的货币政策

松的财政政策可以刺激需求,对克服经济萧条较为有效;紧的货币政策可以避免过高的通货膨胀。这种政策搭配的经济效应是:在防止通货膨胀的同时保持适度的经济增长率,但如果长期运用这种政策搭配,则会使政府财政赤字不断扩大。

除了以上财政政策与货币政策配合使用的一般模式外,财政政策、货币政策还可呈中性状态。中性的财政政策是指财政收支量入为出、自求平衡的政策。中性的货币政策是指保持货币供应量合理、稳定地增长,维持物价稳定的政策。若将中性货币政策和中性财政政策分别与上述松紧状况搭配,又可产生多种不同配合模式。

总之,根据财政政策与货币政策各自调控范围、调控重点以及互补性很强的特点,在实施宏观经济调控时必须协调运用这两种调控方式,以达到理想的调控效果。

扫码看视频10